S. 150-153
copy S. 154-167

Sprachwissenschaft · Sprachdidaktik

Manfred Pelz

Pragmatik und Lernzielbestimmung im Fremdsprachenunterricht

Mit Texten von:

Heidrun Pelz
Albert Raasch
Hans-Eberhard Piepho
Hans Weber
Francis Debyser
Brigitte Schlieben-Lange

Quelle & Meyer Heidelberg

© Quelle & Meyer, Heidelberg 1977. Alle Rechte vorbehalten. Jede Vervielfältigung, gleich welcher Art und zu welchem Zweck, ist ohne ausdrückliche Genehmigung des Verlags unzulässig.
Printed in Germany
Satz und Druck: Bücherdruck Wenzlaff, Kempten

ISBN 3-494-00887-6

Inhaltsverzeichnis

Vorwort 7

0. Statt einer Einleitung 9
0.1. Kritik und Experiment – zwei bezeichnende Aktivitäten 9
0.2. Allgemeindidaktischer und fachdidaktischer Konsens 13

1. Vom fertigkeitsorientierten zum kommunikativen Ansatz der Spracherlernung 20
1.1. Fertigkeitsorientierter Sprachunterricht 21
1.2. Kommunikativer Sprachunterricht 24

2. Personale Faktoren des Unterrichts und Kommunikative Kompetenz 30
2.1. Psychologische Befunde zum Fremdsprachenunterricht 31
2.2. Motivationsproblematik 33
2.3. Emanzipation als Lernziel 38
Exkurs: Kommunikatives Handeln und Diskurs 39

3. Zur Neudefinition von Lernzielen des Sprachunterrichts: Uminterpretation konventioneller Lehrstoffe und Medien 45

4. Lehrwerkanalyse und Lehrwerkkritik in pragmatischer Sicht .. 62

5. Didaktische Positionen im Begründungszusammenhang einer linguistischen Pragmatik 73
5.1. Gegenstand der linguistischen Pragmatik 73
5.2. Begriff des Handelns 75
5.3. Struktur des Dialogs 76
5.4. Elemente der Sprechsituation 79
5.5. Sprechakte 83

6. Die Bedingungssequenz Lehrplan, Lehrwerk, Methode, Unterricht. Lehrplansynopsis 92
1. *Exkurs* 95
2. *Exkurs* (»Lehrpläne«) 98
3. *Exkurs* (Lehrplanrevision; Curricula) 101

7. Pragmatische Faktoren in der Lehrerbildung 107

8. Dokumentationsteil 114
8.1. Pragmatik (Heidrun Pelz) 114
8.2. Die Rolle der Pragmalinguistik im Fremdsprachenunterricht (Albert Raasch) 138
8.3. Konsequenzen didaktischer Art (Hans-Eberhard Piepho) 150
8.4. Äußerungen als illokutive Handlungen (Hans Weber) 154
8.5. La mort du manuel et le déclin de l'illusion méthodologique (Francis Debyser) 168
(dt. Übersetzung:) 197
8.6. Lernziel Kommunikation (Brigitte Schlieben-Lange) 176

9. Anmerkungen 180

Literaturverzeichnis 206

Vorwort

Im folgenden soll nicht versucht werden, eine Einführung in die linguistische Pragmatik zu geben. Das ist inzwischen in so breiter Streuung und mit so unterschiedlicher Akzentsetzung geschehen, daß allein die Sichtung und Auflistung solcher Ansätze den Rahmen der vorliegenden Ausführungen sprengen würde. Das Schwergewicht liegt eindeutig auf dem *zweiten* Teil des Buchtitels – der Notwendigkeit nämlich, zu einer neuen Form bzw. einer Neuakzentuierung der Lernziele des Sprachunterrichts, insbesondere des Fremdsprachenunterrichts, zu gelangen. Wenn dennoch »Pragmatik« als erstes genannt wird, so geschieht das nicht aus publizistischer Effekthascherei, sondern um zu signalisieren, daß sich im Kontakt mit diesem Begriff und in seinem Umkreis eine grundlegende Neuorientierung als notwendig erwies, die den gesamten Bereich der Fremdsprachendidaktik, angefangen bei den Lehrplänen bis hin zum konkreten Unterricht, erfaßt hat.

Der im Zusammenhang mit einer solchen Umorientierung sich ergebende Aufgabenkatalog wird in den folgenden Kapiteln systematisch abgehandelt, wobei die den einzelnen Unterüberschriften zugeordneten Thesen weniger als inhaltlicher Vorverweis denn als Chronologie der Bearbeitung eines vielschichtigen Forschungsfeldes zu verstehen sind. Infolgedessen empfiehlt es sich, in einem ersten Zugriff die Thesen in ihrer numerischen Abfolge zu lesen, zumal auf diese Weise die Struktur des Buches deutlicher hervortritt. Soweit fachliche Präzisierung bzw. Ausfaltung der oft gedrängten Begrifflichkeiten nötig ist, werden sie im Kapitelzusammenhang gegeben, oder aber es wird auf die Texte 8.1. bis 8.6. im Dokumentationsteil verwiesen, in denen (1) in einfacher Weise eine kohärente Beschreibung dessen geboten wird, was man heute als *linguistische Pragmatik* (8.1.) bezeichnet, (2) unterschiedliche Ansätze vorgestellt werden, die sich aus pragmatischen Erwägungen für den fremdsprachigen Übungsbereich, für curriculare Entscheidungen, für Lehrtexte und Lehrmethoden ergeben (8.2. bis 8.5.), und (3) der Diskussionszusammenhang dahingehend hinterfragt wird, ob zum gegenwärtigen Zeitpunkt das übergeordnete Lernziel »Kommunikation« überhaupt wissenschaftlich begründet und damit operationalisiert werden kann (8.6.). Auch diese Hintergrundsmaterialien sollten zweckmäßigerweise – zusammen mit den Thesen – vorab gelesen werden.

Das vorliegende Buch versteht sich als Hinführung zu den gewandelten Fragestellungen, die sich heute jedem Sprachlehrer, vor allem jedem Fremdsprachenlehrer, aufdrängen; und es möchte in grundlegender Weise *Arbeitsbuch* sein. Das heißt *zum einen*, daß in allen Teilen von den durch allgemeindidaktischen, fachdidaktischen und fachwissenschaftlichen Konsens sanktionierten Ergebnissen ausgegangen wird, soweit diese bereits in Form von Richtlinien, Lehrmedien und Lehrmethoden Eingang gefunden haben in die

Schule, und daß auf dieser Basis Perspektiven für die neue Zielbestimmung des Fremdsprachenunterrichts aufgezeigt werden. Das heißt *zum anderen*, daß durch weitertreibende Fragen, zusätzliche Literaturangaben und Aufgaben zu den einzelnen Kapiteln eine Offenheit der Diskussion angestrebt wird, die jederzeit ein Hinterfragen, ein Infragestellen oder auch Vertiefen bereits gewonnener oder auch neu sich einstellender Positionen ermöglicht. Diese letztere Aussage betrifft sowohl die Einzellektüre wie die Verwendung des Buches in der Lehreraus- und -weiterbildung.

An der Entstehung dieses Buches haben indirekt meine Studenten sowie die mit mir zusammenarbeitenden Lehrer an den Schulen mitgewirkt; aus der Diskussion mit ihnen und aus der Unterrichtspraxis habe ich wesentliche Anregungen erhalten. Ihnen allen sowie dem Verlag möchte ich danken, daß das Buch so erscheinen kann.

Freiburg i. Br., im Frühjahr 1977

Manfred Pelz

0. Statt einer Einleitung

Zunehmend werden zum gegenwärtigen Zeitpunkt Stimmen laut, die kritisch das unter die Lupe nehmen, was in unseren Schulen geschieht; es werden – außerhalb der Schule – Formen des Lehrens und Lernens erprobt, die grundlegend das in Frage stellen, was durch allgemeinpädagogischen, fachdidaktischen und fachwissenschaftlichen Konsens gesichert zu sein scheint. Worin liegt diese Kritik? – Welche Möglichkeiten bergen die Experimente, die im Umkreis der Schule ihre Inhalte mit einem neuen Stellenwert versehen? – Worin läge etwa der oben angesprochene Konsens?

0.1. Kritik und Experiment – zwei bezeichnende Aktivitäten

1. Im Jahre 1975 legte die vom Kultusministerium Baden-Württemberg eingerichtete »Kommission Anwalt des Kindes« unter der Überschrift »Jedes Kind soll sich in der Schule wohlfühlen« ein Papier [1] vor, in dem zu folgenden Themen Stellungnahmen mit eingehender Begründung abgegeben werden:

1) Stammklassenräume in den ersten acht Schuljahren;
2) Klimatisierung von Stammklassenräumen;
3) Fensterlose Räume als Stammklassenräume;
4) Großräume in Schulen;
5) Klassengrößen;
6) Kleine Klassen für Schulanfänger;
7) Einstellung von Lehrkräften;
8) Erhaltenbleiben von Klassenverbänden;
9) Länge der Schulwege, Fahrschüler;
10) Änderung von Verkehrsverhältnissen in Schulnähe;
11) Dauer des Vormittagsunterrichts;
12) Anzahl der Schulstunden pro Woche;
13) Zeitbedarf der Hausaufgaben;
14) Inhalt und Schwierigkeitsgrad der Hausaufgaben;
15) Ausgewogenheit des Fächer- und Stoffangebots;
16) Vorrang der Förderung vor der Leistungsbeurteilung;
17) Leistungsbeurteilung in den ersten drei Schuljahren;
18) Vorsorge gegen zunehmende Belastungen;
19) Vermeidung von Überforderung;
20) Gewicht der Klassenarbeiten bei der Leistungsbeurteilung;
21) Verständliche und sinngerechte Leistungsbeurteilung;
22) Erfolgserlebnisse in und außerhalb der Schule;
23) Vermeiden persönlich herabsetzender Beurteilungen;
24) Zulassungsverfahren zum Studium an Hochschulen.

Bei der Beurteilung der in diesem Papier angesprochenen Themen ist zu berücksichtigen, daß sie just in dem Augenblick formuliert wurden, als in der Euphorie der sog. *Inneren Grundschulreform* des Landes Baden-Württemberg verschiedene Kommissionen daran arbeiteten, die Inhalte der bisherigen Grundschulfächer neu zu formulieren und dem wissenschaftlichen Diskussionsstand anzupassen bzw. überhaupt die curricularen Grundlagen für gesellschaftsrelevante neue Grundschulfächer (z. B. Sachkunde, Fremdsprachen) in Form von Lehrplänen neu zu schaffen.[2] Offensichtlich bestand das Bedürfnis – die Einrichtung einer Kommission »Anwalt des Kindes« war eine direkte Reaktion auf die allenthalben erhobene öffentliche Kritik –, einer Überbürdung der Schüler entgegenzuwirken: durch Schaffung besserer räumlicher und personeller Bedingungen des Unterrichts, durch Berücksichtigung humanbiologischer, anthropologischer, pädagogischer und psychologischer Gesichtspunkte, die den individuellen Fähigkeiten des einzelnen Schülers Rechnung tragen. So heißt es thesenartig zum Thema 20): »Die Ergebnisse der Klassenarbeiten sind nur im Zusammenhang mit anderen Verfahren der Leistungsmessung als Hinweis auf den Schulerfolg eines Kindes anwendbar«;[3] denn – so die Begründung –:

»Manche Schüler sind im schriftlichen, andere im mündlichen Ausdruck gewandter. Auch beeinflussen unterschiedliche Arbeitsgeschwindigkeiten das Ergebnis von Klassenarbeiten, obwohl darin durchaus kein sicherer Maßstab für die schulische Leistungsfähigkeit liegt; manches besonders gewissenhafte Kind kann auf diese Weise unverdient ins Hintertreffen geraten. Auch sind manche Kinder so leicht erregbar, daß sie bei Klassenarbeiten mehr Fehler machen, als ihrem Wissen entspricht. Andere Kinder fürchten die Reaktion der Eltern auf schlechte Noten und erreichen wegen dieser seelischen Belastung nicht die ihnen gemäße Leistung; da manche Eltern nur sehr gute oder gute Leistungen gelten lassen, sind gelegentlich sogar begabte Kinder besonders stark verunsichert und ängstigen sich bereits vor der Note 3. Aus all diesen Gründen geben die Noten von Klassenarbeiten für sich allein nur ein unvollständiges, gelegentlich sogar ein irreführendes Bild der Schulleistungen.
Weiterhin ist jede vom Lehrer benotete Klassenarbeit eine Prüfung und gehört daher zu demjenigen Bereich der Schulwirklichkeit, der im Schulalltag und als Ansporn zum Lernen eine untergeordnete Rolle spielen sollte. Aus all diesen Gründen ist die Verminderung der Anzahl und des Gewichtes von Klassenarbeiten innerhalb weiter Bereiche der Schule zur Zeit ein wichtiges Anliegen zugunsten der Kinder, aber auch der Lehrer und der Schule.«[4]

Auch die Begründungen zu den anderen Themen werden von dem gleichen Tenor getragen: Das Schulkind wird in seiner *Individualstruktur* als ernstzunehmender Faktor berücksichtigt und in Schutz genommen gegen einebnende, einengende und fremdbestimmende Ansprüche. Damit treten die sog. *Anthropogenen* und *Sozialkulturellen Voraussetzungen* des Unterrichts,[5] d. h. die Individuallage des Schülers – aber auch die des Lehrers – gegenüber den Entscheidungsfeldern *Intentionalität, Thematik, Methodik/Medienwahl*[6] eindeutig in den Vordergrund. Mit dieser, vor allem für die Fremdsprachendidaktik noch neuen Umbewertung, befaßt sich Kapitel 2.[7]

2. Im Mai 1974 legten R. Dietrich und A. Schumann ein Arbeitspapier ›Lernen in Situationen‹ vor, das an die Diskussion über die in deutsch-franzö-

sischen Ferienprogrammen eingesetzten Lehrmaterialien und Lehrmethoden anknüpft und folgenden Untertitel trägt: »Pragmalinguistische Überlegungen zur didaktisch-methodischen Konzeption der Ferienprogramme für junge Berufstätige mit Einführung in die Sprache des Nachbarlandes«.[8]

Dieses Papier bezweckt weniger eine Auflistung der für Sprach-, insbesondere für Feriensprachkurse üblichen Ziele (Sprachkenntnisse, Landeskunde, persönliche Kontakte), sondern befaßt sich mit der Frage, wie in dieser speziellen Lernsituation Sprachvermittlung und kommunikative Bedürfnisse der Kursteilnehmer zusammenzubringen sind, und zwar unter anderem durch Rekurs auf den Begriff der *Situation* als den Angelpunkt menschlicher Kommunikation:

»Nach Horst Michel stellt sie eine für das handelnde Subjekt erlebbare, bewußtseinsmäßig faßbare *Widerspruchslage* dar, die auf eine Bedürfnisspannung zurückzuführen ist. Die real-kommunikative Sprechhaltung kann danach als sprachliche Realisierung eines aus dem Bedürfnis nach Widerspruchslösung resultierenden Handlungszusammenhangs (Situationskontext) definiert werden. Nehmen wir zum Beispiel die Situation ›Bahnhof‹. Ich gehe zur Reiseauskunft und frage den Schalterbeamten, wann der nächste Zug in Richtung D. fährt. Nicht die Situation an und für sich veranlaßt mich zu der sprachlichen Äußerung, sondern der Umstand, daß zu den äußeren Faktoren wie ›Bahnhof‹ und ›Reiseauskunft‹ innere Faktoren wie ›Reisezwang‹ und ›Ratlosigkeit‹ in wechselwirkende Beziehung treten. Wird meine Frage mit der lakonischen Antwort abgetan ›Bald!‹, wird zwar die Richtigkeit meiner Handlung bestätigt, jedoch ist die meiner Frage zugrundeliegende Widerspruchslage keineswegs gelöst. Ich werde weiter fragen müssen, um die von mir als widersprüchlich erfahrene Situation entsprechend meiner Erwartungen/Bedürfnisse verändern zu können.

Sprachdidaktisch gesehen folgt daraus, daß wir aus den Ferienkursen die Bedürfnisspannungen erfassen, die für die Sprachausübung bzw. für das Sprachverständnis der Teilnehmer bedeutsam sind. Sie müssen im wesentlichen die didaktische Aufbereitung der aktuellen *Lernsituation* bestimmen. Entsprechend der Ausdrucks- und Mitteilungsbedürfnisse der Teilnehmer wird das Lernmaterial nach einem offenen Baukastensystem zusammengestellt. Dieses umfaßt drei verschiedene Dimensionen:
– eine situative Dimension,
– eine intentionale Dimension,
– eine linguistische Dimenstion.

Die *situative Dimension* beschreibt die typischen Merkmale von Sprechsituationen, d. h. die spezifischen Rollenkonstellationen, den zeitlichen und räumlichen Hintergrund, etc.

Die *intentionale Dimension* beschreibt die grundlegenden Sprechintentionen (-absichten, -wünsche), die für die deutsch-französischen Begegnungen relevant sind, wie z. B. Kontakt, Orientierung, Wertung.

Die *linguistische Dimenstion* beschreibt die Auswahl und Differenzierung des sprachlichen Materials nach lerntheoretischen Kriterien (Progression, Transponibilität, Operationalität, etc.). Die Schnittfläche zwischen intentionaler, situativer und linguistischer Dimension ergibt die *kommunikativen Paradigmata*, die das Basismaterial für die aktuelle Lernsituation bilden.«[9]

Diese Aussagen ergänzen die Empfehlungen der Expertenkommission »Anwalt des Kindes« und präzisieren sie zugleich in bezug auf den Sprachunterricht:

– Der Lernende wird radikal ernst genommen als das, was er ist: als handelndes Subjekt, das in Situationen steht und in ihnen bestimmte Erwartungen und/oder Bedürfnisse erfährt, erlebt, bewußtseinsmäßig erfaßt. Diese Erwartungen und/oder Bedürfnisse sind real vorhanden, und sie sind als eigenständiger – ja als eigentlich primär motivierender Faktor – zu berücksichtigen. (Auch das ist Gegenstand des 2. Kapitels.)
– Bedürfnisspannungen aber schaffen eine Widerspruchslage, die der in der Situation Stehende lösen möchte. Soweit er es sprechend tut, befindet er sich in »real-kommunikativer Sprechhaltung«, die das Ergebnis einer komplexen menschlichen Tätigkeit ist. »Komplex« in diesem Zusammenhang meint nicht die »bloße« Beherrschung und Anwendung von sprachlichen Mitteln, wenngleich auf diese Weise durchaus grammatisch wohlgeformte Sätze ermöglicht werden, sondern darüber hinaus auch »das Erfassen von sozialen Situationen sowie von Verstehens- und Handlungsmöglichkeiten anderer Menschen, Vergegenwärtigung von Interessen und Bedürfnissen«,[10] sowie weiterer Faktoren, die wechselseitig voneinander abhängen. Sprachunterricht – will er nicht äußerliches Training ohne situativen Bezug sein – muß diesen *ganzen* Faktorenkomplex berücksichtigen, in dem Sprache nur *eine* und häufig nicht einmal *die* primäre Komponente darstellt. Welche Konsequenzen das für die Lernzielbestimmung und für die Arbeit mit bestimmten Lehrmedien hat, wird in Kapitel 3. gezeigt.

– Wenn aber die Gruppe der Lernenden in der Weise ernst genommen wird, daß bei der Bestimmung der Lerninhalte und der Lernorganisation von ihren Ausdrucks- und Mitteilungsbedürfnissen ausgegangen wird, dann bedeutet das – zumindest *implicite* – eine direkte Mitbestimmung der Lerner bei der didaktischen Aufbereitung der aktuellen *Lernsituation*. Dadurch wird auch das Lehr- und Lernmaterial einer neuen Gewichtung unterzogen: Nicht mehr das *starre* Medienpaket – wie das noch für alle audio-visuellen Methoden Gültigkeit hat – kann dieser Orientierung Rechnung tragen, sondern nur eine Organisation des Lernmaterials in Form eines *offenen* Baukastensystems. Auch die Reihenfolge, nach der sich dieses System strukturiert, ist signifikant:
– die *situative Dimension* (mit den typischen Merkmalen von Sprechsituationen; den spezifischen Rollenkonstellationen; dem zeitlichen und räumlichen Hintergrund; etc.) und
– die *intentionale Dimension* (mit Beschreibung der grundlegenden Sprecherintentionen, -absichten, -wünsche, etc.) sind *vor*
– der *linguistischen Dimension* zu klären, in der dann die Auswahl und Differenzierung des sprachlichen Materials nach lerntheoretischen Gesichtspunkten erfolgt.

Eine solche Umkehrung der Dimensionen (vgl. die Ausführungen von H.-E. Piepho im Anhang 8.3.) stellt auch die Lehrwerkkritik vor neue Aufgaben. Bislang ging man von fertigen Lehrwerken und -methoden und ihren Auswirkungen auf bestimmte Lernergruppen aus und betrachtete dies als den gesichertsten Weg der Forschung.¹¹ Partizipatorische Gesichtspunkte und die weitgehende Berücksichtigung der pragmatischen Faktoren der Kommunikation¹² machen dagegen – vgl. Kapitel 4. – einen differenzierteren Zugriff notwendig.

Die zuvor gemachten Aussagen betreffen keineswegs eine extreme, nicht generalisierbare Lernsituation, sondern *jeden* Sprachunterricht: Ausdrucks- und Mitteilungsbedürfnisse entstehen in jeder Gruppe; die auf Bedürfnisspannung beruhende Widerspruchslage kennzeichnet auch die *schulische Situation*. Deshalb fordert R. Kloepfer z. B. für alle Phasen des Unterrichts, »echte Kommunikationsmöglichkeiten zu suchen, zu entdecken und zu nützen«,¹³ und formuliert folgende These:

»Der Lehrer sollte sich nicht auf die übliche fingierte Kommunikation einlassen, sondern im Gegenteil die Problematik der schulischen Situation zum Anlaß für Kommunikation nehmen. Aus der Erkenntnis der jeweiligen Rolle ergibt sich die Möglichkeit, andere bzw. bessere Kommunikationssituationen und Rollenverteilungen zu entwerfen und sich – je nachdem, welcher Faktor des Kommunikationsmodells verändert wird – fiktional kommunikativ zu verhalten.«¹⁴

Auch hier ergäben sich dann – wie bei Dietrich und Schumann – als Schnittfläche zwischen intentionaler, situativer und linguistischer Dimension jene *kommunikativen Paradigmata*, »die das Basismaterial für die aktuelle Lernsituation bilden«.

Aufgaben:

– *Lesen Sie das 2. Kapitel in Dietrich, I.: Kommunikation und Mitbestimmung im Fremdsprachenunterricht. Kronberg/Ts. 1974, S. 61–90.*
– *Vergegenwärtigen Sie – angesichts der anstehenden Problematik – Ivan Illichs Kritik an der institutionalisierten Erziehung und Paulo Freires Kritik an der ›edução bancaria‹.*
– *Auf welche Schwierigkeiten muß die bei den genannten Autoren geforderte ›offene‹ Strukturierung selbstgewählter Lernwege und -gegenstände in der Institution Schule führen.*
– *Imaginieren Sie weitere Gegenmodelle zur Schule (Stichwort: Freinet).*

Weiterführende Literatur:

– *Freire, P.: Pädagogik der Unterdrückten. Stuttgart/Berlin 1971.*
– *Illich, I.: Entschulung der Gesellschaft. München 1972.*

0.2. Allgemeindidaktischer und fachdidaktischer Konsens

Wenn es dennoch im Sprachunterricht in der Regel nicht zu einer Lernsituation in diesem Sinne, d. h. unter Einbeziehung der Bedürfnisse der Lerngruppe, kommt, dann liegt das *einer*seits an der für alle Erfahrungswissenschaften charakteristischen Phasenverschiebung von Forschung und Anwendung der Forschungsergebnisse, *anderer*seits an dem in Lehrplänen und Lehrwerken scheinbar festgeschriebenen allgemeindidaktischen und fachdidaktischen Konsens, der im schulischen Alltag nur schwer hinterfragt werden kann. Man könnte geradezu von einer Bedingungssequenz Lehrplan → Lehrwerk → Methode → Unterricht sprechen (weitere Präzisierungen zu diesem Punkt finden sich unter Kapitel 6.) und folgende Thesen aufstellen:

1) Lehrpläne sind – wie Lehrwerke auch – Produkte ihrer Zeit; sie sind zur Zeit ihres Erscheinens bereits veraltet und bedürfen deshalb ständiger Revision.
2) Aus der Konkordanz neuerer Lehrwerke für eine Stufe müßte sich als Resultat das augenblickliche kollektive fachliche Bewußtsein und der Zustand der Fachdidaktik (in einem Land) ablesen lassen.

Zu 1)

Die Revision der Lehrpläne und ihre Ersetzung durch sog. *Curricula* ist in vollem Gange. Die damit verbundene anfängliche Euphorie ist jedoch inzwischen größerer Nüchternheit gewichen. W. Potthoff hat die bestimmenden Merkmale in *Lehrplänen* und *Curricula* folgendermaßen thesenartig zusammengestellt:[15]

	Lehrplan	Curriculum
Bildungsziele/ Leitideen	– beruhen auf Setzungen – werden durch wertende Wahl ermittelt	– Leitideen werden durch rationale Akte ermittelt – sind am gesellschaftlichen Konsens orientiert
Unterrichtsziele	– sind in Form von Stoffangaben formuliert – treten als erwünschte Produkte in Erscheinung	– werden als kognitive, affektive und psychomotorische Lernziele formuliert – werden als konkrete Verhaltensweisen beschrieben
Entscheidungen	– beruhen auf Normenkompetenz – implizieren in ihrem normativen Anspruch einen Konsens – werden ohne Nennung der Entscheidungsträger getroffen	– beruhen auf objektivierenden Ermittlungen und rationalem gesellschaftlichen Konsens – werden anhand offen liegender Kriterien getroffen – sind intersubjektiv überprüfbar – werden systematischer Kritik ausgesetzt

	Lehrplan	Curriculum
Lehrangebote	– basieren auf relativ stabilen Überlieferungen – werden retardierend neuen Erfordernissen angepaßt – sind fest umrissen und für alle Schüler einer Altersgruppe gleich	– sind primär gegenwarts- und zukunftsbezogen – sind nicht für alle Schüler gleich definiert – enthalten Alternativen
Lernprozesse	– werden nicht beschrieben	– werden unter Berücksichtigung ihrer Bedingungsfaktoren beschrieben
Materialien	– werden im allgemeinen nicht speziell benannt – beeinflussen unkontrolliert Lernprozesse	– werden als Informationsträger und Stimuli für Lernprozesse verstanden und in diesen Eigenschaften beschrieben
Methoden	– werden nicht in Zusammenhang mit bestimmten Lehraufgaben gebracht – stehen als wenig präzisierte Verfahrensweisen zur beliebigen Verfügung	– werden als spezifische Lehrtechniken beschrieben und auf bestimmte Lehrsequenzen bezogen
Kontrollen	– werden im Lehrplan nicht beschrieben	– werden als Lernzielkontrollen beschrieben

Die Gründe für die Forderung nach Revision der Lehrpläne liegen einerseits in ihren Defiziten (stoffliche Überladenheit, tradierte Lehrstoffe, Nichtberücksichtigung neuerer Wissensbereiche und Qualifikationen in Anpassung an die gesellschaftliche Gesamtsituation), andererseits in dem, was sich unter die Überschriften »Leitendes Erziehungsinteresse«, »Rationalisierung der Entscheidungsprozesse«, »Präzisierung der Lernziele«, »Berücksichtigung der individuellen Lernfähigkeit«, »Umstrukturierung innerhalb der Schulorganisation«, »Neue Ausbildungsgänge«, »Didaktische Relevanz technischer Medien«[16] fassen läßt. Dabei fällt auf, daß der Kontext allgemeiner Zielvorstellungen so weit ist, daß der Lerner *als er selbst* zwar gesehen wird (Alternativen nach *unterschiedlichen* Schülergruppen, Berücksichtigung der individuellen Lernfähigkeit), im Gesamtgeflecht curricularer Elemente und Unterrichtsentscheidungen jedoch stark im Hintergrund bleibt. Noch eindeutiger erscheint dieses Geflecht in der folgenden Graphik:[17]

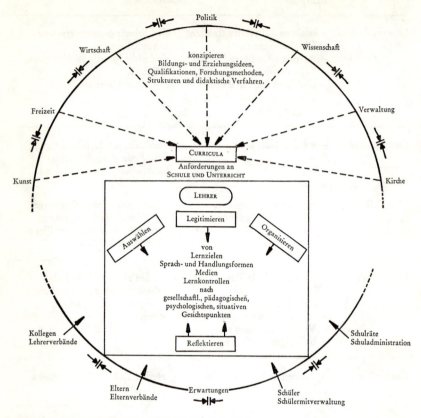

Graphik: Messer

die modellhaft die »Planungsaufgabe Unterricht« nach den Schritten

»Ermittlung von Voraussetzungen des Unterrichts; curriculare Entscheidungen:
- Auswählen und Legitimieren von Curriculumelementen,
- Präzisieren von Lernzielen,
- Bestimmen von Methoden und Medien,
- Kontrollieren des Lernerfolgs;
Organisation des Unterrichts;
Reflexion von Unterrichtserfahrungen«[18]

abbilden möchte. Im Zentrum steht das Curriculum, steht der Lehrer mit den ihm obliegenden Aufgaben des Auswählens, Organisierens, Reflektierens, stehen konkurrierende oder gar gegenläufige Interessen und Gruppen. Der Lerner wird nicht erwähnt.

Zu 2)

Der fachdidaktische Konsens ist weniger eindeutig zu ermitteln und läßt sich bestenfalls aus der Vielfalt von Lehrwerken, Methodenkonzeptionen, sog. »Didaktiken« und der Fülle der im Umkreis der Fachdidaktik erscheinenden wissenschaftlichen Literatur als immer wieder genannte und damit zum Allgemeinbesitz gewordene »Vorstellungen«[19] heraushören. Piepho[20] beschreibt acht solcher Grundoptionen:

(1) Der Unterricht ist vorwiegend imitativ und wird weitgehend nach sog. audiolingualen und audio-visuellen Methoden geführt.
(2) Die Sprachkurse sind weitgehend auf die Nachahmung von Dialogen ausgerichtet.
(3) »Pattern Drill« wird als wichtigstes Mittel zur Habitualisierung von Redemitteln verwendet.
(4) Einsprachigkeit ist Kennzeichen der Modernität des Vorgehens.
(5) Alle Informationen und Redeakte sind eingebettet in landeskundliche Informationen; damit verbunden ist die Absicht, den Schüler durch *mimicry identification* in die Rolle des Angehörigen einer fremdsprachigen Kultur hineinwachsen zu lassen.
(6) »Gesellschafts- und politökonomiewissenschaftliche Tatbestände und Sachverhalte« sowie »die allgemeinen Kenntnisse über Spracherscheinungen und -leistungen in der Eigensprache«[21] werden nicht berücksichtigt.
(7) Redefunktionen und Unterrichtsinhalte werden losgelöst vom Interessen-, Sozialisations- und Erfahrungsstand der Lernergruppe.
(8) Der Sprachunterricht ist vorwiegend schulartenspezifisch und äußerlich differenziert konzipiert, und zwar nach Leistungsnormen, die an der lexikalischen und morphosyntaktischen Struktur, »nicht an den kommunikativen Funktionen der Sprache«[22] orientiert sind.

Die Punkte (1) bis (5) und z. T. (8) beschreiben einen Ist-Zustand als Prinzipien eines »modernen« Sprachunterrichts, denen für die Auswahl und Anordnung des Sprachmaterials *Entscheidungskriterien* wie Frequenz, Produktivität, Opposition, Homogenität, etc. (bei Dietrich/Schumann: Progression, Transponibilität, Operationalität, etc.), für den Aufbau des Unterrichts ein *Phasenmodell* zur Organisation des Transfer hinzugefügt werden müßten. Unter (6) bis (8) entwirft Piepho ein Programm, das die »Modernität« der zuvor aufgelisteten Prinzipien relativiert oder gar (z. B. das Prinzip der Einsprachigkeit) in Frage stellt. Aber »eine kritische Überprüfung heißt nicht von vornherein die Beseitigung«, und »selbstverständlich haben alle diese ... didaktischen Teilprinzipien wesentliche Impulse für einen wirksamen Englischunterricht gegeben.«[23] In Kapitel 1., systematischer in Kapitel 5., wird gezeigt, wie solche Prinzipien begründet und rezipiert werden bzw. uminterpretiert bzw. aufgegeben werden müssen.

Programmatische Positionen (wie die aus der linguistischen Pragmatik sich ergebenden) stellen einen Faktor des Verunsicherns dar und gefährden den Konsens vor allem in der Schule, wo es traditionsgemäß schwerfällt, sogenannten *modernen* Methoden gegenüber traditionellen Unterweisungstechniken zum Durchbruch zu verhelfen. Diese Unsicherheit jedoch ist sachinhärent, solange es keine Theorie des Spracherwerbs, vor allem aber des Fremdsprachenerwerbs gibt. Wenn Lado[24] noch mit einiger Sicherheit einen wissenschaftlich fundierten Sprachunterricht vertreten konnte:

»›Wissenschaftlich‹ ist durchaus nicht gleichbedeutend mit ›perfekt‹ oder ›allwissend‹. Ein Sprachunterricht auf wissenschaftlicher Grundlage bedient sich wissenschaftlicher Ergebnisse; er stützt sich auf theoretische Einsichten und eine Reihe von Grundsätzen, die in sich geschlossen und folgerichtig abgeleitet sind. Ein solcher Sprachunterricht registriert Ergebnisse, und insofern ist er neutral und kann aufgrund objektiver Gegebenheiten erörtert werden. Gleichzeitig erlaubt er ständig mögliche oder notwendige Erweiterungen, wenn immer neue Tatsachen und Erfahrungen dazu veranlassen.«[25]

so deshalb, weil die enge Verwandtschaft von Bloomfieldschem Strukturalismus und Skinner-Psychologie sich der Anwendung im Sinne des *aural-oral approach* geradezu anbot und einen nahtlosen wissenschaftlichen Begründungszusammenhang ergab. Die Magerkeit der Unterrichtsergebnisse hat inzwischen zu Ernüchterung und Überprüfung der theoretischen Grundlagen dieser Richtung geführt.[26] Eine ähnliche Kurve von anfänglicher Euphorie (Ende der 50er Jahre) bis zu großer Ernüchterung (seit Anfang der 70er Jahre) beschreibt auch die Rezeption der audio-visuellen, global-strukturellen Methode, wie sie in Europa, speziell in Frankreich,[27] entwickelt wurde. Auch hier hat die Überprüfung eingesetzt.[28]

D. Coste hat in seiner methodengeschichtlichen Zusammenstellung, die der audio-visuellen Methode insgesamt zu wenig Kritik entgegenbringt, eine Annäherung der beiden Standpunkte festgestellt und hebt dabei auf folgende Punkte ab:

»– Il faut donner toute son importance au sens et ne jamais le négliger au profit d'un apprentissage mécaniste des patterns.
– On doit tenir compte des éléments paralinguistiques (gestes, mimiques, attitudes des locuteurs) et extra-linguistiques (situation de communication, habitudes culturelles) dès les premières phases de l'apprentissage.
– Le cours de langue prend en considération les variations liées aux registres et aux types de discours.
– D'une façon générale, il est dangereux de vouloir faire précéder l'entraînement à la communication dans la langue étrangère d'une phase purement manipulative où le travail linguistique systématique ne repose pas sur l'échange interpersonnel.«[29]

Der damit erreichte Konsens ist wiederum weitgehend methoden-, nicht Schüler-orientiert und entspricht jener »Selbstgenügsamkeit der (...) Didaktik in sprachmethodischer und inhaltlicher Hinsicht«,[30] die Piepho unter Punkt (6) kritisiert. Wie der allgemeindidaktische Konsens ist also auch der fachdidaktische bislang lernerneutral. Debyser – zum Schluß bei Coste zitiert[31] – erhebt aus allgemeinpädagogischer Sicht dagegen Bedenken:

»Il est évidemment troublant que même les méthodes dites ›nouvelles‹ ou ›modernes‹ d'enseignement des langues vivantes risquent d'être considérées du point de vue de la pédagogie générale comme ultra-traditionnelles:

a) Il s'agit d'une pédagogie centrée sur la méthode et non sur l'élève...
b) Les procédures d'enseignement découlent à peu près uniquement de l'analyse de la matière à enseigner...
c) Les procédures reposent ... sur des conceptions plutôt mécanistes de l'apprentissage...
d) L'organisation de la classe repose plus que jamais sur l'autorité du maître...«[32]
(Vgl. den gleichen Tenor im Anhang 8.5.)

Aufgaben:

– *Lesen Sie den genannten Aufsatz von D. Coste ganz durch.*
– *Formulieren Sie die von Coste für die audio-visuelle, global-strukturelle Methode – gegenüber anderen ›Methoden‹ – herausgestellten Vorzüge. Inwieweit lassen sich dahinter sprachpragmatische Prämissen vermuten?*
– *Lado, E.: Moderner Sprachunterricht. Eine Einführung auf wissenschaflicher Grundlage. München ²1969, hat 17 Prinzipien eines ›modernen Sprachunterrichts‹ aufgestellt (S. 76–86). Ordnen Sie sie und begründen Sie sie unter Bezugnahme auf verschiedene Wissenschaften: Linguistik (welche?), Psychologie, Sozialpsychologie, Pädagogische Psychologie, Kybernetik, etc.*
– *Würden Sie Lado – wie geschehen – einseitig als ›Skinnerist‹ (= Behaviorist) einstufen?*
– *Lado formuliert als letztes Prinzip ›Lernerfolg als Lehrziel‹. Nehmen Sie zu diesem Prinzip Stellung.*

1. Vom fertigkeitsorientierten zum kommunikativen Ansatz der Spracherlernung

These: Das Erkenntnisinteresse der modernen Linguistik seit de Saussure veränderte sich in der Weise, daß die anfängliche Einschränkung auf die Ausdrucksseite der Sprache (taxonomischer Strukturalismus) erweitert wurde zunächst um die Befassung mit dem Inhalt des Sprachzeichens und seiner Strukturierung (Semantik), dann um die Dimension der Zeichenverwender (Pragmatik). Dem entspricht in der Sprachpädagogik eine Umorientierung von einem weitgehend fertigkeitsorientierten Konzept der Spracherlernung zu einem kommunikativen Ansatz.

Die These von einem Entwicklungsschema in drei Etappen mag grob vereinfachend klingen; sie hat jedoch etwas Bestechendes für sich, und sie wird – gewissermaßen als wissenschaftsgeschichtliche Wahrheit – als solche auch in der Linguistik vertreten:

Signifiant → Signifié + Signifiant → Signifié + Signifiant + Situation[1]
    1.   2.   3.

Die parallele Entwicklung im Anwendungsbereich der Sprachpädagogik stellt ein weiteres stützendes Argument dar. Daß eine solche Parallelentwicklung notwendig ist – bei aller sonst feststellbaren Phasenverschiebung von Forschung und Praxis –, liegt daran, daß sich die Inhalte (und damit die Lernziele) eines Faches »in ihren Grundformen wenigstens als Wissenschaften, Techniken oder Pragmata klassifizieren«[2] lassen, ohne daß damit eine *direkte* Umsetzung einer Wissenschaft in ein bestimmtes Fach gemeint ist; vielmehr bieten sich, wie Heimann darlegt,[3] in den einzelnen Wissenschaften »Lernpotentiale« zur praktischen Umsetzung an, die dann im breit gefächerten, unterschiedliche Wissenschaftsbereiche umfassenden Feld der *Angewandten Sprachwissenschaft* zu leisten wäre. Daß eine solche Parallelentwicklung nicht unbedingt einsinnig gesteuert verlaufen muß – von der linguistischen Forschung zur sprachpädagogischen Anwendung beispielsweise –, liegt auf der Hand: Forschung und Praxis verhalten sich reziprok zueinander. Es wurde die These aufgestellt, der Strukturalismus sei eine direkte Folge der mit der Reformmethode einsetzenden Bemühungen um die Neugestaltung des Grammatikunterrichts.[4] In ähnlicher Weise könnte (vgl. Text 8.6. im Anhang) – wenn auch in schärferer kritischer Abhebung – gegenwärtig ein Vorpreschen der »Schule« in Form von Lehrplänen und Unterrichtsentwürfen (Lernziel Kommunikation!) festgestellt werden, die ihre Legitimation durch eine entsprechende Fachwissenschaft deshalb nicht finden, weil diese Fachwissenschaft sich erst als sprachwissenschaftliche Teildisziplin »Linguistische Pragmatik« zu skizzieren beginnt. Die Diskussion um die Begriffspaare *fertigkeitsorientierter* vs. *kommunikativer*

Unterricht und *linguistische* vs. *kommunikative* Kompetenz ist in vollem Gange. (Zur sachlichen Einordnung des letzteren vgl. im Anhang die Texte 8.1. und vor allem 8.2.)

1.1. Fertigkeitsorientierter Sprachunterricht

Läßt man aus dem genetischen Bedingungszusammenhang für Unterricht die Lernpsychologie und Erziehungswissenschaft heraus, so sind für diese Art von Sprachunterricht als linguistische Grundlagen Ergebnisse der in der Eingangsthese genannten ersten beiden Entwicklungsstufen anzusehen: Seit den 50er Jahren, in Amerika weit früher (vgl. den *aural-oral approach*), ist der Sprachunterricht in Europa an *Fertigkeiten* (frz. *aptitudes*, engl. *skills*) orientiert.

Besonders nachhaltig hat sich der taxononische Strukturalismus auf die Sprachpädagogik ausgewirkt, so daß vielfach die Berufung auf ihn auch heute noch als Indiz für die Modernität des Vorgehens gilt. Seine Leistungen liegen im wesentlichen in zwei Bereichen:

(1) In der Definition der Sprache als eines Systems von Strukturen, die durch eine Reihe von Operationen und Entdeckungsprozeduren in Form eines begrenzten formalisierten Inventars gefunden werden. Das wissenschaftsmethodische Vorgehen der Corpusbildung, des Segmentierens, der Oppositionsbildung, des Klassifizierens läßt sich als solches in den Unterricht übertragen: »Pattern Drill«, »Exercices Structuraux«, Sprachlaborübungen, die als »Substitution Tables« in Lehrwerken erscheinenden Variationsübungen gehen von diesem Strukturbegriff aus; ihr Ziel ist die Bildung von Sprachgewohnheiten:

»La notion de structure repose sur les phénomènes linguistiques d'*opposition* et de *similarité*. C'est la similarité structurale qui permet les exercices de *substitution*, où les cases restant les mêmes et conservant chacune sa fonction particulière, les changements de sens s'opèrent en substituant, dans une case ou une autre, un élément du même ordre (de l'ordre de cette case). C'est l'opposition structurale qui suggère les exercices de *transformation* où une case au moins change de fonction en changeant de nature ou de place.«[5]

(2) In dem Primat, das der *gesprochenen* Sprache als dem primären System zugestanden wird. Mit der Anerkennung dieses Primats löst sich die Sprachpädagogik vom Vorbild des grammatikalisierenden, analysierenden, buchorientierten Unterrichts in den alten Sprachen. Zugleich wird damit deutlich, daß sich in einer ganzen Reihe von Sprachen der gesprochene und der geschriebene Code, überhaupt die Art, *wie* man *schreibt*, und die Art, *wie* man *spricht*, in durchaus *unterschiedlichen* Markierungs- und Selektionsstrukturen entwickelt haben. Das Französische z.B. ist gekennzeichnet durch eine solche ausgeprägte Dichotomie. Wenn sich dennoch bis heute diese Orientierung des Strukturalismus häufig »nur« in der unspezifischen Form eines stärker *münd-*

lich geführten Unterrichts ausgewirkt hat, weniger in einer durchgehenden Berücksichtigung des *code oral* als eines eigengesetzlichen Systems, so liegt das daran, daß auch modernere Grammatiken in der Regel von der geschriebenen Sprache ausgehen, die einen historischen Zustand der Sprachentwicklung abbildet. Ein Beispiel für viele:

> Bei der Genusmarkierung des *französischen Adjektivs* setzt die traditionelle Unterscheidung die Maskulinform als Basis an, aus der die Femininform durch Anhängung eines [ə]*muet* gebildet wird. Demgegenüber zeigt die Analyse *à base orale*, daß eher von der Femininform als Vollform auszugehen und aus ihr die Maskulinform durch Reduktion (z. B. [pətit] → [pəti]) abzuleiten ist: »Pédagogiquement, il sera utile de montrer comment, en fait, il est très souvent possible de dériver le masculin du féminin, contrairement à l'usage établi par les grammaires qui ne visent que le plan de l'écrit.«[6]

Systematische Beschreibungen des gesprochenen Französisch mit sprachdidaktischer Ausrichtung gibt es erst seit etwa zehn Jahren.[7]

Die *Signifiant*-Lastigkeit[8] des taxonomischen Strukturalismus wurde durch die Befassung mit der Inhaltsseite in der Semantik (zweiter Entwicklungsschritt der modernen Linguistik) teilweise ausgeglichen. Folgt man den verschiedenen Ansätzen innerhalb der Semantik seit de Saussure, so lassen sich unterrichtliche Anwendungen zumindest für die folgenden Bereiche ermitteln:

1. Der Begriff der *rapports associatifs*, von de Saussure am Beispiel des Wortes *enseignement* exemplifiziert,[9] stellt *einen* Ansatz zur Strukturierung auch des Lexikons einer Sprache dar. Jedem Sprecher fallen bei der Verwendung eines Wortes assoziativ, d. h. ohne sein Zutun, andere Wörter ein

– solche mit lautlicher sowie inhaltlicher Ähnlichkeit (sog. *Wortfamilien*);
– solche, die zu dem Ausgangswort in paradigmatischer Beziehung stehen, d. h. gegen es in anderen Kontexten ausgetauscht werden können (sog. *Synonyme*);
– solche mit gleichem Ableitungsaffix oder sonstiger lautlicher Ähnlichkeit.

Mit diesem Ansatz, der die Lerninhalte in größeren, sich gegenseitig stützenden Zusammenhängen organisiert, arbeitet die Sprachpädagogik seit jeher. In Lehrwerken erscheint er in Form sog. *word families* oder *centres d'intérêt*.

2. Der Begriff der *Norm*[10] meint, daß nicht alle Sprachzeichen in syntagmatische Beziehungen zueinander treten können, auch wenn ein solches Zusammentreffen in nichts gegen die Regeln der *langue* verstoßen würde. Man sagt zwar: »*Il fait des voyages, des études,...*«, aber »*examens*« verlangt als Verb »*passer*«. Das heißt, es gibt – über die in der *parole* zur Anwendung kommenden Regeln der *langue* hinaus – lexikalische Solidaritäten, Verträglichkeiten/Unverträglichkeiten in der Kombination sprachlicher Zeichen: sog. *Kollokationen*. In Lehrwerken werden sie als *idiomatische Ausdrücke* – ohne diesen linguistischen Begründungszusammenhang – aufgeführt und wie Einzellexien zum Lernen angeboten.

3. Die Komponentielle Semantik geht – grob vereinfacht – von der These aus, daß auch die Inhaltsseite des sprachlichen Zeichens in kleinere Einheiten,

Inhalts-*figurae*, Inhaltskomponenten zerlegbar sei. Solche Inhaltsmerkmale heißen *Seme* (parallel zu den *Phonemen* auf der Ausdrucksseite). So wird beispielsweise das sprachliche Zeichen *Auto* durch die Seme ›Fahrzeug‹, ›durch Motor angetrieben‹, ›vierrädrig‹, ›zum Transport von Personen bestimmt‹, etc. inhaltlich bestimmt.[11] Die Kommutation des Sems ›vierrädrig‹ durch das Sem ›zweirädrig‹ ergäbe ›Motorrad‹; die Kommutation von ›zum Transport von Personen bestimmt‹ durch das Sem ›zum Transport von Waren bestimmt‹ ergäbe ›Lastwagen‹.

Die Fortentwicklung dieses Ansatzes zur sog. *Semanalyse* (mit Hilfe einer Merkmalmatrix) erlaubt eine präzise Bestimmung des Inhalts der Elemente eines Wortfeldes, vor allem aber des Bedeutungsunterschieds sog. *Synonyme*. R. Galisson hat gezeigt, wie die Semananalyse zu einem didaktisch-methodischen Instrument entwickelt werden kann.[12] Beispiel:[13]

	1 moyen de transport	2 en commun	3 sur rail	etc.	4 inter urbain	5 intra urbain	6 de surface	7 souter- rain	etc.
I. train	×	×	×		×		×		
II. métro	×	×	×			×		×	

Genauere Erfassung der Bedeutung, Möglichkeiten der Worterhellung durch Definitionen, Gegenüberstellung und Anwendung, stärkere Bewußtheit im Umgang mit einsprachigen Wörterbüchern (Antonyme, Synonyme), etc. wären einige praktische Folgen für den Unterricht.

4. Mit der operationalen Semantik[14] ist bereits die Brücke zur Pragmatik geschlagen; denn sie sucht den Inhalt eines sprachlichen Zeichens zu beschreiben in Termini seines Gebrauchs. Leisi z. B. vergleicht »verschiedene reale Situationen«,[15] in denen das betreffende Zeichen begegnet, und gewinnt daraus die »ihnen fest zugehörigen Bedingungstypen«.[16] Das heißt: Die Analyse wird nicht mehr auf dem durch *langue* und *parole* abgesteckten Feld des Strukturalismus geführt, sondern an den *Situationen*, in denen sich sprachliche Interaktion zwischen sprechenden Subjekten vollzieht. Dieser Ansatz hat dort Eingang in die Sprachpädagogik gefunden, wo durch variierende Übungsverfahren der Gebrauchsradius eines sprachlichen Zeichens ermittelt und habitualisiert wird. Auch der Situationsbegriff gehört in dieser Form zum fachdidaktischen Konsens.

Aufgaben:

– *Weisen Sie anhand von Lehrbüchern für das von Ihnen studierte oder unterrichtete Sprachfach nach, daß eine Reihe der dort vorgeschlagenen Verfahren und Übungstypen linguistisch begründbar, d. h. (im Sinne Lados)*

›wissenschaftlich‹ sind. *Legen Sie dabei die zuvor gebrauchten Begriffe: ›Taxonomischer Strukturalismus‹, ›code oral / code écrit‹, ›word family‹, ›Semanalyse‹, etc. zugrunde.*
- *Lesen Sie – soweit Sie mit Linguistik nicht allzu sehr vertraut sind – Pelz, H.: Linguistik für Anfänger. Hamburg 1975, und stellen Sie die dort wiederholt vorgenommenen Versuche fest, eine Brücke zwischen linguistischer Betrachtungsweise (Analyse) und Sprachunterricht zu schlagen (Beispiele für Deutsch, Englisch, Französisch).*

1.2. Kommunikativer Sprachunterricht

Mit Ausnahme der operationalen Semantik führen alle zuvor genannten linguistischen Grundlagen zu sprachlichen Fertigkeitszielen, vor denen der affektive Bereich (Haltungen, Wertungen, Einstellungen) ebenso ausgeblendet ist wie der Bereich der sozialen Verhaltensziele.[17] Die gegenwärtige innovative Veränderung hat deshalb ihre Wurzeln in anderen, über systemlinguistische Fragestellungen hinausgehenden Richtungen:

- bei den Redeakttheoretikern (vgl. Text 8.1. und vor allem Text 8.4. im Anhang);
- in der Anwendung »sozialisationstheoretischer Erkenntnisse auf die Beschreibung der Bedingungen und möglicher, auf jeden Fall aber höchst unterschiedlicher Motive beim Erwerb der Zweitsprache«;[18]
- in den Auftragsarbeiten des Europarates,[19]

und geht von folgender Voraussetzung aus:

»Lernziele werden nicht mehr in erster Linie an Kategorien und Formen des Sprachcodes orientiert, sondern an extralinguistischen Beschreibungen der ›social and communicative events‹, für deren sprachliche Bewältigung die Schüler ausgestattet und befähigt werden sollen.«[20]

Im Umfeld der Lernzielbestimmung sind damit eine Reihe von Positionen einer Neubewertung zu unterziehen:
(1) Der Begriff *Kommunikation* zur Kennzeichnung der vier Grundoperationen Hörverstehen, Sprechen, Lesen, Schreiben ist aus seiner technisch-kybernetischen Modellfixiertheit zu lösen, die auch bei allem Bemühen um Berücksichtigung des *situativen Prinzips* in sog. modernen Unterrichts*techniken* gegeben ist, weil mit einer solchen »›mechanistischen‹ Erklärung des Phänomens der Kommunikation dessen zwischenmenschliche Relevanz auch noch nicht im Ansatz erfaßt ist und pädagogische Überlegungen bei dieser kybernetischen und linguistischen Modellvorstellung keineswegs stehen bleiben dürfen«.[21]
»Die Problematik der Weiterentwicklung des fertigkeitsorientierten Sprachunterrichts liegt darin, daß auch die Einübung dialogischen Sprachverhaltens in situativen Bezügen nicht endgültig vor der Reduktion auf rein technische

Fertigkeiten geschützt ist und ein nur scheinbares Mittel sozialer Interaktion und problembezogenen Sprachverhaltens sein kann.«[22] Letzteres ist nur möglich, wenn der Kommunikationsbegriff um die sozial- und bildungstheoretische Dimension erweitert wird, wie das in der *Kritischen Didaktik*[23] geschieht, und ausgerichtet ist an *Emanzipation* und *Partizipation* – in anderer Terminologie: an den vier großen »K's«: Kooperation, Kommunikation, Kritik und Kreativität[24] – als obersten, allgemeinpädagogischen Leitideen. Im folgenden Kapitel werden Ansätze der Fremdsprachenpädagogik vorgestellt, in denen diese Erweiterung vorgenommen wird, – Beiträge des Fremdsprachenunterrichts zum allgemeinerzieherischen Auftrag der Schule.

(2) Die *Lernzielbestimmung* wird in einen primären Bereich der *learning objectives* und einen sekundären Bereich der *learning items* aufgegliedert.[25] Lernziele des ersten Bereichs werden extralinguistisch, Lernziele des zweiten Bereichs linguistisch präzisiert. Selbst wenn diese Umkehrung der herkömmlichen Systematik nicht immer geleistet werden kann, so ist doch die instrumentale Funktion sprachlicher Strukturen zu *kommunikativen* Zwecken vorrangig zu vertreten.[26] Wir würden heute, wie H. E. Brekle darlegt, »nicht mehr von *Aussagesätzen, Fragesätzen* etc. sprechen, sondern von Typen von Sprechakten, mit denen verschiedene Kommunikationshandlungen wie ›eine Behauptung aufstellen: urteilen, das Bestehen eines Sachverhalts behaupten‹, ›eine Frage stellen: jemanden zu einer angemessenen sprachlichen Handlung auffordern‹, ›etwas wünschen, befehlen: jemanden zu sprachlichen oder nichtsprachlichen Handlungen oder Dispositionen veranlassen‹ beschrieben werden können«.[27] Die Lernziele des ersten Bereichs sind ausgelegt auf die Motivationsstruktur, die Interessenlage, den Sozialisationsstand, etc. einer Lernergruppe und sind in etwa identisch mit den eingangs besprochenen *situativen* und *intentionalen* Dimensionen seines »Lernens in Situationen«. Die Lernziele des zweiten Bereichs enthalten die sprachlichen Mittel, die sich nach der Lernstufe, der Lernkapazität, den Erstsprachenvoraussetzungen des einzelnen Lerners feststellen lassen. Nicht *wie* kommuniziert wird, sondern daß Kommunikation gelingt, scheint das Wichtigstes zu sein.

Piepho hat an verschiedenen Stellen nachgewiesen und begründet, daß sogar »grammatisch defekte Äußerungen mündlicher und schriftlicher Art kommunikativ wirksamer sein können als grammatisch einwandfreie«.[28] (Zur Bestimmung der Lernziele des ersten Bereichs siehe Kapitel 3. sowie Punkt 7. des Textes 8.3. im Anhang.)

(3) Die Lernzielangabe »Kommunikation in der Fremdsprache« kann im Hinblick auf soziolinguistische und sozial-kulturelle Gegebenheiten nicht mehr die Priorität der interaktiven *Sprech*fähigkeit zuungunsten von rezeptiven Kommunikationsformen meinen, wie es der Primat des Mündlichen bislang forderte. Reisener geht davon aus, »daß der künftige Schulentlassene heute der Fremdsprache eher und häufiger rezeptiv über Medien begegnet«[29] und legt folgende Synopsis vor:

Hör-verstehen	Sprechen	Lese-verstehen	Schreiben	Rollen
×	×	×	(×)	Auslandsreisender
		×	×	Korrespondent mit Ausländern
		×		Konsument von Gütern ausländischer Herkunft
×		×		Konsument von literarischen Produktionen (+ Theater)
×		(×)		Konsument von Rundfunk- und Fernsehsendungen
×	×	×	×	Im Ausland Lernender
×	×	×	(×)	Im Ausland Arbeitender
×	×	(×)	(×)	Im Inland mit Ausländern Kommunizierender
[×]	[×]	[×]	[×]	Im Inland mit/in der Fremdsprache Arbeitender

[ ] = abhängig von der jeweiligen Tätigkeit

Dazu formuliert er komplementär folgende Thesen:

›Das Gespräch kann nur noch als glücklicher Sonderfall der Kommunikation angesehen werden.‹[30]
›Kommunikation kann auch funktionieren, wenn jeder Partner den Code des anderen rezeptiv beherrscht.‹[31]
›Fähigkeit zur interaktiven Kommunikation in der Fremdsprache kann nur insoweit erreicht werden, als auch die Fähigkeit zur rezeptiven Kommunikation gesichert ist.‹[32]

Letztere ist damit auch als eigenständiges und unabhängiges Lernziel anzusehen, gesondert einzugrenzen und zu einer regsamen, eigenständigen Kompetenz zu führen. Mit dieser Neugewichtung – Piepho sieht Hörverstehen, Leseverstehen, Reden, Schreiben in der Relation von 8 : 7 : 4 : 2 – erhält die Lernerseite stärkste Berücksichtigung, werden Kriterien für eine Differenzierung nach Fundamentum und Additum bereitgestellt, wird dafür gesorgt, daß »die schwächeren Schüler nicht beliebige Teile lernen, sondern bestimmte«.[33]

(4) Um eine solche *Differenzierung* begründet zu ermöglichen, müßten die in jedem Kommunikationsprozeß zu isolierenden Faktoren systematisch inventarisiert werden. Auf diese Weise kann die von dem einzelnen Schüler erreichte Kommunikative Kompetenz genauer bestimmt werden, können überhaupt Stufen der Kommunikationsfähigkeit im neusprachlichen Unterricht beschrieben werden.

D. Möhle hat fünf solcher Faktoren ermittelt:

»1. Das zur Kommunikation erforderliche Sprachmaterial (Lautmaterial, Wortschatz, Strukturen),
2. die für den jeweiligen Kommunikationsakt erforderlichen Fertigkeiten (Verstehen, Sprechen, Lesen, Schreiben),

3. der erreichte Grad selbständiger Beherrschung dieser Fertigkeiten bei Benutzung eines festgelegten Sprachmaterials (reproduktiv/produktiv, bezogen auf bekannte oder unbekannte Inhalte),
4. der Kommunikationstyp (mündlich/schriftlich, dialogisch/monologisch, mit oder ohne Partnerkontakt, situationsgebunden/situationsunabhängig),
5. der Kommunikationsbereich (Alltagssituationen, Sachzusammenhänge oder Problemstoffe), der einen nicht unerheblichen Einfluß hat auf das erforderliche Kommunikationsmaterial.«[34]

Als ein sechster Faktor wäre die Kommunikations*ebene* denkbar, wenn diese sich nicht als abhängige Variable aus dem Sprachmaterial ergäbe. »Reproduktiv« unter 3. meint nicht »rezeptiv«, und auch »produktiv« und »aktiv« sind nicht ohne weiteres identisch. Mit dieser Maßgabe sind die folgenden Ausführungen zu lesen:

»Man kann im rezeptiven Bereich produktives Sprachverhalten entwickeln, beim Verstehen eines unbekannten Inhalts, und im aktiven Bereich reproduktives Sprachverhalten, beim Nacherzählen eines bekannten Textes mit bereitgestelltem Sprachmaterial. Wenn also das Ziel ›Kommunikationsfähigkeit‹ häufig nicht erreicht wird, liegt eine ganz wesentliche Ursache dafür in der Nichtbeachtung der aufeinander aufbauenden Stufen selbständiger Sprachbeherrschung. Unsere Schüler verbleiben bei sich steigernder Komplexität des sprachlichen Materials doch immer im reproduktiven Bereich, weil eine systematische Steuerung des Lernprozesses zum produktiven Hör- und Sprechvollzug hin fehlt. Es ist demnach in allen, also auch in den frühen Phasen des Fremdsprachenunterrichts erforderlich, die quantitative Erweiterung des Sprachmaterials zeitweilig zugunsten der Entwicklung freierer Verfügbarkeit über das schon Vorhandene zurückzustellen. Es erfolgt also keine lineare, im Bereich aller fünf Faktoren stets gleichmäßig fortschreitende Entwicklung von einer in jeder Hinsicht elementaren zu einer in jeder Hinsicht hochentwickelten Kommunikationsfähigkeit, sondern die Entwicklung im Bereich eines Faktors kann die Plateaubildung im Bereich eines anderen Faktors erforderlich machen. Produktives Sprachverhalten ist auf einer frühen Lernstufe mit quantitativ geringem und qualitativ einfachem Sprachmaterial durchaus möglich.«[35]

Man müßte hinzufügen: Die rezeptive Kommunikationsfähigkeit – nach Reisener – ist als produktives Sprachverhalten von Anfang an anzusteuern. *Wie* jedoch die aus den beschriebenen Faktoren realisierbaren Kombinationsmöglichkeiten in eine sinnvolle Stufung gebracht werden können, bedarf der empirischen Erprobung.

(5) Der Lerner muß in der Rolle, in der er sich befindet, d. h. als Mitglied einer Lerngruppe, eines Klassenverbands, ernst genommen werden. Da für viele Schüler die in der Schule verbrachte Zeit überhaupt die einzige Möglichkeit darstellt, in der Fremdsprache zu sprechen, kommt dem *classroom discourse* eine überragende Bedeutung zu. Die Klasse ist »das *primäre Sozialisationsfeld* und der primär motivierende Anwendungsraum«.[36] Der Zwang zur Identifikation mit fremden sozialen Rollen hat, wie die Erfahrungen mit dem orthodox geführten audio-visuellen Unterricht zeigen,[37] eher dazu geführt, Primärmotivationen zu verschütten. Es wäre also eine Aufgabe der

sprachpädagogischen Forschung, Inventare von Sprachmitteln zu erstellen, die es dem Schüler ermöglichen, aktiv *als er selbst* in den Unterrichtsverlauf einzugreifen, Kritik zu üben, zu unterbrechen und im Umgang mit Texten, Bildern und deren didaktischer Auswahl eine Haltung im Sinne der zuvor angesprochenen allgemeinpädagogischen Zielsetzung zu entwickeln. Der Komplex »Redetüchtigkeit« könnte folgende Redemittel enthalten:

»Repeat that/it, please. – I don't understand. – I beg your pardon. – I don't see what you mean. – May I use a biro? – May I do that? – May I write it on the board? – ... can you explain this ... to me? ...«[38]
»Voulez-vous répéter la phrase? – Je ne comprends pas. – Pardon? – Qu'est-ce que ça veut dire? – Quelle est la prononciation de ce mot? – Qu'est-ce que c'est? – Pourquoi dites-vous ...?«

Der Transfer einer Äußerung wie »Dans mon jardin, je plante des roses et des tulipes« (Zwang zur Identifikation) auf eine reale Redenotwendigkeit ist schwieriger zu leisten als die Übertragung des Satzes »Où est la craie?« bei der Erstellung einer Tafelskizze in der Klasse.[39]

Die *Kritik* an der zuvor beschriebenen Forderung nach Umorientierung der Sprachpädagogik[40] hat unterschiedliche Gründe:
– Sie betrifft die Skizzenhaftigkeit oder die Weitgespanntheit kommunikativer Programme, die dann unrealistische Erwartungen erwecken.
– Sie kommt aus dem Ungenügen, die neuformulierten Lernziele im Unterricht zu verwirklichen, weil empirische Daten in ausreichendem Maße (noch) nicht vorliegen.
– Sie kann aber auch daraus entstehen, daß der mit jeder noch so gut begründeten Umorientierung verbundene Lernprozeß noch gar nicht eingesetzt hat. Dieser müßte – nach Köhring[41] – über folgende Stufen laufen:
– Erkenntnis des Lehrers, daß altvertraute Übungen ihm plötzlich in einem neuen Licht erscheinen;
– Überlegung, daß vom Lehrer nicht Um- sondern Weiterdenken, nicht Aufgabe, sondern Neuakzentuierung des Vertrauten erwartet werden;
– Entdeckung, daß die Untersuchung des Sprachgebrauchs unter kommunikativen Gesichtspunkten eine bisher zu wenig beachtete Differenzierung (und damit Verbesserung) der Verständigung zuläßt;
– Neuverständnis von Lehrerrolle und Sprachverhalten im Fremdsprachenunterricht: Lehrer und Sprache verlieren im wesentlichen ihre Steuerungsfunktion zugunsten von Schüler und »*social event*«.
Diese letzte Aussage leitet über zur These 2 des folgenden Kapitels.

Aufgaben:

– *Was ist – nach dem zuvor Gesagten – unter der Forderung zu verstehen, daß die »schwächeren Schüler nicht beliebige Teile ..., sondern bestimmte« lernen sollen.*

- Der Begriff ›Kommunikation‹ ist schillernd und wird bei zu häufigem Gebrauch zu einer Leerformel. *Suchen Sie nach prägnanten Definitionen in Ihnen zugänglichen pädagogischen oder sonstigen Nachschlagewerken.*
- Was bedeutet ›Kommunikation‹ in der Kybernetik, was in der Pädagogik? *(Stichworte für den Literaturnachweis: I. Dietrich, K. Schaller, K.-H. Schäfer, K. Mollenhauer).*
- Lesen Sie den angegebenen Aufsatz von D. Möhle (op. cit.) ganz durch, vergegenwärtigen Sie die dort ausgeführten Beispiele für einen differenzierten Aufbau aktiv-produktiver Kommunikationsfähigkeit schon auf einer sehr frühen Stufe und suchen Sie nach weiteren Beispielen innerhalb Ihres (Sprach)Faches.
- Ergänzen und vervollständigen Sie die oben angeführten Redeinventare zum Bereich ›Redetüchtigkeit‹ für die Fächer Deutsch, Englisch und Französisch.
- Vergleichen Sie die beiden Lehrplananweisungen
  ›Einübung des Gebrauchs des Konjunktivs‹
  ›Eine Vermutung äußern können...‹
  und ordnen Sie sie den beiden Grundoptionen ›fertigkeitsbestimmt‹ – ›kommunikativ orientiert‹ zu.

2. Personale Faktoren des Unterrichts und Kommunikative Kompetenz

These: Primär ist nicht mehr die Frage nach Methodenparallelität und Methodenpluralismus, wenn es um den Aufbau von Sprachkompetenz durch Unterricht geht. Vielmehr werden die Faktoren Methode/Lehrwerk, Lerngegenstand/Sprache, Lehrer/Steuerung den Anthropogenen und Sozialkulturellen Voraussetzungen nachgeordnet, und zwar auf der Basis eines Kommunikationsmodells, das für die Schichten des Lernprozesses die Notwendigkeit der Berücksichtigung von ›social event‹, personalen Faktoren (Lehrer und Schüler), Motivationsstruktur und emotionaler Beteiligtheit sichtbar macht. An die Stelle der linguistischen Kompetenz (und der bisherigen Methodenlastigkeit) tritt als das Umgreifende die Kommunikative Kompetenz (und der Lernende). In dieser Forderung konvergieren linguistische Pragmatik, allgemeine Pädagogik und Sprachpädagogik.

H. Heuer[1] hat in der Geschichte der Fremdsprachendidaktik eine Reihe von mehr oder weniger klar umrissenen Phasen festgestellt, die in der Reihenfolge *Pragmatismus* (bis ins 18. Jahrhundert), *fremdsprachendidaktischer Formalismus* (19. Jahrhundert), *neusprachliche Reformbewegung, Kulturkundebewegung, linguistische Didaktik* (50er und 60er Jahre) und *lernpsychologische Didaktik* aufeinanderfolgen. Jede dieser Phasen ist charakterisiert durch unterschiedliche Legitimationen, Reformansätze oder Zuordnungen zu bestimmten Wissenschaften und hat dadurch mehr oder weniger stark den *realiter* stattfindenden Unterricht beeinflussen können. Wie im Eingangskapitel gezeigt wurde, waren solche Zuordnungen, vor allem in der vorletzten Phase, darauf gerichtet, Methoden, Lernwege, Medien und Lehrwerke, überhaupt den Bereich *Steuerung* und *Konstruktion* zu verbessern, ohne daß mit solchen Bemühungen auch die Individuallage der am Unterricht beteiligten Personen entsprechend mitreflektiert worden wäre. Diese Orientierung ist aber kennzeichnend für die letzte Phase, in der sich Ansätze wie die der lerntheoretischen Didaktik (*Anthropogene und Sozialkulturelle Voraussetzungen* als *primär* gegenüber den Entscheidungsfeldern *Intentionalität, Thematik, Methodik/Medienwahl*[2]) und Ansätze der Pragmatik im gleichen Sinn begegnen.

Sucht man nach einer Begründung für die Neuverteilung von Prioritäten bei der Hierarchisierung von Entscheidungsprozessen, stößt man auf Habermas' System der erkenntnisleitenden Interessen,[3] die I. Dietrich[4] als relevant für die Fremdsprachendidaktik bezeichnet, weil sie die Leistungen der bisherigen fremdsprachendidaktischen Bemühungen auf den Ebenen des *technischen*, des *praktischen* und des *emanzipatorischen* Erkenntnisinteresses verdeutlichen. Dabei zeigt sich, daß das Interesse der Fachdidaktik bislang weitgehend auf die erste gerichtet war – hier geht es um die »technische Verfügung über vergegenständlichte Prozesse«[5] –, auf der Experimente der empirischen Unterrichtsforschung, Erarbeitung optimaler Vermittlungstechniken für fremdsprachliche Lerngegenstände, Probleme der Auswahl von Lernmaterial nach fachwissenschaftlichen Gesichtspunkten sowie weitere fachmethodische Operationen wie Periodisierung, Abfolge, Abstufung, Darbietung, Testen von Lernmaterial und Fertigkeiten, etc. angesiedelt sind. Die gegenwärtige Umorientierung dagegen betrifft die höherstufigen Entscheidungsprozesse auf der zweiten Ebene, die »unter dem leitenden Interesse an der Erhaltung und der Erweiterung der Intersubjektivität« aufgrund »möglicher handlungsorientierender Verständigung«[6] steht, und die Ebene des emanzipatorischen Erkenntnisinteresses, die die Entfaltung der »Kommunikation zu dem herrschaftsfreien Dialog aller mit allen«[7] anstrebt. Die Konvergenz dieser Ansprüche mit lerntheoretischen Gegebenheiten führt in bezug auf die personalen Faktoren des Sprachunterrichts zur Frage nach den psychologischen Befunden zum Fremdsprachenunterricht (2.1.) insbesondere nach der Motivationsproblematik (2.2.) und zur Frage, inwieweit Emanzipation zu einem Lernziel erhoben werden kann; dabei sind *kommunikatives Handeln* (2. Ebene) und *Diskurstüchtigkeit* (3. Ebene) gegeneinander abzugrenzen.

2.1. Psychologische Befunde zum Fremdsprachenunterricht

G. Zimmermann hat 1973 die personalen Faktoren in Beziehung gesetzt zum Fremdsprachencurriculum[8] und dabei folgende Bereiche psychologischer Forschung angesprochen:

(1) Sprachbegabung (foreign language aptitude);
(2) Integrationsmotiv;
(3) Anomie;
(4) Kontaktbereitschaft, Soziabilität;
(5) die Persönlichkeitstypologie Boutons;
(6) psychoanalytisch ermittelte Faktoren.

Der Sprachbegabungsforschung kommt das Verdienst zu, die verschiedenen Faktoren und Fähigkeiten isoliert zu haben, die dazu beitragen, Leistung und Erfolg beim Erlernen einer Fremdsprache zu ermitteln bzw. vorherzusagen. Diese Faktoren, zu denen phonetische Diskriminationsfähigkeit, Assoziationsfähigkeit, Induktionsfähigkeit, *grammatical sensivity* gehören, können individuell sehr unterschiedlich ausgeprägt sein. Selbst wenn nicht in jedem Fall und für jeden Sprachenlerner das ganze Instrumentarium zum Ertesten der Spracheignung ausgefahren werden kann, so hilft doch die *Kenntnis* solcher Faktoren, die Aktivitäten im Unterricht *gezielter*, differenziert und fähigkeitsindividualisiert einzusetzen.

Von grundsätzlicher Bedeutung jedoch scheint das *Integrationsmotiv* zu sein. *Integrativ* ist dabei abzuheben gegen *instrumentell*. »Instrumentell motiviert sind jene Schüler, die eine Zielsprache vorwiegend berufsorientiert lernen. *Integrative Motivation* dagegen leitet solche Schüler, die eine Zielsprache mit der Bereitschaft lernen, eine neue zusätzliche Identität in der Zielsprache zu erwerben.«[9] Nach den vorliegenden Befunden sind integrativ motivierte Schüler – und damit wird auch die Gruppe der emotional Aufgeschlossenen und Kontaktbereiten erfaßt – den nur instrumentell motivierten überlegen.[10]

Mit *Anomie,* dem Negativpol zum Integrationsmotiv, ist ein das Lernen negativ beeinflussendes Phänomen gemeint, das letztlich der Urangst entspringt, die eigene Identität zu verlieren: »Ils (= les enseignés) se refusent en fait à acquérir un nouvenau système d'expression de leur personnalité qui met en cause l'intégrité, l'unité de cette personnalité rendue cohérente par la langue maternelle.«[11] Ein handlungsmäßig orientierter, der Fremdsprache und -kultur sympathisch aufgeschlossener Unterricht dürfte dazu beitragen, das Integrationsmotiv zu verstärken und Anomiegefühle abzubauen.

Daß die unter (4) genannte soziale Offenheit positiv korreliert mit der Schnelligkeit, eine fremde Sprache zu lernen, liegt auf der Hand und ist im Experiment nachgewiesen. Ebenso ist davon auszugehen, daß Komponenten der Persönlichkeitsstruktur (traditionell-ausgangssprachlich verhaftet; kontrollierte sprachliche Inhibition; unkontrollierte Spontaneität; Extravertiertheit) mit darüber entscheiden, welcher Grad von (mehr aktiver oder passiver) Sprachbeherrschung erreicht wird. Auf diese Befunde hebt Bouton in seiner *Thèse de Doctorat*[12] aufgrund langjähriger Beobachtung an der *Alliance Française* ab.

Breiten Raum nehmen bei Zimmermann die Berichte über psychoanalytisch zu interpretierende Barrieren beim Erlernen einer Fremdsprache ein, aus denen sich zwei Komplexe (oder Aufgaben) herausschälen lassen:

(1) »Das Fremdsprachenlernen kann durch das übertriebene Verlangen nach Exaktheit und Akkuratesse, das auf einer Funktion des Superego beruht, verlangsamt werden. Auch Kinder lernen ... Fremdsprachen schneller, wenn diese Einstellung nicht vorherrscht.«[13] Der Unterricht müßte also so angelegt sein, daß solche negativen Folgen erst gar nicht eintreten. In diesem Sinne argumentieren auch pragmatisch orientierte Didaktiker (vgl. Punkt 4. in Text 8.3. im Anhang).

(2) Psychoanalytisch ermittelte Gründe für Minderleistungen und Schweigen (negative Gefühle, emotionaler Widerstand, Angst) machen diagnostische und therapeutische Gespräche mit Schülern und Eltern gerdaze notwendig: »Das Schweigen darf ... nicht nur als Ausdruck von Nichtwissen oder Interesselosigkeit verstanden werden. Als solches wird es nur zu oft interpretiert und auch entsprechend negativ verstärkt. Vorwurf, Ermahnung und Strafe (schlechte Note) werden nur in den seltensten Fällen dieses Schweigen verändern. Das Schweigen kann also auch Ausdruck der psychischen Situation des

Schülers sein und hat damit eine Ausdruckskraft, die nicht immer offensichtlich ist, aber vom Lehrer erkannt und verstanden werden muß.«[14] Das ist eine Forderung: Die Fähigkeit zum Gespräch mit und neben der Sprachklasse – aus sozialethischen und allgemeinpädagogischen Gründen – ergänzt die eigentliche Fachkompetenz des Sprachlehrers.

2.2. Motivationsproblematik

Die bei allen diesen Befunden zutage tretende Motivationsproblematik ist für die konkrete Unterrichtsarbeit auf den Ebenen der Lernzielfindung, der Unterrichtsplanung und der Unterrichtsgestaltung zu lösen, und zwar

(1) *durch die Berücksichtigung emotional-affektiver Komponenten des Sprachunterricht;*
(Das kann dadurch geschehen, daß der Lehrer die verschiedenen lernpsychologisch indizierten Motive und motivationsrelevanten Faktorenfelder wie Neugier/Interesse (Zimmermann[15] nennt daneben *Leistungsmotivation, Erfolg* und *Verstärkung*) im Unterricht dahingehend konkretisiert, daß beispielsweise ein Lehrtext nicht einfach erzählt, sondern so dargeboten wird, daß »jene Bedürfnisspannung entsteht, deren Lösung (wie im Realfall) durch den Gebrauch der Sprache möglich wird«.[16] Oder: Für die Semantisierung des Wortes *glace* wird folgender Erwartungshorizont aufgebaut: »*Figurez-vous ... Vous êtes en ville. C'est l'été. Le soleil brille et il fait terriblement chaud. Alors vous aimez manger ... une glace.*« (Die Nennung des Wortes und ein entsprechendes Bild treffen auf einen Moment größter Aufnahmebereitschaft, die das Behalten des Wortes positiv beeinflußt.) I. Dietrich[17] hebt auf die von Rogers[18] entwickelten Variablen eines kommunikationstherapeutischen Lehrerverhaltens ab – ein Lehrer mit ›positiver emotionaler Zuwendung‹ wird weniger Angst, dafür um so mehr Kooperationsbereitschaft erzeugen als ein ›distanziert abweisender‹ Lehrer – und macht auch inhaltliche Vorschläge: Nicht beziehungsneutrale Übungen, sondern die »here-and-now-problems« der Schüler in der Beziehungsdimension[19] werden zum Gegenstand des Unterrichts erhoben. Beispiele:[20]

- Der einfache Kernsatz »tu es mon ami«
    (a) in einer Vielzahl von Abwandlungen auf der paradigmatischen Ebene,
    (b) nuanciert mit kommunikativer Relevanz:
        ›tu es mon ami: (Non? Tant pis!)
        ›Est-ce que tu es mon ami?‹   (– oui ou non)
        ›Es-tu mon ami?‹   (Veux-tu être mon ami?)
    (c) zur Erstellung der affektiven Situation der Lernergruppe (falls die Klasse das wünscht):
        ›Hans est mon ami‹. Etc.

- Einübung der Inversionsfrage (affirmativ und negativ) anhand der folgenden Fragen:

Aimes-tu	les Beatles?	Non, je ne les aime pas.
	Mireille?	Ça va, pas beaucoup.
	le film X?	Oui, beaucoup.
	etc.	...
		J'en ai marre.

Auf diese Weise wird sowohl unter thematischen wie stildifferenzierenden Gesichtspunkten auf die Interessenlage der Lerner eingegangen.)

(2) *durch die Berücksichtigung des methodischen Prinzips ›social event‹;*[21] (Dabei ist entscheidend »anzumerken, daß der Fremdsprachenunterricht aus einer Sequenz fiktiver und realer ›social events‹ besteht, für die stets die soziale Situation Fremdsprachen*unterricht* in einem muttersprachlichen ›setting‹ den Hintergrund bildet.«[22] Dieses methodische Prinzip des ›social event‹ deckt sich nur in Teilaspekten mit dem zum *classroom discourse* bei Piepho Gesagten, da es auf die Gesamtsituation des *schulischen* Fremdsprachenunterrichts hingeordnet ist und seine Legitimation aus den diese Institution leitenden Normen und Werten bezieht: Insofern ist die nach diesem Prinzip gelehrte Fremdsprache bestenfalls teilidentisch mit der im Zielland »draußen« gesprochenen Sprache. Köhring definiert – in Anlehnung an Schwerdtfeger[23] – den ›social event‹ als Methode *und* Ziel eines kommunikativ orientierten Fremdsprachenunterrichts:

»Er ist Methode insofern, als mit ihm als pragmatischem Faktor in Signalfunktion eine Strukturierung der Kommunikationssituation möglich ist; er ist Methode, weil mit ihm als Rollenspiel die Vorbereitung auf den Ernstfall der Sprachanwendung in sozialen Situationen eingeleitet wird. Er ist Ziel insofern, als jede Unterrichtsstunde des Fremdsprachenunterrichts als ›social event‹ betrachtet werden kann, in dem sich der Schüler in wechselnden Rollen und Intentionen verwirklicht. Der Fremdsprachenunterricht wird für den Schüler als Zeichenbenutzer zum ›social event‹, wenn er sich der wechselnden Rollen und Situationen im Fremdsprachenunterricht bewußt ist und der Wechsel der Rollen und Situationen sich verbal/extraverbal, d. h. in der Wahl seiner Ausdrucksmittel bemerkbar macht.«[24]

Bei einer solchen Zerlegung in kleinste kommunikative Strategien (Beispiele siehe Kapitel 3.) darf jedoch »deren jeweiliger kommunikativer Gesamtbezug (nicht) aus dem Blickfeld geraten«.[25] Er steht unter der globalen didaktischen Illokution[26] (zum Begriff der Illokution vgl. die Texte 8.1.–8.3. im Anhang): ⟨Wir (Lehrer und Schüler) wissen / uns ist klar / wir erklären hiermit, daß (Fremdsprachenunterricht stattfindet)⟩ und verdeutlicht, daß das in diesem zentralen kommunikativen Bezug Unterricht erworbene Verhalten als wesentliches Ziel für den Fremdsprachenunterricht angesehen wird.)

(3) *durch gruppendifferenzierende Organisation der Sprachklasse;* (Dieser Aspekt ist enthalten in der Forderung nach Variabilität in bezug auf die verschiedenen Sozialformen des Unterrichts, da die Beibehaltung bestimm-

ter methodischer Schritte, wie moderne technologische Lehrsysteme sie vorschreiben, sich negativ auf die Motivation und Aufmerksamkeitshaltung der Schüler auswirken. Insgesamt lassen sich Phasen der Informationsaufnahme, die in der Regel frontal verlaufen (über Lehrer oder Medien), und Phasen der Informationsverarbeitung und -weitergabe, bei denen die Schüleraktivitäten im Vordergrund stehen, unterscheiden. Letztere sind so zu rhythmisieren, daß es über verschiedene Formen der Einzel- und Partnerarbeit zu einer allmählichen Kompetenzerweiterung im Hinblick auf die Arbeit in Gruppen kommt. Ein solcher Wechsel könnte im Fremdsprachenunterricht für das Thema »Haus« folgendermaßen aussehen:[27]

Phase	Sozialform
1. Einführung mit Folie oder Bild (Gegenstand)	→ Frontalunterricht in Großgruppe/Klasse
2. Einüben mit Unterstützung eines Bilderfrieses im Sprachlabor	→ Einzelarbeit
3. Nach vorgegebenem Modell gegenseitig abfragen	→ Partnerarbeit
4. Ausfüllen eines Arbeitsblattes	→ Einzelarbeit

Gruppenarbeit ist nicht nur die ökonomischste, sondern auch die am schwersten herbeizuführende Sozialform. Gerade deshalb ist es notwendig, gezielt an sie heranzuführen und sie dann häufig zu praktizieren. K. Mengler[28] hat gezeigt, daß soziologische und sozialpsychologische Gegebenheiten – z. B., daß »das Kooperativ eine höhere ›Phantasie-Kapazität‹ als jeder einzelne hat, weil die Assoziationsfelder der Gruppenmitglieder sich ergänzen«[29] – durchaus bereits im Anfangsunterricht berücksichtigt werden können. Die Tatsache, daß Bilder (in diesem Falle Filztafelelemente) bei den Schülern sprachliche Reaktionen hervorrufen, legt den Gedanken nahe, etwa das Lernziel »Erstellen eines Textes (hier: eines Dialogs)« gruppenweise – im Rahmen einer *compétition* – aufgrund eines für jede Gruppe gleichen Bildmaterials anzustreben. Menglers Kommentar:

»Im Zusammenhang mit den beschriebenen Vorteilen dieser Unterrichtsform im sozialen Bereich – hier sollte der Aspekt der Chancengleichheit des einzelnen Schülers nicht unerwähnt bleiben – war der sprachliche Gewinn für die Schüler wesentlich größer als im Frontalunterricht, und zwar lag er nicht nur in der längeren Sprechzeit des einzelnen. Der Versuch bestätigte, daß Schüler, die im frontal geführten Unterricht nur selten einen Beitrag liefern, innerhalb der Gruppe aktiv mitarbeiten. Die Korrektur durch ihre Mitschüler wirkte sich nicht negativ auf ihre Sprechbereitschaft aus. Sie sahen sie im Gegenteil als Hilfe bei der gemeinsam zu verantwortenden Arbeit an. So war die Möglichkeit zu Erfolgserlebnissen gegeben, die sich stimulierend auf die Mitarbeit der Schüler auswirkten. Hinzu kam, daß durch das Spiel mit den Figurinen nicht nur die Muttersprache ausgeschaltet wurde – dies zeigten die Reaktionen der Schüler bei der Gruppenarbeit – ihnen offensichtlich durch die von dem Spiel ausgehende Faszination dessen eigentlicher Übungscharakter nicht bewußt wurde, was eine wesentliche Voraussetzung für das freie Sprechen ist.«[30]

Das ist sicher ein Weg, ein hohes Maß an Schüleraktivität zu erreichen. Wenn es dabei dazu kommt, daß die Schüler sich in ihren Rollen erfahren bzw. Rollen *simulativ* durchspielen und nicht bloße Lehrtextinhalte reproduzieren, dann ist der Schritt zum kommunikativen Unterricht bereits getan. Köhring hat umfangreiche Listen von Beispielen »zur Sensibilisierung des Schülers für die Signalwirkung der pragmatischen Faktoren der Kommunikation«[31] im Englischunterricht vorgelegt und schlägt dazu häufig die Form der Gruppenarbeit vor:

»Gruppenbildung nach bestimmten Kriterien (z. B. Interesse, Vorkenntnis, Vorerfahrung):
Jede Gruppe erhält das gleiche Bild. Die Klasse stellt fest, wie trotz gleicher Signale und annähernd gleichem Stand des Signalverstehens die Verschiedenheit der Voraussetzungen bei den einzelnen Gruppen zu einem verschiedenen Zeichenverständnis führt.«[32]

Die genannten Kriterien deuten in gewisser Hinsicht bereits Aspekte einer Partizipation an.)

(4) *durch Einbeziehung partizipatorischer Gesichtspunkte;*
(Bei dieser Forderung wird die Nähe zu allgemeinpädagogischen Grundsätzen (Selbsttätigkeit der Schüler, Kooperation, ›individualized instruction‹, etc.) besonders deutlich. R. Ulshöfer hat in Unterrichtsversuchen unter anderem folgende Vorzüge eines partizipatorisch konzipierten Unterrichts ermittelt:

»1. Die Schüler werden angeregt, sich über Ziel und Weg des Unterrichts Gedanken zu machen, sich kritisch mit dem Gegenstand und der Methode auseinanderzusetzen.
2. Die Arbeit kann auf einzelne Arbeitsgruppen verteilt werden, die einen Teil des Unterrichts selbständig übernehmen. Soziale Unterrichtsformen setzen Planung voraus.
3. Lehrer und Schüler legen sich über den Lernerfolg Rechenschaft ab.
4. Kooperative Planung ermöglicht und fordert den kooperativen Unterrichtsstil, Mitbeteiligen der Schüler selbst bei der Leistungsfeststellung und die rückblickende Kritik.«[33]

Unabhängig davon, daß ein solcherart konzipierter Fremdsprachenunterricht auch Ansprüche an die planerische und praktische Geschicklichkeit des Lehrers stellt, die in der Regel nur durch Arbeiten im Team zu erfüllen sind,[34] scheint er jedoch nicht für alle Schülergruppen undifferenziert möglich zu sein. Was bei Ulshöfer als »Planung« und »Kooperation« erscheint, setzt Partizipation sowohl im inhaltlichen wie im methodischen Bereich voraus. Dabei ist »deutlich zu erkennen, daß Planung und Kooperation nur an der Oberstufe durchgängige Unterrichtsprinzipien sein können«[35] und daß diese Durchgängigkeit in den Stufen davor nach den Kategorien des pädagogischen Bezugs – intensive, helfende Zuwendung des Lehrers zum einzelnen Schüler als einem freien, selbstverantwortlichen Individuum – in teilkooperativen Verfahren aufgebaut werden muß. Primär wichtig ist also nicht die Frage, ob wann Schüler in der Lage sind, sich die Lerninhalte eines Jahres (nach dem Lehrwerk) zu vergegenwärtigen, sie nach Themen zu bündeln und dann ihre Interessen vorzubringen,[36] sondern die Fähigkeit des Lehrers, pontane Neigungen der Lerner aufzunehmen und umzusetzen: I. Arnold verzichtete im Anfangsunterricht auf den Lautkurs eines Lehrwerks, weil ihre Schüler gleich »so Französisch lernen (wollten), wie man es in Frankreich braucht«,[37] suchte, zusammen mit ihren Schülern, nach möglichen Themen und Situationen der Begegnung in Frankreich – ein Frankreichaufenthalt war für das folgende Schuljahr vorgesehen – und ließ darüber abstimmen. Nach dieser *gemeinsamen* Festlegung des Programms wurden Texte (Dialoge) und Redeteile (»au café«, »au restaurant« (le menu), »à Strasbourg«, »dialogue«) nach den Gesichtspunkten der Stimmigkeit, Einfachheit und Brauchbarkeit erstellt, bei deren Bearbeitung dennoch Diskrimination und phonetisch-phonologische Schwierigkeiten kontrastiv mitberücksichtigt wurden. Hier herrschten also nicht »methodische und didaktische Anpassungszwänge«[38] vor, sondern die Zwänge ergaben sich – innerhalb eines *primär motivierenden Gesamtzusammenhangs* – aus der Sache selbst.)

(5) *durch Berücksichtigung grundlegender kulturanthropologischer Gesichtspunkte.*

(Dieser Punkt berührt sowohl den emotionalen Aspekt wie die Frage des (wenn auch nicht primär) linguistischen Kontrasts wie die Frage der zu übernehmenden sozialen Rolle durch die Fremdsprachenlerner, und er betrifft zugleich den Lehrenden. Die ersteren Aspekte wurden z. B. von van Parreren[39] formuliert und sind auch Gegenstand (s. o. S. 32) psychoanalytischer Forschungen:

»Sprachsysteme zeigen auch einen *emotionalen Aspekt*: Sie haben ihre eigentümlichen Beziehungen zum Ich des Sprechenden. Es ist wichtig, daß das Fremdsprachensystem kein Fremdkörper in der Person bleibt. Eine fremde Sprache verbindet sich im Redenden dem Gefühl nach mit dem fremden Volk: das Sprechen einer fremden Sprache erfordert also gewissermaßen das Annehmen einer *fremden sozialen Rolle*. Es zeigt sich, daß dagegen bisweilen eine mehr oder weniger bewußte Opposition besteht; man glaubt, durch Übernahme des fremden sprachlichen Verhaltens sich selbst Gewalt anzutun.«[40]

Solche Anpassungsängste sind immer zu erwarten, wenn es sich *erstens* um Unterricht in der Fremdsprache handelt und dieser nicht die über die Erstsprache gelaufenen Sozialisationsprozesse mitberücksichtigt und wenn *zweitens* eine insgesamt negative Einstellung gegenüber der Fremdsprache vorherrscht. Thévenin hat die mit dieser Frage verbundenen sozialpsychologischen und kulturanthropologischen Grundlagen im Zusammenhang mit der Diskussion um die Landeskunde dargelegt[41] und dabei auch die Situation des *native speaker* (als eines Angehörigen der Fremdkultur, durch die er sowohl Verhaltensmodelle wie den Kenntniscode wie auch seine Wertesysteme erhalten hat) abhebt gegen die des »bloßen« Fremdsprachenlehrers, der seine

Kulturzugehörigkeit mit dem Lernenden teilt. In beiden Fällen ist der Kontakt mit der Zielkultur, in der der Lernende »fremde soziale Rollen« übernehmen soll, nicht *direkt* (»une culture absente«), nicht *kontinuierlich* (»discontinu«) und nicht *ganzheitlich* (»partiel«),[42] so daß auch der Grad der Mittlerschaft letztlich nicht von der Wahl des Lehrertyps – Muttersprachler oder nicht Muttersprachler – abhängt, sondern von der Fähigkeit, im dialektischen Wechsel Eigenes und Fremdes gegeneinander abzugrenzen und in ihrer Eigenheit zu vergegenwärtigen:[43]

»Enseigner une culture étrangère, ce n'est jamais prétendre la faire assimiler par les élèves; c'est simplement la donner à connaître. Il y a bien ›acculturation atténuée‹. Il ne s'agit aucunement, en effet, ni de vouloir placer un individu en face d'un système culturel étranger par rapport auquel il n'aurait aucune chance de pouvoir se situer correctement, ni de vouloir lui faire partager ce système au point de le déraciner à l'égard de sa propre culture.«[44]

Anpassungsängste und Gefühle von Entwurzelung werden immer dann entstehen, wenn sich Positionen des fachdidaktischen Konsens' nicht (mehr) vor dem Forum übergeordneter, allgemeinpädagogischer oder – wie hier – kulturanthropologischer Leitideen legitimieren lassen. Die Diskussion um die »pädagogische(n) Implikationen der Einsprachigkeit im Fremdsprachenunterricht«[45] hat das deutlich gezeigt.)

2.3. Emanzipation als Lernziel

Die rigide Befolgung des Prinzips »Einsprachigkeit« hat nach I. Dietrich[46] folgende negative Konsequenzen: 1. Einschränkung der Kommunikation; 2. Erschwerung von Emanzipation; 3. Erschwerung der Selbsttätigkeit des Schülers. Ein unorthodoxes Handhaben dieses und anderer Prinzipien verlangt dagegen eine Vertiefung des »pädagogischen Bezugs« zwischen Lehrer und Schüler sowie das Bemühen (des Lehrers) um einen sozial-integrativen Unterrichtsstil und um methodische Phantasie und Flexibilität. Solche Überlegungen entspringen der Perspektivierung *aller* Erziehung auf ein oberstes Ziel hin, und sie stoßen deshalb auch auf Zweifel.[47]

Solche Zweifel haben ihren Ursprung in der Deduktionsproblematik, nach der oberste Leitideen auf der Ebene des einzelnen Faches zu konkretisieren sind, und in der Verschiedenheit der Theoriebereiche *Fremdsprachenunterricht* und *Allgemeine Didaktik,* vor allem aber in der Wiederholung jenes Systemzwangs, »der dazu führt, daß partikulare Zielvorstellungen, die einander auch teilweise widersprechen, in einer alles überspannenden Generalmetapher zusammengefaßt werden«:[48] Der Begriff *Emanzipation* selbst sei formal und undifferenziert – epochal-kollektive und individuell-biographische Emanzipationsprozesse laufen in jeder Gesellschaft *nebeneinander* her –, so daß er zu einer Leerformel wird. In Aufarbeitung der zu diesem Problem erbrachten Diskussion stellt W. Hüllen Vergleiche zwischen dem Primärsprachenunterricht und dem Fremdsprachenunterricht an. Von den drei Komponenten, die den Primärsprachenunterricht kennzeichnen,

– Sprachunterricht im engeren Sinne (Festigung des instrumentell zu handhabenden Kommunikationsmittels Sprache);
– Reflexion auf die Welt und Gesellschaft erschließenden Funktionen der Sprache;
– Erprobung der Sprache als besondere Form sprachlichen Handelns und damit Beitrag zur primären Sozialisation des Schülers,[49]

kommt für den Fremdsprachenunterricht im Grunde nur die erste in Frage: »Einen Beitrag zur biographischen Sozialisation ... leistet der Fremdsprachenunterricht zunächst gar nicht.«[50]

Dennoch erfolgt im Unterricht Kommunikation; Unterricht *ist* Kommunikation und damit ein Sonderfall von Text- und Dialogpragmatik, wie P. Hartmann[51] vorschlägt. Als Kommunikationsvorgang, dessen primäre Ausdrucksform das fiktive Rollenspiel in didaktischer Inszenierung ist, folgt der Unterricht spezifischen illokutiven Voraussetzungen, die das realisieren, was unter ›social event‹ ausgeführt wurde (s. o. S. 34). Unter diesem Gesichtspunkt können »Arbeitsformen des Fremdsprachenunterrichts ... so lange nicht antiemanzipatorisch sein, als sie unter der didaktischen Absicht der Ermöglichung von diskursiver Kommunikation zu rechtfertigen sind«.[52]

Damit digitale (= verbale) Kommunikation gelingen kann, ist die analoge Kommunikation (Beziehungsaspekt, Lehrer-Schüler-Verhältnis) mitzuentwickeln. Daraus ergeben sich folgende Aufgaben:

»Der Lehrer soll präzise Teil-Lernziele und -inhalte und die für ihre Erarbeitung sinnvollen Arbeitsmethoden angeben und begründen. Das müßte dem Lerner Informationen über Eigenart und Sinn der Arbeitsphase geben, in der er sich jeweils befindet. Aus solchem Wissen darf man sich Arbeitsmotivation versprechen.
Der Lehrer soll Vorschläge zu Lernzielen und -inhalten und Arbeitsverfahren aufgeschlossen gegenüberstehen, ihnen nachgehen, sofern dies mit der übergeordneten didaktischen Absicht vertretbar ist, und sie im anderen Falle begründet zurückweisen.
Der Lehrer soll sich um ein stimulierendes Klima im Unterricht bemühen, was insbesondere durch den erwähnten ethischen Verzicht auf Macht und durch demokratisches, also im Diskurs ›nur‹ gleichberechtigtes, Verhalten in den Fällen gelingen wird, in denen didaktische Verantwortung des Unterrichts nicht verzerrt wird.
Der Lehrer soll sich auf Kritik an seinem Unterricht einlassen und ihr argumentativ begegnen, ohne auf seine Rolle letztlich zu verzichten. Tut er dies in einem englisch geführten Gespräch ..., so fügt er der Vielfalt möglicher Rollen eine neue, möglicherweise den Lerner besonders motivierende hinzu.«[53]

Auf diese Weise nimmt auch der Fremdsprachenunterricht die pädagogische Aufgabe wahr, dem Lerner die Schwere der Emanzipationsleistung zu erleichtern.

Exkurs: Kommunikatives Handeln und Diskurs

Es ist das Verdienst von H.-E. Piepho, Ergebnisse der Pragmatik aus ihrer z. T. zu detaillierten und abstrakten, kalkülhaften Systematik herausgelöst und der inhaltlichen Neubestimmung fremdsprachlicher Lernziele nach den Kriterien der kommunikativen Relevanz und der diskursiven Kommunikation zugeführt zu haben:

(1) »Kommunikatives Handeln setzt ein unbekümmertes Einverständnis der Redenden über den thematischen und situativen Rahmen, die innewohnenden Sinnzusammenhänge und die gesellschaftlichen Üblichkeiten in diesem Zusammenhang voraus.«[54] Es ist also ein konventionelles, stark ritualisiertes Mitteilen gegenüber einem oder mehreren Partnern mit dem Ziel, bestimmte vorhersagbare Wirkungen oder wahrscheinliche Reaktionen herbeizuführen. Ein solches Äußern zur Regelung von Verhalten, Stimmung, Aufmerksamkeit, Teilnahme, etc. kann sich als einfacher Redeakt, als eingliedriges Redeereignis, als mehrgliedriger Situationsverlauf, als Rede, Referat, Brief, Vortrag, etc. darstellen[55] und ist nicht an bestimmte Örtlichkeiten oder äußere Umstände gebunden. »Es ist absolut unmöglich, typische Rede- und Handlungsverläufe festzulegen. Man muß zunächst kommunikative Absichten und Bedürfnisse präzisieren und dann entscheiden, unter welchen äußeren Umständen man sie am ehesten verdeutlichen kann.«[56] Der thematische Rahmen »Bahnhof« z. B. läßt unterschiedliche kommunikative Funktionen zu: Erkundigung, höfliches/formelles Vorstellen, Nachfrage, Begrüßung, Erklärung, Ermahnung, Hinweis, etc.; diese wiederum sind auch unter völlig anderen Umständen denkbar. Das »Einfüttern« der sprachlichen Mittel ist der *dritte* Schritt innerhalb eines dreigliedrigen Entscheidungsprozesses. Daß damit wesentliche innovative Merkmale der Sprachpädagogik verbunden sind, hat Piepho an umfangreichem Beispielmaterial, an Text- und Methodenanalysen und an laufenden Projekten gezeigt (vgl. Kapitel 4.), und er hat auch ein sehr brauchbares Instrument zur didaktischen Analyse vorgelegt (vgl. Kapitel 3.).

Wie die oben genannten Faktoren des kommunikativen Handelns praktikabel und überschaubar gemacht werden können, sei an Obendieks[57] fünf Zielkategorien (zur Bestimmung der *Lernziele* in einem fächerübergreifend konzipierten Lernbereich *Sprache*) verdeutlicht:

»Zielkategorie A: *Anzahl der Kommunikationspartner*
  A 1: mit einem einzelnen
  A 2: mit einer kleinen Gruppe
  A 3: mit einer großen Gruppe
  A 4: Ansprache an viele anonyme Partner
Zielkategorie B: *Fremdheitsgrad der Partner*
  B 1: die Partner sind Träger verschiedener Rollen
  B 2: die Partner sind Angehörige verschiedener gesellschaftlicher Schichten
  B 3: die Partner sprechen unterschiedliche Dialekte
  B 4: die Partner sind ›native speakers‹ einer der europäischen Sprachen
  B 5: die Partner sind nicht-europäische Ausländer
Zielkategorie C: *Grad der Bindung des Kommunikationsinhalts an vorgegebene Sachverhalte (Grad der individuellen Gestaltung)*
  C 1: Bekanntgabe eines festliegenden Textes
  C 2: Interpretation eines festliegenden Textes

C 3: Verbalisierung eines festliegenden Sachverhalts
C 4: Interpretation eines symbolischen Textes
C 5: Freie sprachliche Äußerung
Zielkategorie *D*: *Sprachzwecke*
D 1: Relativität der Aussagen
D 2: Affektiv-kommunikative Leistung der Sprache
D 3: Absichtliche Manipulation durch Sprache
D 4: Sprache als Entlastungsinstrument
Zielkategorie *E*: *Die sprachlichen Medien*
E 1: die Stimme und das Gehör
E 2: Lesen und Schreiben
E 3: die technischen Übermittler der mündlichen Sprache
E 4: die technischen Übermittler der Schrift
E 5: visuelle Hilfsmittel für die Bedeutungsseite der Sprache.«[58]

I. Dietrich hat für unterschiedliche Sprachniveaus die Konkretisierungsmöglichkeit in der Lernzielbestimmung nach diesen Kategorien gezeigt[59] und auf folgende *pädagogische* Vorzüge dieser Zielkategorien hingewiesen:

– genauere didaktische Klassifizierung von Sprechsituationen;
– verfeinerte didaktische Analyse der im Unterricht vermittelten Sprachfertigkeiten;
– verständlichere Beschreibung der Global- und Feinziele,

die dann die Koordinierung der Fachkollegen und die Orientierung von Schule, Schülern und Eltern erleichtere.[60]

(2) »Im Diskurs handelt es sich um den problematisierenden Versuch der Verständigung, wobei die Rede selbst die Sinnzusammenhänge erst klärt, herstellt, aufhebt oder neu gliedert.«[61] Das heißt: Anders als beim kommunikativen Handeln hat die Kommunikation im Diskurs einen *Kontext*, an dem sich alle Äußerungen messen und dem sie angemessen sein müssen. Dieser Kontext kann ein Lehrbuchtext sein oder auch eine spontan in der Klasse sich einstellende Situation; die erste Reaktion der Schüler auf einen Text ist nicht eine Identifikation mit dem in ihm handelnden Personen und Übernahme ihrer Rollen und Redemittel, sondern eine distanznehmende Reflexion auf Aussage, Inhalt, Haltung, Form des Textes usw.»Entsprechend sind auch die Redeakte: sie sind deutender, erklärender und wertender Art. Diese spezielle Redehaltung erfordert auch ein typisch andersartiges Sprachinventar als im empraktischen Handeln.«[62] Während in diesem allein das gegenseitige Verhalten geregelt wird, geht es im Diskurs um das Verhältnis zum *Anspruch des Kontextes*. Mit anderen Worten: Der Lerner ist mit Redemitteln auszustatten, die es ihm gestatten, Lehrmethoden, Lehrtexte, Medien zu befragen, zu hinterfragen, zu kritisieren, in Frage zu stellen. In dem Maße, wie er das kann, ist er *diskurstüchtig*.

Baacke[63] hat – im Anschluß an Habermas' »Vorbereitende(n) Bemerkungen zu einer Theorie der kommunikativen Kompetenz«[64] – folgende Regeln aufgestellt, die für den Diskurs gelten:

»Diskurse fordern vorübergehende Aufhebung der Handlungszwänge, das meint: alle nicht-diskursiven Motive außer kooperativer Verständigungsbereitschaft gelten nicht.«
»Diskurse fordern vorübergehende Aufhebung von Geltungsansprüchen.«
»Diskurse fordern, daß die an ihnen beteiligten Partner sich gegenseitig Ebenbürtigkeit und Vernünftigkeit zusprechen sowie Behauptungen begründen, genannte Ziele auch erreichen wollen.«
»Für Diskurse gilt, daß sie vernünftige Wahrheit und Wahrhaftigkeit in kritisch prüfendem und kooperativem Miteinander erzeugen: in solcher Form der Kommunikation liegt die Wahrheit, nicht als vorgegeben, sondern in diskurshafter Kommunikation produziert und kontrolliert.«
»Diskurse fordern, daß jeder die Freiheit hat, sich mitzuteilen; jeder die Wahrheit über einen Gegenstand/Sachverhalt zu finden und auszusprechen sucht; jeder seine Emotionen hintanhält; jeder die Regeln befolgt, die Freiheit und Wahrheit möglich machen.«
»Der Diskurs fordert, daß in ihm eine bessere, nämlich herrschaftsfreie Form der Kommunikation stattfindet. Er ist ein Vorgriff auf bessere Lebensbedingungen, die Emanzipation durch Freiheit möglich machen. Der Diskurs ist somit eine praktizierte, vorweggenommene konkrete Utopie.«

Die Folgerungen, die Piepho aus diesen Regeln für den Fremdsprachenunterricht zieht,[65] decken sich im wesentlichen mit dem, was zuvor zu den personalen Faktoren gesagt wurde (vgl. auch Text 8.3. im Anhang):

- der Lerner wird als er selbst ernst genommen;
- sein Sozialisationsstand, seine Interessen- und Motivationslage wird berücksichtigt;
- die sprachliche Leistung des Schülers als solche wird gewürdigt; die Form der Sprachmittel ist als zweitrangig anzusehen gegenüber der Bedeutsamkeit der Absichten und Rollen, in denen sie sich verwirklichen;
- wichtiger als eine formale Schulgrammatik ist eine Progression und eine »Grammatik« der kommunikativen Register, Absichten und Ausdrucksqualitäten;
- der Lerner wird nicht zum bloßen Nach- und Mitreden geführt, sondern kann in Anwendung abgesprochener Regeln partizipatorisches und emanzipatorisches Verhalten erfahren;
- an die Stelle des durch bestimmte Methoden geforderten »Anpassungsdrills« und bloßer oberflächenstruktureller Darstellung des Ziellandes tritt ein Denken, das den in der letzten Regel von Baake genannten utopischen Zielen entspricht.

Damit ist einer grundlegenden Umbesinnung in der Lernzielbestimmung des Sprachunterrichts das Wort geredet; konventionelle Lehrinhalte – Texte, Übungen, Grammatik, Bilder, etc. – sind im Sinne der pragmatischen Faktoren der Kommunikation einer Uminterpretation zu unterziehen.

Aufgaben:

- *Kommentieren Sie die zuletzt vorgetragenen Folgerungen Piephos aus Baackes ›Diskursregeln‹ und suchen Sie ihnen – aufgrund der vorausgehenden Darstellung – eine unterrichtliche Konkretisierung zu geben. Benützen Sie dazu Lehrwerke, Lehrtexte, Methodiken, Lehrpläne für Ihr Fach.*

- Folgende Aussage sei gewagt: »Motivation ist alles!« – Lesen Sie unter diesem Gesichtspunkt die beiden angeführten Aufsätze von Zimmermann ganz durch und versuchen Sie dann, die motivationspsychologischen und lernpsychologischen Motive, Faktorenfelder, etc. (z. B. Erfolg, Leistungsmotivation, Verstärkung, Neugier, Interesse, etc.) nacheinander in bezug auf die Entscheidungsfelder Methodik und Medienwahl für den Unterricht zu präzisieren. Parallelisieren Sie die angeführten Beispiele durch weitere aus Ihrem Fach.
- Die Bewertung des Fehlers im Unterricht erfährt unter motivationspsychologischen Gesichtspunkten (Stichwort: Akkuratesse!) eine neue Bewertung. Welche?

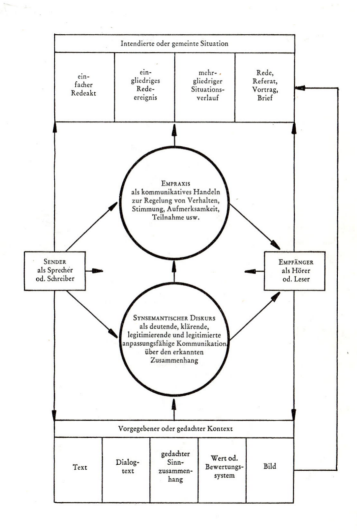

— Inwieweit erfährt der allgemeinpädagogische Gesichtspunkt der Emanzipation durch sachinhärent begründete Prinzipien der Fremdsprachendidaktik Einschränkungen? — Welche Positionen lassen sich hier beziehen?
— Verdeutlichen Sie die Möglichkeiten der Partizipation von Schülern verschiedener Altersstufen bei der Bestimmung von Lehrinhalten und -wegen.
— Piepho, H.-E.: Kommunikative Kompetenz, Pragmalinguistik und Ansätze zu einer Neubesinnung in der Lernzielbestimmung im Fremdsprachenunterricht. Pädagogisches Institut der Landeshauptstadt Düsseldorf. Schriftenreihe Heft 12. Mai 1974, S. 23, verdeutlicht ›Kommunikatives Handeln und Diskurs‹ anhand des Diagramms auf Seite 43.

Deuten Sie das Schema und nehmen Sie dazu zu Hilfe:
— Bühler, K.: Sprachtheorie. Die Darstellungsfunktion der Sprache. Jena 1934.
— Messelken, H.: Empirische Sprachdidaktik. Heidelberg 1971.

3. Zur Neudefinition von Lernzielen des Sprachunterrichts: Uminterpretation konventioneller Lehrstoffe und Medien

These: Kommunikative Kompetenz als übergeordnetes Lernziel macht eine grundlegende Neubesinnung in der Lernzielbestimmung des Fremdsprachenunterrichts notwendig. Nicht systemlinguistisch ermittelte Daten werden primär gelernt, sondern Rollen und Redefunktionen. Infolgedessen hat die Lernzielbestimmung sich vor allem an den pragmatischen Faktoren der Kommunikation wie Intention, Rolle, Situation, Sprechervoraussetzungen, Handlungsantizipation und (Schüler)Vorerfahrungen zu orientieren. Das würde bedeuten, daß einem bestimmten Lehrmedium (z. B. Grammatikbuch) eine Liste von Kategorien (notionale Kategorien; Kategorien kommunikativer Absichten, Handlungen, Funktionen) vorgegeben werden müßte, damit eine solche Umorientierung (durch den Lehrenden) überhaupt geleistet werden kann.

Die Inhalte eines Lehrwerkes sowie die ihnen beigegebenen Begleitmaterialien (einschließlich Medien) können unter diesen Umständen nicht per se zum Lernziel erhoben werden. Vielmehr wird »jeder Text, jedes Satzmuster, jedes Modell eines Redeverlaufs ... darauf hin untersucht, welcher Sender (Sprecher, Schreiber) die betreffende sprachliche Einheit formuliert hat und welche regelnde (empraktische) oder um Verständigung und Klärung bemühte (synsemantische) Funktion sie in bezug auf bestimmte Adressaten hat oder haben könnte«.[1] In gleichem Sinne lautet die Hypothese zum Erstsprachenunterricht: »Der Deutschunterricht muß, soll er Sprache als authentische Kommunikation vermitteln, bei der Pragmatik einsetzen, nicht aber bei der Syntaktik oder der Semantik. Die grammatischen Zusammenhänge können erst dann Gegenstand didaktischer Reflexion werden, wenn ihre pragmatischen Verbindungen und Aktualisierungen geklärt sind.«[2]

Die überwiegende Zahl gebräuchlicher Lehrmethoden und Lehrwerke – auch neuesten Datums[3] – folgt einer linguistischen Progression, die nach systemlinguistischen und kontrastiven Daten bemessen und aufgrund von allgemeindidaktischen Gesichtspunkten (Schwierigkeitssegmentierung) und wortstatistischen Erhebungen (Frequenzforschung) hierarchisiert wird. Solche Bemühungen stellen jedoch – so notwendig sie sind – nur *ein* Element innerhalb eines multifaktoriellen Entscheidungsgefüges dar, zu dem die Situationsrelevanz, »die ihrerseits von einer präzisen Beschreibung und Klassifizierung der Situationstypen und Verhaltensmuster abhängt«,[4] ebenso bzw. vorrangig gehört wie der Frequenzgesichtspunkt. Wird letzterer isoliert ins Auge gefaßt, so »ermöglicht (er) zwar weitgehend die Bildung grammatisch wohlgeformter Sätze«, doch beinhaltet er »nicht umfassend und explizit die Fähigkeit zur

Bildung situationsadäquater wohlgeformter Sätze«.[5] Wie Galissons Versuch, die Frequenzliste des *Français Fondamental 1er Degré* (FF) in Syntagmen umzulagern,[6] zeigt, wird auf diese Weise häufig subjektiv-unreflektiert wieder nur Ideologie reproduziert: Statt Bemühen um Sinnkonstitution also Wiederholung der im Sprachgebrauch verfestigten Sinnkonvention. »Gewollt oder ungewollt hat er (= Galisson) an vielen Stellen ›tendenziös‹ ausgewählt, das durch das FF gegebene Wortmaterial nicht komplett und neutral genug dargeboten. Der Benutzer findet vielerorts ein bereits wertend gefiltertes oder gefärbtes Kollokationsmaterial vor, das nicht mehr alle Möglichkeiten der Wahl zuläßt, die nach dem FF1 möglich wären. Lücken und Wertungen in Galissons *Inventaire* scheinen ... häufig weder notwendig noch zufällig, sondern Resultat ähnlichen Klischeedenkens, wie es in den meisten Lehrwerken anzutreffen ist.«[7] Hier hat die Neubesinnung nach vorgeschalteten übergeordneten Gesichtspunkten und vor allem im Sinne der Diskurstüchtigkeit einzusetzen. Das kann in dreierlei Hinsichten geschehen:

(1) *Durch Voranstellen allgemeiner Gesichtspunkte*, auf die jede Entscheidung in bezug auf die Auswahl von Redemitteln (Wörtern, Strukturen, Redeakte, ...) ausgerichtet ist. Die Frage lautet: Was muß aufgrund der die Individuallage einer Lernergruppe ausmachenden anthropogenen Voraussetzungen berücksichtigt werden, damit die Schüler bereit sind, sich sprechhandelnd in der neuen Sprache zu bewegen. Solche Kriterien könnten für den frühen Französischunterricht[8] beispielsweise etwa sein

1. Psychologische Aspekte:
   (a) elementare Bedürfnisse;
   (b) elementare Empfindungen und Gefühle;
   (c) altersspezifische Verhaltensweisen;
   (d) Modalitäten des Verhaltens.
2. Elementare Aussagen:
   (a) in bezug auf *räumliche* Konstellationen;
   (b) in bezug auf *Eigenschaften* von Personen und Sachen;
   (c) in bezug auf einfache *Tätigkeiten* und deren qualifizierende *Eigenschaften*;
   (d) in bezug auf die Dimension *Zeit*;
   (e) in bezug auf die *Identität* von Personen und Gruppen sowie ihre Begegnungen.
3. Sachbereiche und Situationen:
   (a) Wohnung/Haus;
   (b) Hof/Garten/Park/Spielplatz;
   (c) Straße;
   (d) Stadt;
   (e) Reise, etc.[9]

Die Redemittel können in Form einer Minimalgrammatik – wie im vorliegenden Falle – oder auch in Form von Wortlisten bereitgestellt werden; sie sind im wahrsten Sinne des Wortes *zweitrangig*.

Oder aber es wird ein (verbindlicher) »Katalog sprachlicher Verhaltensweisen (realisierbar in offenen Aktionsbereichen)«[10] benannt (a), z. B.

- Erfragen, Erraten, Benennen, Bezeichnen, Beschreiben von Personen, Tieren und Dingen: Name, Alter, Aussehen (Eigenschaften, Farbe, Form, Zustand), Befinden, Verwandtschafts- und Freundschaftsbeziehungen, Nationalität, Höflichkeitsformen (Begrüßen).
- Sich äußern über das Vorhandensein von Personen, Tieren und Dingen.
- Sich äußern über das Besitztum.
- Bitten, Auffordern, Verbieten.
- Beschreiben von Vorgängen.
- Nacherzählen, Erzählen.
- Aufzählen von Gewohnheiten.
- Wünsche äußern.
- Sich äußern über Fähigkeiten.
- Erlaubnis erbitten, erteilen.
- Sympathie ausdrücken.
- Notwendigkeiten andeuten.
- Vorhaben äußern.
- Sich über Beziehungsverhältnisse äußern (räumliche Zuordnung, Reihenfolge).
- Rechnen und Verteilen; Zeitbestimmung;[11]

denen Strukturenkataloge (b) und Beispiele für die Verwendung der Strukturen in gesprochenem Englisch (c) beigegeben werden. Beispiel:[12]

(a)	(b)	(c)
Vorhaben äußern	– mit to be going to + Vollverb – det(erminer) + noun + + to be going to + Verb – pers. pronoun – Erweiterungen: to be going to + Verb + det + + noun	Are you going to play skipping? Yes, I am. Jack's going to eat his breakfast.

(2) *Durch Feststellung des fachdidaktischen Konsens'* nach der These, daß sich aus der Konkordanz neuerer Lehrwerke als Resultat das kollektive fachliche Bewußtsein der Fachdidaktik ablesen lasse. Die Auflistung von Themen, Inhalten, Informationen der Lehrwerke sowie eine genaue Beschreibung der kommunikativen Prozesse im Unterricht (im Sinne des *classroom discourse*) ergäbe dann Aufschluß darüber, »welche sprachlichen Fähigkeiten die Schüler erworben haben müssen, um sie zu verstehen und sich verständig und verständlich dazu äußern zu können«.[13] Solche Kommunikationsbereiche (Redeakte), je nach Stufe, Schulart, Alter, etc. verschieden, wären z. B.

»jmd begrüßen; sich verabschieden; sich vorstellen; jmd einladen; eine Einladung annehmen; sich bedanken; sich entschuldigen; Wunsch, Bedürfnis, Verlangen ausdrücken; etwas abschlagen, verweigern; ausdrücken, daß man etwas gern mag; ausdrücken, daß man etwas nicht mag; Zufriedenheit ausdrücken; Unzufriedenheit ausdrücken; zustimmen; nicht zustimmen; seine Meinung äußern; seine Absicht äußern; Gründe angeben (für Verhalten, Meinung); Bedauern, Angst ausdrücken; Informationen einholen und geben: Personen, Zeit, Ort, Umstände, Meinung, Gründe, Absichten, Bedeutung, Zahl, Höhe; Redewendungen in der Klassensituation.«[14]

Auch hier werden die den Redeakten zu- und nachgeordneten Redemittel einer Liste grammatischer Strukturen entnommen und in konzentrischer Ausweitung mit wachsendem Komplexitätsgrad und in Anwendung auf unterschiedlichste Sprachsituationen und Themen über den Kurs verteilt.[15]

(3) *Durch eine systematisierte, hierarchisierte und damit Prioritäten setzende Bewertung und Ausfaltung des Kompetenzbegriffs*, wie es Piepho[16] im Anschluß an Wilkins[17] versucht hat:

»a) kommunikative Kompetenz als übergeordneter gestufter Fertigkeitsbereich,
b) notionale Kompetenz als Organisations- und Eigenkontrollprinzip,
c) linguistische Kompetenz im Sinne der Beherrschung von Coderegistern und bestimmten grammatischen Strukturen.«[18]

Diese drei Fertigkeits- und Orientierungsbereiche sind interdependent, sie bedingen und fordern sich gegenseitig und bilden sich in den Schülern – je nach Schwerpunktsetzung des Unterrichts – in Form von mehr oder weniger ausgeprägten sprachlichen oder Verhaltensprofilen aus.

Während Wilkens a) und b) undifferenziert als »notional categories« faßt, schlägt Piepho vor, »als Notionen nur die semantisch-grammatisch formalisierten Begriffskomplexe zu bezeichnen«[19] und behandelt die Kategorien der sozialbestimmten und psychogenen Funktionen, Absichten, Handlungen gesondert. Beide Komplexe werden weniger als kategoriale Regeln denn als Prinzipien der Auswahl und Verteilung der unter c) genannten linguistischen Daten und der Lernzielbestimmung angesehen.[20]

Wilkins/Piepho nennen folgende *notionale* Kategorien:

– Zeit: Zeitpunkt, Zeitdauer, Zeitverhältnisse, Häufigkeit, Folge/Reihenfolge, Alter;
– Menge: Numerus (z. B. Sing./Plural), Numerale, Determinatoren (z. B. a lot of, all; quelque chose, la plupart de; etwas, nur), Rechenarten und -operationen;
– Raum: Dimensionen, Ortsbefindlichkeit, Bewegung und Ziel;
– Materie, sachliche
  Welt: (z. B. Attribute + Nomen; Nomina + Copula + Adjektiv);
– Fall: in den Funktionen *agentiv* (das Agens als Subjekt), *Objekt* (Objektfunktion als grammatisches Objekt), *Dativ, instrumental, lokativ, faktitiv* (das durch die Verbhandlung Bewirkte), *benefaktiv* (das lebendige Wesen bezeichnend, das von der Verbhandlung profitiert);
– Deixis: Person, Zeit, Ort, Anaphora (Personalpronomina und Artikelfunktionen).[21]

(Zum Begriff *Deixis* und *deiktisch* siehe Text 8.1. im Anhang.)

Der vorstehende Raster ist umso leichter zu erstellen, als er elementare Ordnungs- und Bezeichnungskategorien enthält, die logisch ableitbar sind. Als solcher beschreibt er die Bereiche, die – gewissermaßen als Fundamentum – innerhalb eines Sprachkurses gelernt werden müssen. Die linguistische Besetzung der einzelnen Kategorien wird sehr umfassend sein; z. B. umfaßt die Kategorie Zeit und die entsprechenden deiktischen Ausdrücke alle Zeiten des Verbs, Adverbien, Adverbiale, Konjunktionen, etc. Was aus diesem linguistischen Arsenal jeweils ausgewählt wird, richtet sich nach der Kursstufe und den Ausdrucksbedürfnissen der Lerner. Da sehr früh das Bedürfnis nach Stellungnahmen zu Zeitverhältnissen besteht, werden zunächst elliptische Ausdrücke bzw. ein ausreichendes Antwortarsenal auf Fragen (des Lehrers) vorgesehen, die im Verlauf des Kurses zyklisch ausgeweitet und komplexer werden. Damit ist abermals die Frage der Sprachvarianten (Register), die Frage der Norm (Standardsprache) und die der feineren Differenzierung der Lernziele angesprochen.

Kommunikative Absichten, Handlungen und Funktionen haben – anders als die notionalen Kategorien – keine direkten grammatikalischen Entsprechungen – die Absicht ›Befehlen‹ kann sowohl als Imperativ (Komm'!), als Fragesatz mit drohendem Unterton (Soll ich noch lange warten?), als performativer Aussagesatz (Ich befehle dir zu kommen!), etc. grammatikalisiert werden –, da zu ihrer Realisierung der ganze Bereich der para- und extralinguistischen Elemente, die pragmatischen Faktoren der Situation gehören. Die folgende Liste nach Wilkins/Piepho [22] beschreibt deshalb keine »Grammatik mündlicher Kommunikation«, sondern versteht sich als Orientierungshilfe für didaktische Entscheidungen: [23]

- Modalität: Gewißheit, Notwendigkeit, Überzeugung, Willensbekundung, Verpflichtung, Duldung;
- Sittliche Selbstzucht und Wertung: Beurteilung, Entlastung, Anerkennung, Kundgabe von Mißfallen;
- Zureden und Überreden: Eindringliches Zureden, Hinweis, Kommando;
- Argumentation: Informationsübermittlung, Zustimmung, Ablehnung, Verweigerung, Zugeständnis;
- Formen logischen, rationalen, systematischen Denkens und Erörterns;
- Subjektive Empfindungen: Positive Reaktionen, negative Stimmung;
- Gefühlsgeladene Interaktion: Begrüßung und Verabschiedung, Sympathie/(Mitgefühls)bekundungen, Dankbarkeit, höfliches Schmeicheln, Feindseligkeit;
- Zwischenmenschliche Beziehungen (deren Nuancenreichtum weder durch ein Modell in Gänze abgebildet noch durch Parameter erschöpfend beschrieben werden kann).

Im Sinne der eingangs formulierten These ergeben sich aus dieser Situation folgende Neuerungen:
(1) *Die traditionelle Fertigkeitsbestimmung Hören/Verstehen – Sprechen – Lesen/Verstehen – Schreiben* wird durch ein verfeinertes Instrumentarium der Lernzielbestimmung ersetzt: [24]

p-hv: passives Hörverstehen; *p-lv*: passives Leseverstehen (jeweils mit dem Ziel, die Symptomwirkung von Äußerungen, Texten, Situationen zu verstehen, Stereotype und Rollenfixierungen festzustellen, überhaupt Gehörtes und Gelesenes zu deuten, etc.); *a-m/r*: aktives mündliches, aber mehr reproduktives Sprechen (mit dem Ziel, Äußerungen möglichst originalgetreu zu erhalten; mit dem Nachteil geringerer Eigenständigkeit und Übertragbarkeit); *a-m/pr*: aktives mündliches Sprechen als produktiver Akt (mit dem Ziel des spontanen Reagierens und Sprechhandelns); *a-s/r*: aktives, aber reproduktives Schreiben (mit dem Ziel, eine weitgehend fehlerlose Textsorte zu erhalten); *a-s/pr*: aktives, produktives, d. h. eigenständiges und unvorbereitetes Schreiben (mit dem Ziel, kommunikative Absichten vorzubereiten oder zu verwirklichen: Notizen machen, sich vorstellen, Briefe schreiben, etc.); *not*: eine notionale Kategorie versprachlichen können; *gram. cog.*: einen grammatischen Begründungszusammenhang verstehen und sich dazu äußern.

Mit den beiden letzten Zielen soll der Lerner in den Stand gesetzt werden, kognitiv kommunikative Funktionen zu formulieren bzw. sprachlich verwirklichen zu können, auch wenn ihm die entsprechenden Grammatisierungen noch nicht zur Verfügung stehen. Z. B. kann der komplexe Sachverhalt ›Begründung‹ durch das Nebeneinanderstellen zweier einfacher Aussagesätze mit dazwischengeschalteter emphatischer Pause zum Ausdruck gebracht werden:

»*Je ne peux pas sortir.* // *Il pleut.*«
statt
»*Comme il pleut/Parce qu'il pleut, je ne peux pas sortir.*«[25]

(2) *Der Umgang mit Lehrtexten (erzählenden oder dialogisierten) wird verändert.* An die Stelle des Zwangs zu Identifikation tritt die Analyse der pragmatischen Faktoren, wie sie für zwischenmenschliche Beziehungen gelten. Das heißt: Die (vorbereitende) Aufmerksamkeit ist darauf gerichtet zu prüfen, wer diesen Text in welcher Absicht mit welchen Mitteln wann wo und für welchen kommunikativen Zweck verfaßt bzw. veröffentlicht hat. Wunderlich[26] hat in einem Modell des kommunikativen Kontakts neun Elemente unterschieden

»1. Sprecher; 2. Hörer; 3. Zeit der Äußerung; 4. Ort und Wahrnehmungsraum des Sprechers; 5. phonologisch-syntaktische Eigenschaften der Äußerung; 6. kognitiver Inhalt der Äußerung; 7. mit der Äußerung notwendig verbundene Voraussetzungen des Sprechers: sein Wissen, seine Fähigkeiten, seine Annahmen über Wissen und Fähigkeiten des Hörers, seine soziale Rolle in bezug zum Hörer, sein Verständnis der vorangegangenen Äußerungen; 8. mit der Äußerung verbundene Intentionen des Sprechers; 9. mit der Äußerung etablierte Interrelation von Sprecher und Hörer«;[27]

die Piepho dahingehend didaktisiert hat, daß sich der Lehrer folgende Fragen stellt:

»Wenn dieses Sprachmuster erworben und gefestigt ist,
    als was (wer) – *Rolle* –
    an welchem Ort – ›*setting*‹ –
    mit wem – *Adressatenbezug* –
    in welcher Absicht – ›*communicative purpose*‹ –
    zu welchem allgemeinen Zweck – ›*communicative need*‹
kann der Schüler mit den sprachlichen Mitteln – ›*linguistic means*‹ –
    als Mitteilungsfunktion – ›*communicative functions*‹ –
    mit übertragbarer Verwendbarkeit – ›*domain of discourse*‹ –
Verbindung aufnehmen, erhalten und weiterführen?«[28]

Damit sind folgende Stufen der didaktischen Analyse und der Unterrichtsvorbereitung skizziert:

1. Der im Buch vorgegebene Inhalt wird nicht automatisch zum Lernziel erhoben.
2. Die Analyse ermittelt nach obigem Frageschema, welche kommunikativen Funktionen und welche Sprachmittel aus dem Text in die aktive Kompetenz des Schülers gelangen sollen.
3. Erst dann wird die geeignete Strategie (Unterrichtsmethode) gewählt.

Der Lehrtext (als Bildunterschriften)

»Here you see (a girl) talking to a group of people near a boat house.
Jean: Has anything happened?
Lady: They say someone has had an accident.
Jean: Do you know who?
Boy: They say a girl fell off the roof of that boat-house.
Jean: Was her name Sheila?
Boy: I couldn't tell you. She was taken away.
Jean: By an ambulance?
Lady: No, she was carried by two men.
Jean: Where was she taken?
Girl: I think she was taken to the hospital.
Jean: Where ist that?
Girl: Do you know the museum?
Jean: Near the church? Yes, I know that.
Boy: Well, the hospital is opposite the museum.
Jean: Thank you.«[29]

wird didaktisch-pragmatisch in seinem Kontext aufgelöst, so daß die universell verwendbaren Funktionen als Lernziele sichtbar werden:

»Der Schüler kann 1. *mit* einem beliebigen Partner oder beliebigen Partnern, die sich der englischen Sprache bedienen können, 2. in der *Situation* eines Menschenauflaufs an einem Unfallort oder am Ort irgendeines anderen Zwischenfalls, 3. *als* er selbst, 4. über Einzelheiten des Vorfalls und der beteiligten Personen, 5. *mit der Absicht*, sich zu erkundigen und zu informieren, um sich zu vergewissern, ob ein Bekannter beteiligt ist, 6. zu dem *allgemeinen Zweck*, Genaues über gerade Vergangenes und seine Auswirkungen zu erfragen«[30] sprechhandeln.

Es zeigt sich, daß es sich nicht um idealisierte Sprache handelt, sondern daß alle Sprachmuster als Redemittel geeignet sind.

Die nach diesem Analyseprozeß zu wählende Strategie im Unterricht ist zweitrangig:[31] Neben einer *situativen* Lösung (Sprachverhalten im Sinne des ›homo ludens‹), einer *simulativen* Lösung (das bewußte Durchspielen von ›social events‹) und einer *intraverbalen* Lösung (im Sinne der audio-visuellen Methodik) wäre sogar eine *kognitiv-deduktive* Lösung nach der Frage: »Was tut man in der Situation ›accident‹?« möglich. Nicht die Wahl der Methode, sondern die Wahl der Lernziele als kommunikativ relevante, real zu vollziehende Fertigkeiten ist das Ausschlaggebende.

Aufgabe:

– *Behandeln Sie den folgenden (traditionellen) Lehrtext für den Französischunterricht mit Hilfe des Analyseschemas / der Parameter nach Piepho:*

»Le jardinet de Louis
Louis raconte: Voici mon jardin. Il n'est pas grand, mais il est très joli. Est-ce que vous aimez les fleurs? Oui? Alors, regardez. A droite, il y a une pivoine. A gauche, il y a des roses. Au milieu, il y a des tulipes et des narcisses. Mais ce n'est pas tout. – Que plantez-vous encore dans votre jardinet? – Je plante aussi des légumes. Voici mes choux, voilà mes tomates. Voici mes carottes, voilà mes poireaux. Et cela, ce sont des petits pois. Chaque jour, j'arrose mes plantes. Chaque semaine, j'arrache les mauvaises herbes. Chaque mois, je plante des fleurs. Chaque année, je bêche mon jardinet. – Mais Louis, quand fais-tu tout cela? – L'après-midi et le soir, après les devoirs. Et chaque fois, j'apporte un bouquet de fleurs à maman.«[32]

Nur verwandt im Ansatz, wenn auch im Ergebnis gleich, ist der Umgang mit Lehrbuchdialogen (-texten) aufgrund von interaktionistischen, rollen- und sozialisationstheoretischen Gesichtspunkten (vgl. auch das folgende Kapitel 4.). Dazu ein Beispiel:[33]

Die Handlung des Dialogs

François: Jérôme, lance le ballon!
Marcel: Mais fort!
Jérôme: A toi, François!
François: A toi, Marcel!
M. Leclerc: Hé, les enfants, arrêtez! Donne-moi le ballon!
Marcel: Mais non, Monsieur, c'est mon ballon!
M. Leclerc: Partez! Jouez dans la rue!
Jérôme: On ne peut pas.
François: Dans la rue, il y a des voitures.
M. Leclerc: Ça m'est égal.
Marcel: Il est vraiment méchant.
Jérôme: Oui, méchant! – Mé – chant!
Alle Drei: Méchant, mé-chant...![34]

bietet ein Beispiel, an dem soziales Verhalten gezeigt und auf eine Möglichkeit der Veränderung hin hinterfragt werden kann. Das läßt sich besonders an dem kursiv gedruckten Teil verdeutlichen:

(a) In einer ersten Diskussionsphase wird (in der Erstsprache der Lerner) überlegt, wie der Konflikt zu lösen wäre.

(b) In einer zweiten Phase werden den Lernern Redemittel an die Hand gegeben, die sie für die Verständigung brauchen, und sie werden angeregt, ihre Lösungsvorschläge unter verschiedenen Gesichtspunkten einzubringen:

1. Sie äußern ihre Wünsche und versuchen, sie gegen den Hausbesitzer durchzusetzen;
2. sie beraten untereinander und suchen sich einen anderen Spielplatz;
3. sie machen einen Vorschlag im Sinne eines Kompromisses.

Folgende Sequenzen wären denkbar und könnten von den Schülern im Rollenspiel vorgetragen werden:

```
Zu 1.  M. Leclerc:  Partez!
       Marcel:      Pourquoi?
       M. Leclerc:  C'est ma cour.
       Jérôme:      Oui, Monsieur, mais on veut jouer!
       M. Leclerc:  Jouez dans la rue.
       François:    C'est dangereux.
       Marcel:      Ici c'est bien.
Zu 2.  M. Leclerc:  Partez! C'est ma cour.
       François:    (zu Marcel) Il est méchant.
       Marcel:      Oui, il est méchant.
       Jérôme:      Qu'est-ce qu'on fait?
       Marcel:      Venez!
Zu 3.  M. Leclerc:  Partez! Jouez dans la rue!
       Jérôme:      Monsieur, dans la rue, il y a des voitures.
       Marcel:      Oui, c'est dangereux.
       François:    Ici c'est bien.
       M. Leclerc:  Mais c'est ma cour.
       Jérôme:      Oui, Monsieur, mais on veut jouer.
       Marcel:      (bittend) Une heure... Monsieur.
       M. Leclerc:  D'accord, venez.[35]
```

Dabei ist darauf zu achten, daß jeder Vorschlag immer von mehreren Schülern durchgespielt wird und daß die Freiheit besteht, weitere Handlungsvarianten anzubieten.

Trotz dieser Bearbeitungsvariation läßt sich feststellen, daß das zusätzlich benötigte Sprachinventar gegenüber dem Primärtext minimal, der Handlungsspielraum dagegen maximal ist.

(3) *Medien, insbesondere Bilder, erhalten einen völlig neuen didaktischen Stellenwert im Sprachunterricht.* Bislang waren sie nahezu ausschließlich auf die Einübung der verbalen Ausdrucksmittel beschränkt und dienten als Sprechanlaß, Transfersituation, Wortfeldschließung, Vokabelfestigung, Wortschatzaktivierung, Bedeutungserhellung, Veranschaulichungshilfe, Technikwechsel, Grammatikübung, etc.,[36] wie sich das aus dem folgenden Arbeitsblatt[37] ablesen läßt:

TEST No. 1   Les verbes pronominaux

1. Que fait Pierre? Il ....

2. Maman crie: »Dépêche −...., Jacqueline!«
   Mais Jacqueline ne ....

3. Est-ce que Jean se lave? Non, il ....

4. »Comment est-ce que tu . . . .?«
   »Je . . . .   Corinne.«

5. Les Martin et les Neveu sont au cinéma.
   Les Martin . . . ., mais les Neveu
   ne . . . .

6. Que font Jacques et Claude?
   Jacques . . . .
   et Claude . . . .

Auch das folgende Bild [38]

ist als lexikalische und strukturelle Hilfe für den Lückentext »*Mr. Smith comes home at six o'clock. He . . . and . . . . the newspaper. Mrs. Smith . . . a cup of tea*« gedacht.

Demgegenüber stellt das Bild in einem kommunikativ orientierten Sprachunterricht – ebenso wie die Sprache – soziale Beziehungen her. »Es kommuniziert direkt mit dem Bildbetrachter; Bildproduktion und Bildrezeption werden ebenso wichtig wie Textproduktion und Textrezeption; dem Handlungscharakter der Sprache entspricht der Handlungscharakter des Bildes.«[39] Das heißt, ebenso wie vor einem (Lehr)Text ist z. B. für die Redeeröffnnung ein beliebig zu verlängernder Katalog möglicher Schülerantworten zu imaginieren, die je nach Voraussetzungen, häuslichen Erfahrungen, Einstellungen, etc. der Lerner ausfallen können:

Sprecher (Frau)
1. It's rather hot, dear.
2. May I please come in? Where do you want to have your tea?
3. Have you ever had a better housewife? Hardly home and already being waited on.
....

Hörer (Mann)
Grumbling.
These miners have done it again.
Congratulations! I didn't expect you to be that fast so I have already started reading my newspaper.
....

Sprecher (Mann)
1a. I don't like to be interrupted while I'm reading my sports news.
2a. Isn't that tea ready yet? I told you half an hour ago to bring me a cup.
3a. I'm so proud of my little woman. One can always rely on her.
....

Hörer (Frau)
Excuse me, darling.
It's coming up, dear. Here you are.
Don't exaggerate, Allen. It's only a cup of tea.
....[40]

Die in dieser Situation zutage tretenden pragmatischen Faktoren der Kommunikation ließen sich in Anlehnung an Maas/Wunderlich[41] sehr genau beschreiben:

1. *Intention* der Frau: z. B. Warnung, Entschuldigung. Reaktion des Mannes: Unvollkommene Realisierung der Absichten der Frau. ...
2. *Rolle* der Frau: z. B. demütige, gehorsame Ehefrau. Reaktion des Mannes ... setzt dieses Rollenverständnis voraus. ...
3. *Situation* der Frau: Um 6 Uhr kommt der Ehemann von der Arbeit nach Hause und erwartet seinen Tee (Zeit, Raum, Rolle). Reaktion des Mannes: Teilweise Fehleinschätzung der Situation (z. B. Schnelligkeit der Frau). ...
4. *Sprechervoraussetzungen:* Die Frau weiß, daß der Mann nach der Arbeit gerne Tee trinkt. Sie versteht sich als treu sorgendes Hausmütterchen. Die Reaktion des Mannes zeigt, daß die Voraussetzungen der Frau richtig waren. ...
5. *Handlungsantizipation* (Konsequenzen der Äußerung): die Frau antizipiert, daß der Mann keine neue Diskussion wünscht. Die Reaktion des Mannes gibt ihr recht. ...
6. *Schüler-Vorerfahrungen:* Die eigene Erfahrung des Schülers ist stärker als die Bildinformation, da er sehr stark wertet (z. B. Vorbehalte gegen die dienende Rolle der Frau). ...

Mit Hilfe einer solchen Liste ist dann möglich, aus dem Gesamtbereich des Fremdsprachenunterrichts *visuelle Kommunikation* als einen Teilkomplex von Lernzielen auszusondern und unterrichtspraktisch zu präzisieren. Als Unterrichtsaktivitäten zum Bereich *Handlungsantizipation / kommunikative Erfahrung*, die zugleich an den ›social event‹ als *Ziel* und *Methode* des Fremdsprachenunterrichts anschließen, wären zu nennen:

»Die Klasse untersucht die Wirkung einer Anzahl von Witzbildern auf die einzelnen Schüler: Wer kann über den Witz (nicht) lachen (aus welchen Gründen)? Wer findet den Witz unangemessen/makaber/manipulativ und warum? Spricht der Witz bestimmte Adressatenkreise an (z. B. Herrenwitz)? Ist das Lachen tatsächlich Bedürfnisbefriedigung? Befreit der Witz, öffnet er neue Sichtweisen, *sagt* er das *verbal* Unsagbare, verschleiert er? . . .«[42]

Das sind Beispiele dafür, daß der kommunikative Unterricht dazu beitragen kann, den Lerner seine Rolle als Rezipient erfahrbar und die Bedingungen seiner jeweiligen Reaktion durchschaubar zu machen. Ähnliches ließe sich für die übrigen Teilbereiche der Lernziele ermitteln.

Im Erstsprachenunterricht, der den Prozeß der primären Sozialisation der Schüler entscheidend trägt, erhält der Bildeinsatz ausgesprochen emanzipatorische Züge; sogar im Primarbereich soll er letztlich zu der Fähigkeit führen, »systemimmanente und systemsprengende Hypothesen zu bilden«. Dazu machen Firges/Tymister einen interessanten Vorschlag:[43] Einer Klasse wird ein Film gezeigt, in dem ein Flugzeugingenieur eine neue Idee hat und sie seinem Chef zeigen möchte; der Film wird dann unterbrochen und die Klasse mit folgender Situation (= schematisierte Dias) konfrontiert:[44]

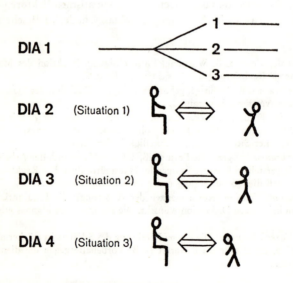

Die drei Situationen werden in einem vierfachen Lernschritt mit den Schülern erarbeitet: Zunächst wird die analoge Transkription der Dias dekodiert (sitzende Position, aufrechte Haltung, Übergröße der ersten Figur; unterschiedliche Haltungen der zweiten: 1. Selbstbewußtsein; 2. nüchterne Selbsteinschätzung; 3. mangelndes Selbstbewußtsein). Die sprachliche Ausarbeitung der drei Interaktionsschemata läuft unter dem Globalziel:

»Dem Schüler soll einsichtig werden, daß Wirklichkeit im Sinne von ›Natur‹ und ›vitaler Spontaneität‹ eine Illusion und Sinnestäuschung ist. Unsere Wahrnehmung läuft immer über zwischengeschaltete Zeichensysteme, die durch gesellschaftliche Konventionen eingesetzt sind. Auch dort, wo wir vitale Spontaneität vermuten, liegt Kultur, Konvention, System, Kode und damit Ideologie vor.«[45]

Im zweiten Lernschritt werden aufgrund der im ersten vollzogenen Dekodierung Redefragmente in Form von Texten zusammengestellt, die den verschiedenartigen Dialogpartnern entsprechen; sie lassen sich nach den Gesichtspunkten 1) *Selbstbewußtsein* → Konflikt (»Ich verbitte mir ihren Ton! – Wer hat sie denn aufgefordert, eigene Ideen zu produzieren?« – etc.); 2) *nüchterne Selbsteinschätzung* → Kompromiß (»Sie verhandeln geschickt, aber so leicht werden Sie mich nicht überzeugen.« – etc.); 3) *mangelndes Selbstbewußtsein* → Unterwerfung (»Na, auf den ersten Blick würde ich sagen, das sieht gar nicht schlecht aus.« – etc.).

Der dritte Lernschritt sieht die Fortsetzung des Films vor: Der Chef ermuntert den Ingenieur, verlangt aber viele Korrekturen. Das Flugzeugprofil nimmt schließlich das Gesichtsprofil des Chefs an. Am Schluß zeichnet der Ingenieur wieder Modelle wie zu Beginn.

Der Verfremdungseffekt im Sinne Brechts[46] sowie das Dekodieren anderer Zeichensysteme führen zu einem dreifachen Prozeß:

›Sinnkonvention → Verfremdungseffekt → Sinnkonstitution‹

und fordern die Lerner zu einer kritischen Stellungnahme zur Umwelt auf. Die hier behandelte Problematik kann als ein Komplex paradigmatischer Interaktionsmodelle angesehen werden, die zu weiteren Aufgaben führen, z. B.: »Beobachtet, wie Gespräche verlaufen, wenn Kinder mit Erwachsenen sprechen! Zeichnet das Gespräch mit dem Vater, ... auf!« Auf diese Weise erfolgt der Transfer (4. Lernschritt) in den realen Lebensbereich der Lerner; das Lernziel »Emanzipation« erfährt eine klar beschreibbare operationale Umsetzung. Diese Feststellung trifft auch auf die oben beschriebenen rollentheoretisch begründeten Umgang mit (fremdsprachigen) Lehrtexten zu.

(4) *Strukturübungen* (*exercices structuraux*, *Pattern Drill*), häufig als eigener Lehrwerkteil herausgebracht und im Unterricht zum Training von Teilfertigkeiten eingesetzt, üben vorwiegend den Äußerungsakt als *Teil*aspekte des kommunikativen Handelns (vgl. Text 8.2. im Anhang). Im Sinne des übergeordneten Lernziels *Kommunikative Kompetenz* ist deshalb darauf zu achten, daß auch im eigentlichen *Übungs*teil des Fremdsprachenunterrichts die

Schüler in den Stand gesetzt werden, kommunikative Handlungen auszuführen. Das geschieht nicht dadurch, daß die den fertigkeitsbestimmten Sprachunterricht entstammenden *exercices de réemploi* oder *gammes* (= serielle Übungen ohne situative Verankerung)[47] als dialogische Strukturübungen oder als *microconversation*[48] weiterentwickelt werden, sondern dadurch, daß kommunikative Akte glücken bzw. gelingen oder erfüllt werden; das geschieht dann, wenn die vom Sprecher gemachten Voraussetzungen zutreffen, wenn der Hörer die Intention des Sprechers versteht und wenn die intendierten Konsequenzen eintreten. Der Sprechakt

›Suchen Sie eine volle Flasche? – Nein, eine leere.‹

ist gelungen; der kommunikative Akt

›Was wird so ein Auto wohl kosten? – Wo? – Hier bei uns.‹

ist es nur im Ansatz, da Rückfragen nötig sind. Raasch[49] nennt als Beispiele für geglückte und erfüllte Sprechakte im Französischunterricht:

»Où habitez-vous, André? – Dans cette grande maison.
Est-ce votre maison? – Non, c'est la maison de mon oncle Jules.
Oh, comme elle est jolie. A quel étage habitez-vous? – Au deuxième étage.

– Bonjour, monsieur, une bouteille de cognac, et trois oeufs pour grand-père.
– Voilà, jeune homme, ce cognac est très bon et les oeufs sont frais et pas chers. Et avec ça?
– Un camembert et une boîte de champignons.
– Voici, Monsieur Henri.
– C'est combien, monsieur?
– Ça fait dix-huit francs.«

Ein Beispiel für einen nicht erfüllten Sprechakt wäre etwa die Sequenz: »Maman, le lait, où est-elle? – Pourquoi? As-tu soif?«

Bei Berücksichtigung pragmatischer Faktoren können folglich auch im unverbindlichen Übungsakt Rollen und Kommunikationssituationen angeboten und verfügbar gemacht werden.

Der Aspekt des Unverbindlichen läßt sich durch das (methodische) Prinzip der Simulation (s. o. S. 50: Simulation als eine der Möglichkeiten, einen pragmatisch analysierten Text zu behandeln) weitgehend zurücknehmen. (Vgl. auch Text 8.5. im Anhang.) Y. Bertrand[50] hat gezeigt, daß die Simulation im Sinne des ›*social event*‹ als Ziel und Methode – zur Schaffung eines der Wirklichkeit möglichst weit angenäherten Unterrichtsvorgehens – nicht von bestimmten technischen Voraussetzungen abhängt, sondern *grundsätzlich* möglich ist; dazu gehört allerdings, daß die Lerner die Bereitschaft erwerben, ihre Rolle in dreifacher Dimensionierung zu erwerben: als *Beobachter/Zuschauer* (Berichterstatter, Journalisten, Reporter, etc.), als *Akteur* (Rollenidentifizierung), als *Aktor* (Rollenbuchschreiber, Regisseur). Eine solche Veränderung der Lernerrolle ist wiederum nur in Funktion zu den personalen Faktoren, vor allem zur Motivationsproblematik zu erreichen.

F. Debyser[51] kennzeichnet *Simulation* anhand folgender Hypothesen:

- Wie in der wirklichen Situation müssen auch beim Üben des Äußerungsaktes Situationen gefunden werden, »où le projet sémantique et la nécessité expressive imposent la forme (son apprentissage et son emploi)«.[52]
- Die Situationen müssen in struktureller Hinsicht zwingend sein, d. h. die zur Übung anstehende(n) Struktur(en) auch wirklich provozieren.
- Die Situation muß andererseits so offen sein, daß sie – im Sinne der Technik des Problemlösens mit unterschiedlichem Ausgang – eine größtmögliche Variationsbreite an Schülerantworten erbringt.[53]

Für die Aktivierung des Gebrauchs von *il faut* und seiner syntaktischen Realisierung (*Subjonctif*) wird folgender Weg vorgeschlagen:

1. Der Lehrer skizziert ohne (oder besser: mit Hilfe von) Bilder(n) die Situation ›Unfall‹; die Schüler sollen begreifen, daß eine Person A verwundet ist, die andere Person B danebensteht.
2. Der Lehrer fragt die Klasse, was B macht. Mögliche Schülerantworten:

›Il appelle l'ambulance‹
›Il attend la police‹
›Il téléphone‹
...

Die Antworten sollen in der den Schülern zugänglichen Weise (als einfache Affirmativsätze oder auch komplexer mit Hilfe von *si*, wenn diese Konstruktion bekannt ist) formuliert werden. Mit Korrekturen ist sehr sparsam zu verfahren.

3. Wenn der Lehrer über einige plausible Antworten verfügt, bietet er der Lernergruppe die zu Bearbeitung anstehende Form, z. B.

›Il faut qu'il attende la police‹,

die zur Kontrolle als Transformationsübung auf die bereits gegebenen Antworten angewandt wird.

4. Der Lehrer sucht mit den Schülern weitere Antworten, erweitert mit ihnen die zuvor begonnene Liste und verlängert das Pradigma:

›Il faut qu'il téléphone à sa femme‹
›Il faut qu'il prévienne les gendarmes‹
›Il faut qu'il aide le blessé‹
...

In dieser Phase können auch unerwartete, ironische, amüsante Schülerantworten fallen, die zu strukturellen Zwecken benutzt werden können, etwa um die Negation miteinzubeziehen:

Elève 1: ›Il faut qu'il se sauve‹
Prof.: ›Il faut qu'il se sauve?‹
Elève 2: ›Non‹
Prof.: ›Non, il ne faut pas qu'il se sauve‹

5. Die einprägsamsten Beispiele werden schriftlich festgehalten und mit dem entsprechenden Kommentar im Sinne einer expliziten Regelformulierung versehen, falls das methodische Vorgehen eine solche Explizitierung insgesamt vorsieht.

Die innovative Wirkung der Simulation liegt darin, daß mit ihrer Hilfe ohne großen apparativen oder methodischen Aufwand (Strukturdrill, orthodoxe Phasierung der Lernschritte, Memorisierungszwang) ein Redemittel geübt werden kann, für das die Lernergruppe das Material – in intensiver Beteiligung (Partizipation) und in einer der Wirklichkeit stark angenäherten Kommunikationssituation – selbst beibringt.

Aufgaben[54]:

– *Die gleiche Struktur* il faut *soll anhand weiterer Simulationen durchgespielt werden:*
 (a) M. Dupont ist auf Geschäftsreise; er hat einen wichtigen Termin, verpaßt aber den Zug: »Qu'est-ce qu'il faut qu'il fasse?«
 (b) Maria hat zu ihrem eigenen Erstaunen ein Stipendium in Frankreich erhalten: »Qu'est-ce qu'il faut qu'elle fasse?« *(Dimensionen dieser Simulation: 1. Reisevorbereitungen; 2. M. hat ein Zimmer; sie muß organisatorische Geschicklichkeit an den Tag legen, um alles zu richten; 3. Ratschläge von Freunden und Verwandten für den Frankreichaufenthalt.)*
 (c) Pierre und Suzanne sind Studenten, verlobt, wollen im nächsten Monat heiraten: »Qu'est-ce quil faut qu'ils fassent?«
 (d) Piepho[55] *schlägt vor, die Problematik* ›accident‹ *(siehe Text unter (2)) nach der simulativen Lösung anhand der beiden folgenden Skizzen zu üben.*

I II

Wie sähe eine solche Simulation für den Englischunterricht aus?

Weitere Aufgaben:

– *Die gleichen Simulationen (a) bis (c) bzw. (d) können auch im Erstsprachenunterricht durchgeführt werden: Rollenspiele zur Einübung sozialen Verhaltens. Worin werden – vor allem in sprachlicher Hinsicht – die Unterschiede zum Fremdsprachenunterricht liegen?*

- Für die soziale Funktion ›Wunsch, Bedürfnis, Verlangen ausdrücken‹ werden (für Französisch) folgende Redemittel angegeben: ›Je voudrais ...‹, ›J'aimerais ...‹, ›J'ai envie de ...‹, ›Pouvez-vous me ...‹, ›Puis-je ...‹, ›J'ai besoin de ...‹, ›Je vous prie de ...‹, (›Parlez plus lentement) s.v.p.‹, ›Donne-moi ... s.v.p.‹ Bestimmen Sie in etwa das Jahrgangsniveau. Wie sähen zur gleichen Funktion die englischen Redemittel aus?
- Wunderlich, D.: Lernziel Kommunikation. In: Diskussion Deutsch 23/1975, S. 277, nennt fünf soziale Funktionen: ›Aufforderungen‹, ›Fragen‹, ›Behauptungen‹, ›Expressionen‹, ›öffentliche institutionalisierte Kommunikationsformen‹ und präzisiert das Fragen folgendermaßen: »zur Klärung eines individuellen oder gemeinsamen Problems, zur Klärung von Voraussetzungen und Zielen, zur gezielten Erreichung von Informationen, welches Wissen setzt das Fragenkönnen bereits voraus, welche Antworten sind zulässig, Zusammenhang mit Fragebögen, Testsituationen, Interviews, Möglichkeiten des Problematisierens und Kritisierens, Prüfungsfragen« (S. 277). Stellen Sie die Unterschiede zu den fremdsprachlichen Rastern fest.

4. Lehrwerkanalyse und Lehrwerkkritik in pragmatischer Sicht

These: Die Neubesinnung in der Lernzielbestimmung ermittelt zugleich Kategorien zur Lehrwerkanalyse und Lehrwerkkritik. Es ist zu zeigen, wie fertigkeitsbestimmte Lehrwerke und Methoden einer pragmadidaktischen Interpretation unterzogen und im Sinne des übergeordneten Lernziels für Unterricht aufbereitet werden können.

Läßt man die Literatur- und Textsoziologie beiseite, die sich *implicite* auch auf das Lehrwerk richtet,[1] und berücksichtigt man auch das umfangreiche Schrifttum der Kulturkundebewegung[2] nicht, so ist von einer systematischen Lehrwerkforschung und Lehrwerkkritik erst seit etwa zehn Jahren zu sprechen. Das bedeutet zugleich, daß die Phase der Theorie- und Modellbildung für diesen Bereich noch nicht erreicht sein kann und daß *Fragen* das Problemfeld beherrschen:

»Die Grundlagen der Lehrwerkkritik sind freilich nicht von einem einfachen Forschungsansatz her zu ermitteln. Lehrwerke sind der Umschlagplatz von curricularen Ideen für das weite Feld schulischer Vielfalt. Sie stellen Kompromisse dar zwischen fortschreitender Theorie und beharrender Praxis.
Ergebnisse der Lehrwerkforschung, die ohne Prüfung an der Unterrichtspraxis gewonnen wurden, können nur in Einzelfragen relevant sein. Sie können außerdem empirische Untersuchungen wirksam vorbereiten. Für die Beurteilung der Wirkung eines Lehrwerks in der Praxis sind sie immer nur von beschränkter Bedeutung.
Die Versuche zur Lehrwerkforschung und Lehrwerkkritik sind Bestandteil eines Bereiches, der in der Erziehungswissenschaft mit curricularer Evaluation gekennzeichnet wird. Zur Evaluationsproblematik ist ein umfangreiches Schrifttum entstanden, das die Schwierigkeit der Bewertung von Unterricht deutlich macht. Die Lehrwerkkritik würde im Bereich der Evaluation das Unterrichtsmaterial beurteilen, wobei die weiteren Faktoren wie Lehrer, Schüler und Schulsystem außer acht bleiben.«[3]

Zumindest in bezug auf die Personenvariablen Lehrer und Schüler sind diese Aussagen zu relativieren: Die von Heuer und Müller zusammengestellten Aufsätze stammen aus der Zeit um 1970 und spiegeln den damaligen Forschungsstand. Inzwischen gliedert sich der Bereich Lehrwerkkritik – in Weiterentwicklung älterer Ansätze (Vorurteilsforschung) und Applizierung neueren Denkens (Pragmatik, Rollen- und Spieltheorie, Sozialisationsforschung) – zu einem breiten Fächer, in dem zumindest folgende Hauptrichtungen zu unterscheiden sind:[4]

1. Kritik an Inhalten und an vermittelten sprachlichen Repertoires;
2. Lehrwerk und Rollentheorie;
3. Lehrwerkkritik aus der Sicht der linguistischen Pragmatik.

Zu 1.

Den Rahmen für die Inhaltskritik suchte sich 1969 ein Arbeitskreis[5] in Form eines Rasters, der die Untersuchung von Lehrwerken zum Zweck ihrer Beurteilung »vorläufig auf folgende Bereiche«[6] bezog:

»I. Lehrwerkteile
   a) Vorkurs
   b) Übungen (einschließlich Workbooks)
   c) Texte
   d) Vokabelverzeichnisse
   e) Grammatik
   f) Bilder (einschließlich visueller Medien)
   g) Akustische Medien
   h) Differenzierungseinheiten
   i) Lehrerheft

II. Lehrwerkschichten
   j) Umfang des Lehrwerks
   k) Förderung der einzelnen Sprachfertigkeiten sowie des Sprachwissens
   l) Landeskunde und Kulturkunde
   m) Strukturprinzipien des Lehrwerks
   n) Layout
   o) Aufmachung
   p) Preis«[7]

und diese Teile und Schichten nach festgelegtem Fragenkatalog durchging. Für den Vorkurs waren folgende Fragen vorgesehen:

»1. Inwieweit ist die Sprache authentisch?
2. Inwieweit sind Auswahl, Stufung, Steilheitsgrad, Dichte und Häufigkeit der Strukturen und Vokabeln optimal?
3. Inwieweit ist der Steilheitsgrad der neuen Laute optimal?
4. Inwieweit ist das Sprachmaterial auf Situationen bezogen oder beziehbar?
5. Inwieweit ist die Unterrichtsgestaltung geplant, und inwieweit werden die nötigen Lehrhilfen gegeben?
6. Inwieweit ist der Vorkurs in das Lehrwerk integriert?«[8]

Es geht hier *scheinbar* nur um äußerliche, linguistisch-didaktisch bestimmbare Aspekte der Lehrwerkkritik, nicht auch »vor allem darum, ob es zulässig sei, daß über die fremdsprachigen Texte unbemerkt Klischees und gesellschaftliche Wertvorstellungen vermittelt werden, die vom Standpunkt des jeweiligen Kritikers aus als überholt oder überwunden gelten könnten«.[9] Es ist jedoch festzustellen, daß die inhaltliche Lehrwerkkritik heute zumindest drei Fragenkomplexen nachgeht.

(1) Ob »die Reduktion des Fremdsprachenerwerbs auf die Adaption des Regelsystems ... dem Lernenden (nicht jegliche Möglichkeit der eigenen Sprechaktivität (Spontaneität) (nimmt) und ... das zu übernehmende System der Zielsprache als etwas Nichtveränderbares, Inhaltsloses (setzt)«.[10]

Eine solche Frage bedeutet nicht den Verzicht auf eine gewisse Selbstgenügsamkeit, die sich aus den spezifischen Bedingungen des Zweitsprachenerwerbs, vor allem in sprachlicher Hinsicht, ergibt; sie möchte vielmehr die Notwendigkeit verdeutlichen, dafür Sorge zu tragen, daß die Information über die Fremdkultur nicht zu verzerrten oder falschen oder einseitigen Bildern führt. Wenn in einem Vergleich von deutschen und französischen Lehrbüchern für den Französischunterricht [11] sich als einziger gemeinsamer Nenner sowohl für das Fremdbild (das Bild, das sich die Deutschen von den Franzosen machen) wie für das Selbstbild (das Bild, das sich die Franzosen von sich selbst machen) die Eigenschaft »kultiviert« (ohne nähere inhaltliche Bestimmung) und ansonsten nur positiv gefärbte Listen von Charaktermerkmalen ergeben, dann liegt hier eine verfälschte Realität vor. Sozialpsychologische Untersuchungen und Forschungen zum Stereotyp [12] müssen beigezogen werden, um die Unterrichtsinhalte zu korrigieren, nicht um ihnen neue hinzuzufügen. Die gleiche Aufgabe gilt, wenn auch moderne Lehrwerke gesellschaftspolitische Vorstellungen zementieren, die bestenfalls den Index »Idylle« tragen dürften.[13]

(2) Ob es möglich ist, lerntheoretische und sprachpsychologische Befunde in den Komplex Lehrwerkkritik zu integrieren.

Heuer hat diese Frage grundsätzlich bejaht, *zum einen* indem er ein In-Dienst-Nehmen lerntheoretischer Fragestellungen für den Fremdsprachenunterricht in Form einer Fremdsprachenlernpsychologie vorschlägt,[14] *zum anderen* indem er – z. T. nach dem Raster des Arbeitskreises – »Lehrwerke im Urteil von Schülern und Lehrern« (motivationspsychologische Aspekte) untersucht.[15] Der letztere Weg scheint die verläßlichere Basis zu sein, Wirkung und Leistung von Lehrwerken und Methoden zu ermitteln. Heuer nennt zwei Beispiele:
– In einer Lehr(Bild)Sequenz kann *massiertes* Lernen so programmiert sein, daß der erwünschte Effekt gerade nicht eintritt.[16]
– Die Instruktion »*Act, speak, and write*« in einem Lehrwerk ist unter zweierlei Hinsichten zu problematisieren: (a) Jedes Wort ist das Zentrum eines Netzes von Assoziationen (nach de Saussure: *le centre d'un réseau associatif*), und nicht alle Wörter haben gleiche Assoziationsstärken; (b) Der Positionseffekt innerhalb einer Sequenz wie der obige ist entscheidend für das Wahrnehmen und Behalten: »Anfangs- und Endglieder werden besser aufgenommen und verarbeitet als die Mittelglieder«:[17]
»Die vorliegende Sequenz ›Act, speak, and write‹ soll nach der Intention der Lehrwerkautoren den ersten Schritt des methodischen Dreischritts einleiten: die Phase der vorbereitenden Übungen in Sprechsituationen. Das dieser Intention am nächsten kommende Wort ist *speak*, das aber durch seine Position als Mittelglied an der vollen Ausübung seiner informativen Wirkung behindert ist. Das Anfangsglied *act* kann durch seinen Positionsaffekt einen Ausgleich erzielen, wird aber durch das Endglied *write* übertroffen werden; denn in Sequenzen, deren Glieder eine geringe Assoziationsstärke besitzen, ist der Positionseffekt der Endglieder größer als der der Anfangsglieder, so daß,

gemäß den Untersuchungen von Deese und Kaufmann, ein Übergewicht von *write* gegenüber *act* anzunehmen ist.«[18]

Auf diese Weise ließe sich, ähnlich wie beim *classroom discourse*, der ganze Bereich der instruktionalen Sequenzen (Übungsanweisungen) empirisch überprüfen und auf eine solidere wissenschaftliche Basis stellen.[19]

(3) Wie der Situationsbegriff, den R. M. Müller in Zusammenfassung einer jahrelang geführten Diskussion scheinbar abschließend geklärt hatte,[20] *weiterentwickelt werden kann.*

Müllers mehrfach modifiziertes Kategoriensystem zur Bewertung eines situativen Unterrichts:

»A. Didaktischer Inhalt
 B. Vollständigkeit des Handlungsablaufs
 C. Art der Realisierung der Situation
 D. Grad der Spontaneität des Sprechens/Verstehens«,[21]

das weitgehend als didaktische Entscheidungshilfe für einen motivierenden, anschaulichen und variablen Sprachunterricht angesehen und räumlich-zeitlich festgelegt wurde, ist im Grunde ein Vorgriff auf terminologische Verfeinerungen, die sich mit pragmatischen Überlegungen einstellten: Insofern wird der Situationsbegriff nicht durch neue Konzepte abgelöst, sondern mit einem Neuverständnis versehen und weiterentwickelt:

»Das Globalkonzept *Situation* wird überschaubarer durch seine Strukturierung in einzelne ›social events‹, die sich durch zeitliche, räumliche und thematische Beschränkung sowie distinktive Rollenträger auszeichnen und durch weitgehend formelhaften Einsatz verbaler/extraverbaler Ausdrucksmittel (z. B. Einleitungs- und Schlußfloskeln der Rede) voneinander unterscheidbar werden.«[22]

Schlüsselbegriffe sind hier der bereits dargelegte ›social event‹ und das Konzept *Rolle*.

Zu 2.

Rollen- und Spieltheorie sowie ihre Implikationen für den Sprachunterricht gehören zu der unter 1. behandelten Inhaltsproblematik. Sie nehmen jedoch im Rahmen der primären Sozialisation des Menschen einen solchen Raum ein, daß allein die in ihr anfallende Literatur eine Herauslösung dieser Problematik rechtfertigt; hinzukommt, daß sich rollen- und spieltheoretische Überlegungen in der Regel auf den Erstsprachenerwerb beziehen,[23] während für den Fremdsprachenerwerb aus dieser Blickrichtung bestenfalls methodische Überlegungen zur Motivierung der Lerner anfallen. Gerade die Beobachtung ihrer Wirkung aber (auf der Basis von Lehrwerken und Lehrmethoden) macht einen Teil jener Evaluationsproblematik aus, in die nach Heuer und Müller alle »Versuche zur Lehrwerkforschung und Lehrwerkkritik« hineingehören.[24]

Auf dem Theoriehintergrund der Rollensoziologie (Begrifflichkeiten: *Soziale Rolle, Rolle und Sozialisation, konventionelles vs. interaktionistisches Rollenmodell, Ich-Identität, Rollendistanz, Ambiguitätstoleranz, Empathie*)[25] und der Spieltheorie (*Spielverhalten aus entwicklungspsychologischer Sicht, kognitive und emotionale Aspekte des Spiels, Spiel und Motivation*)[26] soll hier nicht eingegangen werden, wenngleich ihre Bedeutung auch für den Fremdsprachenunterricht inzwischen erkannt ist;[27] statt dessen seien der Lehrwerkforschung als didaktischer Entscheidungsinstanz Fragen gestellt:[28]

(1) Ist die methodisch-didaktische Konzeption eines Lehrwerks so offen angelegt, daß es im Sinne des interaktionistischen Rollenkonzepts das Spielen von Rollen (Vorbringen eigener Lösungsvorschläge unter verschiedenen Gesichtspunkten) auf der Basis von Lehrtexten durch die Lerner ermöglicht? (Vgl. o. S. 52.)

(2) Oder enthält das Lehrwerk bereits integrativ Vorstellungen für den Lehrer, wie der erfolgreiche Ablauf von Situations- und Rollenspielen aussehen könnte:[29]

»1. Schüler mit der Aufgabe vertraut machen,
2. Teilnehmer am Spiel aussuchen,
3. Szenenaufbau planen (setting of the stage), Realgegenstände bereitstellen,
4. Mitschülern eventuell Beobachtungsaufgaben übertragen und sie nach dem Rollenspiel kommentieren lassen,
5. Rollenspiel,
6. Tonbandaufnahmen.«[30]

(3) Werden Texte (Register), Themen, Redemittel so differenziert und alternativ angeboten, daß es gar nicht erst zu konvergierendem Lernen und Anpassungsdrill im Sinne des konventionellen Rollenkonzepts kommt?

(4) Sind schulische Ereignisse und Konfliktsituationen aufgrund der angebotenen Lehrmaterialien als Ausgangspunkt für sprachlich zu bewältigende Situationen überhaupt denkbar?

(5) Inwieweit verdeutlicht ein Lehrwerk für eine Fremdsprache Querverbindungen, die vom Sozialisationsstand der in der Erstsprache erworbenen Rollenkompetenz in den Fremdsprachenunterricht hineinreichen könnten?

Die mehr oder weniger differenzierten Antworten auf diese Fragen enthalten abgestufte Wertentscheidungen, spiegeln allerdings nur indirekt den Fortschritt in diesem Bereich der Lehrwerkforschung.[31]

Zu 3.

H.-E. Piepho hat aus seiner Forderung, jede Äußerung und jeden Lehrinhalt einer pragmatischen Analyse zu unterziehen, folgenden Schluß gezogen: »Damit fallen Sätze wie ›Peter is going to the window‹ ebenso aus den Kursen heraus wie die einem Familienfrühstück zugeschriebene Äußerung ›Would you kindly pass the salt, please‹. Man entlarvt Texte, die an keinem Ort gedruckter Kommunikation einen auch nur irgendwie wahrscheinlichen Platz fänden, ebenso wie Dialoge, in denen die Autoren eher eine lustige Geschichte erzählen wollen, als daß die darin auftretenden Redemittel zur Lösung ähnlicher sozialer Konflikte oder Absichten dienen könnten.«[32] Ziel der von Piepho vorgeschlagenen Fragenparameter wäre demnach, »alle ›toten‹ Paradigma auszuschließen und nur solche einzuüben, die im Verlauf des Lehrgangs oder in denkbaren Anwendungsbereichen außerhalb des Unterrichts tatsächlich brauchbar sind«.[33] Wenngleich in diesem Kontext einer Lehrwerkkritik Begriffe wie *Rolle, ›social event‹, Situation, Problematisierung von Inhalten* und *Verfahrensweisen, Klischeevorstellung,* etc. nicht fallen, macht er doch deutlich, wie durch eine genaue Analyse von Lehrtexten deren Schwächen bloßgestellt und damit beseitigt werden können: Auf diese Weise ist eine »*Verflüssigung* der Lehrbuchvorlage(n)«[34] in Form von Übernahmen der in ihnen vorhandenen Rollen eher möglich, als wenn die Lerner gleichsam rollenneutral, d. h. ohne Beteiligung, als sie selbst zu dieser Übernahme gezwungen würden. Ziel einer solchen pragmatischen Lehrwerkkritik ist letztlich, die Distanz zwischen Lehrbuch*welt* und *Wirklichkeit* des Lerners in der Klasse aufzuheben: Fiktionalisierung von Rollen, »Sprachenlernen als Kommunikationsspiel(en)«.[35] Ein Planungsschema für kommunikative Lernziele muß deshalb nach Festlegung der pragmatischen Lernziele (s. o. Kap. 3., S. 50) sicherstellen, »daß und wie der Lernende

– *verfügt über*: Lexis im Sinne von semantischen Inventaren und Kollokationen ... (Inhalt);
– *gesteuert wird durch:* Simulationen und situative Aktivierungen von Redeakten und Redeereignissen im Sinne von ›social events‹ ... (Methode);
– *Gelegenheit bekommt,* Redeakte und -verläufe zu hören, wiederholt zu erfassen und sich einzuprägen, Rollen zu übernehmen ... (pragmatische Komponenten);
– *bewußt erfassen und durchdringen kann,* wie die sprachlichen Mittel organisiert sind, sich regeln und zur Eigensprache kontrastieren ... (Kognition);
– *absichtlich und gezielt handeln kann,* um dadurch zu lernen, wie man durch Sprechen und Schreiben einen Adressaten beeinflussen und gewinnen, informieren und anleiten kann, ... (kommunikativ-diskursive Elemente)«.[36]

Nach dem Anspruch dieses Analyseansatzes ist »ein kommunikativer Unterricht mit pragmatischer Planung der Lernziele und Lernschritte auch an konventionellen Unterrichtsmaterialien möglich«.[37] Dazu ein (englisches) Beispiel:[38]

»Stop or Go!
It is a Sunday morning. Billy is running down High Street. He is running to school. Now he must cross the road. The lights are red, but Billy starts to run across the road.
Policeman: Hey! Stop! You mustn't cross the road, while the lights are red. (1)
Billy: Oh, I'm sorry. (2)
Policeman: You must wait for the green lights (3) – or do you want to go to hospital? (4)
Billy: No, I don't. (5)

Policeman: Look, the lights are green. You must go now. (6) But walk, please. (7) You mustn't run across the road. (8)
Billy: Yes, I know. (9) But now I'm late for school.«

(1) Nach einem lauten Anruf folgt eine Belehrung über einen *scheinbar* unbekannten Sachverhalt, die hier nur als Vorwurf gemeint sein kann.
(2) In der Tat antwortet Billy auf den Vorwurf, den er gar nicht erhalten hat.
(3) Weiterhin belehrender Ton.
(4) Drohend, aber auch belehrend in Form einer rhetorischen Frage.
(5) Billy erfaßt weder die Drohung noch die Belehrung, sondern antwortet auf eine *Frage*.
(6) Weiterhin unangebracht belehrender, deshalb lächerlicher Ton.
(7) Unangebrachte Anweisung: Warum sollte man die Straße nicht auch rasch überqueren?
(8) Weiterhin belehrendes, doch nicht wahrscheinlich realisiertes Sprachverhalten: offensichtlich sieht die linguistische Progression an dieser Stelle die Hilfsverben *may/must(n't)* vor.
(9) Mögliche Bedeutungen: Einsicht, Ironie, Frechheit.
(10) Ebenso: Vorwurf, Resignation, ironische Abschiedsbemerkungen.

Der Dialog enthält also absolut unwahrscheinliche Äußerungen, weist den sprechhandelnden Personen falsche Rollen zu (Polizist als Symbol der Dummheit, Billy mit einer schillernden Palette innerer Attitüden), stellt einen völlig falschen Handlungsrahmen (*setting*) für eine Kette von Äußerungen des Gebietens, Gestattens, Gewährenlassens, etc. dar.

In der folgenden Dialogsequenz zu Beginn eines audio-visuellen Lehrgangs

Mireille: Vous êtes étudiant?
Pierre: Non, je suis dessinateur. Et vous, vous êtes étudiante?
Mireille: Non, je suis dactylo.
Présentateur: Dactylo? Dessinateur? Vous comprenez? Non? Regardez. Voilà une dactylo? Voilà un dessinateur.

verstößt die Anrede (*vous*) gegen das unter heutigen Jugendlichen übliche Rollenverständnis; die Wiederholung der Verbformen von *être* bewirkt unauthentisches Sprechverhalten; vor allem aber bewirkt die Einführung eines ›*présentateur*‹ einen solchen Bruch innerhalb des Dialoggefüges, daß eine Identifizierung mit dem Dialoggeschehen – so problematisch diese nach dem bisher Gesagten auch ist – zumindest erschwert wird: Der ›*présentateur*‹ entstammt der Konzeption eines alles steuern wollenden, streng audio-visuellen Unterrichts. Was er sagt, wäre in einem kommunikativ orientierten Sprachunterricht im Gespräch zwischen Lehrer und Schülern zu ver-handeln.

Weber hat »die triviale Notwendigkeit, gedruckte Sprechvorlagen zu verflüssigen«,[39] an einer einzelnen Äußerung demonstriert und dabei auch den Anteil der Rolle des Lehrers bei der unterrichtlichen Herbeiführung kommunikativer Sprechkontakte mitbehandelt.[40] Der Ausgangssatz »*I'm taking this book to Susan*« verflüssigt sich nach seiner Analyse zu folgender Dialogvorlage, für die je nach pragmatischen Faktoren auch andere Realisierungsmöglichkeiten vorstellbar sind:

Bob: Take this book to Susan.
Tom: What for?
Bob: It's her book.
Tom: I see.
Bob: Where are you going?
Tom: I'm taking this book to Susan.
Peter: I see.
Tom: Here's your book, Susan.
Susan: Thank you, Tom.

Dabei werden, läßt man die linguistische Progression beiseite, folgende Analyseschritte vollzogen:

1. Im Ausgangssatz lassen sich eine Reihe situationsabhängiger Referenzmittel feststellen: das Personalpronomen *I*; das Demonstrativpronomen *this*; das Richtungsverb *take* (s. th. to s. o.); der Eigenname *Susan*. Der Satz vollzieht also neben dem propositionalen Akt (zu diesem Begriff vgl. die Texte 8.1. und 8.2. im Anhang) gleichzeitig einen partnerbezogenen Akt.

2. Der Satz ist innerhalb eines Dialoggefüges aufzufassen als Antwort/ Erklärung eines *Tom*, der mit ihr auf eine Frage/Aufforderung (ein möglicherweise als abweichend empfundenes Verhalten zu erklären) eines *Peter* reagiert.

3. Die volle Abrundung erhält die Sprechhandlungssequenz erst, wenn ein vierter Gesprächsteilnehmer (Bob) Tom zu seiner Handlung veranlaßt.

In eine feinmaschigere Analyse der pragmatischen und Verabredungsfaktoren müßte auch hineingehören, daß

— Tom nicht weiß, um wessen Buch es sich handelt,
— Peter den Redewechsel zwischen Bob und Tom nicht mitverfolgt,
— Susans Buch zu Beginn wirklich bei Bob ist.

Vor allem ist die Rollenbeziehung zwischen Bob und Tom zu definieren. Ihre Interrelation kann im Sinne von Wunderlichs Parameter (Punkt 9.) als »reduziertes Autoritätsverhältnis«[41] eingestuft werden: »Tom versteht zwar Bobs Intention, aber er akzeptiert sie nicht sofort. Bobs Sprechakt gelingt erst, nachdem er Toms Bedingung, die Angabe eines einleuchtenden Grundes, erfüllt hat.«[42]

Ob mit einer solcherart verfeinerten pragmatischen Lehrwerkanalyse auch ein höheres Maß an kommunikativer Kompetenz durch Fremdsprachenunterricht verbunden ist, wird davon abhängen, ob es ihm gelingt, auf die grundsätzliche »Risikohaltigkeit von Kommunikationsakten in Realsituationen«[43] Rücksicht zu nehmen. Eine Untersuchung von Lehrwerken wird ergeben, daß, »von wenigen Ausnahmen abgesehen, Kommunikation als etwas Selbstverständliches, mühelos zu Erreichendes«[44] dargestellt wird: Überall »wird suggeriert, daß sich jeder mit jedem sofort versteht, unabhängig von individuellen oder sozialen Verständigungsbarrieren. Dies gilt für Konstellationen, die ausschließlich mit Sprechern der Zielsprache besetzt sind, ebenso wie für die ohnehin überraschend seltenen Beispiele für Kommunikation über Sprachgruppen hinweg.«[45] Gerade aber in dieser Zone des Kontakts und gegenseitigen Durchdringens nehmen die Verständnisschwierigkeiten sowohl numerisch wie qualitativ zu. Beneke hat ermittelt, daß selbst in Lehrwerken, die das Gelingen von Sprechakten[46] ausdrücklich thematisieren oder sogar nach unterschiedlichen *speech levels (formal, neutral, colloquial;* langue *courante, familiale,* etc.) unterscheiden, kaum jemals gezeigt wird, wie das unangemessene Verwenden dieser unterschiedlichen Varianten in Aktion wirkt und (damit) Identifikationsmöglichkeiten verbaut. Unter der generellen Richtschnur der »Sensibilisierung für die Risikohaltigkeit von Kommunikation«[47] schlägt er einen Lernzielkatalog vor, der der pragmatischen Lehrwerkanalyse eine weitere Dimension hinzufügen könnte:

(1) *für den Bereich der rezeptiven Kompetenz*:

– Kenntnis der Varianten der Fremdsprache, z. B. neben den angelsächsischen Regionalvarianten auch die nicht-angelsächsischen wie die indischen, ostafrikanischen, französischen, etc.;
– Hörverstehensübungen unter erschwerten Bedingungen (zur Vorbereitung von Realsituationen wie Telefonieren, verzerrten Lautsprecherdurchsagen, etc.);
– Kenntnis unterschiedlicher Register, vor allem im rezeptiven Bereich (zur Vorbereitung eines situationsadäquaten Sprechreagierens);[48]
– Kenntnis der Signale rhetorischer Strategien (*gambits*) (zu denen alle gesprächstaktischen Manöver wie Aufforderung, Ablehnung eines Vorschlags, Widerspruch, etc. sowie ihr sprachlich-situatives Komplement in Form von Pausen, *question tags*, Stocken, etc. gehören; es handelt sich also hier um jene »typischen Formen gesprächstaktisch-persuasiver Verbalstrategien«,[49] zu denen Beneke Digressionssignale, Themenzentrierungssignale, Abmilderungssignale, Qualifikationssignale, Unbestimmtheitssignale, Solidaritätssignale, Aufforderungssignale, etc. zählt; Beispiele für die letzteren wären etwa: ›*Revenons à nos moutons!*‹ – ›*How about making a fresh start?*‹).

(2) *für den produktiven Bereich*:

– Handicap-Signale (um den Gesprächspartner mit Hilfe von retardierenden Formeln und speziellen Handicap-Phrasen um Geduld und Nachsicht zu bitten);
– Verständigungssicherung durch feed-back-Phrasen (neben *Eh? – What? – Pardon?* – explizitere Äußerungen wie: »*Je ne comprends pas ce mot.*« – »*Could you translate that idiom into simple English?*«);
– Bitten um Formulierungshilfen (um den Erfolg eines Handlungsspiels zu sichern);
– Paraphrasentechnik (um Blockierungen anhand falsch angelegter Redestrategien zu verhindern).

Damit käme für den Bereich der Kommunikationsstörung in die pragmatische Lehrwerkforschung gerade das hinein, was Denninghaus als Grundlage für verfeinerte Methoden in der Lernzielbestimmung ansieht:

»Da Sprache zahlreiche Funktionen und Kompetenz zahlreiche verschiedene Manifestationen hat, ist die Lernzielbestimmung für einen komplexen Kurs nur durch ein *System* verschiedener, in ihren Inhalten sich ergänzender, überschneidender und sich gegenseitig explizierender *Kataloge* möglich. Das Ka-

talogsystem sollte mindestens umfassen: a) einen Situationskatalog, b) Themenkatalog, c) Sprachintentionenkatalog, d) Textartenkatalog.«[50]
Die Kataloge sind hingeordnet – und das macht den dichotomischen Charakter von Lernzielbestimmungen aus – auf Listen des zielsprachlichen Materials (Lexik, Strukturen, Wortbildungsgesetze), für die sie insofern bedingend sind, »als sie im Prozeß der Lernzielbestimmung zuerst entwickelt werden und die Listen durch Versprachlichung der Kataloge entstehen«.[51]
Was bei Heuer und Müller nur angerissen wurde – Lehrwerkforschung als Teilbereich der grundlegenden Evaluationsproblematik – präzisiert sich bei Denninghaus unter Einbeziehung pragmatischer Faktoren und wird zugleich in den größeren Zusammenhang curricularer Arbeit gestellt, für dessen einzelne Phasen eine systematische Abfolge vorgeschlagen wird:

»a) Bedarfsermittlung und curriculare Grundsatzentscheidungen
b) Erarbeitung der entsprechenden Lernzielkataloge
c) Sammlung eines Corpus von lernzielorientierten Texten bzw. Versprachlichung der Lernzielkataloge
d) Analyse des gesammelten Corpus auf Wörter, Wortverbindungen und Strukturen
e) Erarbeitung der Wörter- und Strukturenlisten, der Liste der Wortverbindungen
f) Erarbeitung des lernzielorientierten Erfolgstests
g) Erarbeitung der lernzielorientierten Lehr- und Lernmittel.«[52]

Aufgaben:

– *Lesen Sie die genannten Aufsätze von Müller durch und vergegenwärtigen Sie die dort verwendeten Begriffe ›Kontext‹ und ›Situation‹. Machen Sie sich durch die Lektüre von Piepho (op. cit.) und Köhring (op. cit.) klar, inwieweit der Situationsbegriff unter pragmatischen Gesichtspunkten eine Erweiterung erfährt.*

– *Parallelisieren Sie alle bei Müller angeführten englischen Beispiele durch französische und deutsche. Welchen Stellenwert würden Sie heute (1977!) der ›Kontextualisierbarkeitsprobe‹ in bezug auf einzelne Sätze, Äußerungen, Texte geben? Machen Sie sich auch die Vorbehalte klar, die auch bei Müller deutlich artikuliert sind.*

– *Was ist nach dem Programm von Heuer/Müller/Schrey unter ›Auswahl‹, ›Stufung‹, ›Steilheitsgrad‹, ›Dichte‹, ›Häufigkeit‹ zu verstehen?*

– *Ein Lehrwerk für den Fremdsprachenunterricht sucht im Elementarunterricht die fächerübergreifenden Ziele ›Einsicht in Kommunikation‹ und ›Einsicht in Texte‹ anhand folgender Möglichkeiten zu erreichen:*
»– die Transparentmachung von Klischeevorstellungen in den Lehrmaterialien (Familienklischee, Englandklischee, Klischees in der Bebilderung) – Die Verfasser des vorliegenden Lehrwerks sind der Meinung, daß in dieser Hinsicht an jedem Lehrwerk Kritik geübt werden kann. Auch der Schüler sollte die Gelegenheit zur kritischen Reflexion wahrnehmen. Lehrer und Schüler sollten gemeinsam eine konstruktive Kritik zu entwickeln suchen, wenn Kenntnisstand und Problembewußtsein der Schüler dies zulassen

– die Reflexion auf die Ursachen von sprachlichen Fehlhaltungen (›Fehlern‹)
– die Reflexion auf die Ursachen von Mißverständnissen im Bereich mehrsprachiger Kommunikation
– die Erwägung der Frage: Gibt es schöne bzw. häßliche Sprachen? Gibt es einen Zusammenhang zwischen Sprache und Volk? Darf man Völker beurteilen.«
Suchen Sie nach Beispielen auch in Lehrbüchern Ihres Faches, die den gleichen Zielen entsprechen.
– Lesen Sie den genannten Aufsatz von F. Denninghaus ganz durch und versuchen Sie – ausgehend von einer Textsorte des Textsortenkatalogs (S. 133 f.) das Zusammenspiel von Situationen, Themen, Intentionen, sprachlichen Mitteln aufzuzeigen. Nehmen Sie dazu auch die bereits zuvor (nach Piepho) vorgestellten Beispiele (z. B. ›Bahnhof‹) zu Hilfe.

5. Didaktische Positionen im Begründungszusammenhang einer linguistischen Pragmatik

These: Dabei wird nun deutlich, daß die Sprachpädagogik im allgemeinen und die Fremdsprachendidaktik im besonderen schon vor der Neuorientierung zu Positionen pragmatischer Art gelangt sind. Diese lassen sich nunmehr schärfer fassen innerhalb des Begründungszusammenhangs einer linguistischen Pragmatik (als Linguistik der Performanz: Begriff des Handelns, Struktur des Dialogs, Elemente der Sprechsituation/Redekonstellation, Sprechakte).

Es ist das Verdienst von B. Schlieben-Lange,[1] der linguistischen Pragmatik ein Forschungsprogramm geschrieben zu haben, indem sie
- der Frage nach dem Gegenstand der linguistischen Pragmatik (als Lehre von der Zeichenverwendung, als Linguistik des Dialogs, als Sprechhandlungstheorie) nachgeht,
- das Konvergieren verschiedenartiger philosophischer, sozialphilosophischer und sprachwissenschaftlicher Traditionen in der linguistischen Pragmatik nachweist,
- den universellen Rahmen einer linguistischen Pragmatik in den Begriffen ›Handlung‹, ›Struktur des Dialogs‹, ›Elemente der Redesituation‹ aufzeigt und schließlich
- die empirischen Aufgaben einer linguistischen Pragmatik beschreibt.

Darüber hinaus macht sie deutlich,[2] daß pragmatische Fragestellungen inzwischen auch in anderen sprachwissenschaftlichen Bereichen (Semantik, Textlinguistik, Soziolinguistik) Berücksichtigung finden.
(Einige der zuvor genannten Begriffe finden sich in der Eingangsthese dieses Kapitels wieder und geben ihm seine Struktur; die Folgerung von B. Schlieben-Lange für ein »Lernziel Kommunikation« sind Text 8.6. des Anhangs zu entnehmen.)

5.1. Gegenstand der linguistischen Pragmatik

»Bei linguistischer Pragmatik handelt es sich um eine Untersuchung des – je dialogischen – Sprechens im Spannungsfeld von Handeln und Verstehen. Es handelt sich um eine Linguistik der ›parole‹ im besten Sinne: Es soll nämlich nicht darum gehen, den Bereich der ›langue‹ als primär gegeben zu setzen und nur nach Zusatzbedingungen für die Anwendung zu suchen, sondern vielmehr darum, das Sprechen als Tätigkeit zu untersuchen, das neue Sinnebenen schafft und auf ihnen alte sprachliche Einheiten und Handlungsmuster verwandelt. Diese Wissenschaft vom Sprechen als Tätigkeit müßte einmal die universellen Bedingungen der Möglichkeit von Kommunikation und dann die jeweils einzelsprachlichen und einzelgesellschaftlichen Typen sprachlicher

Tätigkeiten (Handlungen, Handlungsspiele, Textsorten) zum Gegenstand haben.«³

Dabei ist ›parole‹ nicht reduziert auf die Aktualisierung des Systems (*langue*), sondern enthält gegenüber diesem den Überschuß der Intentionalität des jeweiligen Sprechens. Von den beiden Bedeutungen der ›parole‹ – »einmal (parole 1) als notwendiges Negativprodukt der Abstraktion der ›langue‹, das keine zusätzlichen Bestimmungen enthält; dann (parole 2) ... gewendet zum Begriff des intentionalen Sprechens«⁴ – wird letztere zugrunde gelegt – als »der Ursprung der Innovation und der Ursprung neuer Zeichen«.⁵

Didaktischer Kommentar

Was hier postuliert wird, war begrifflich bereits bei de Saussure vorskizziert und gehört seit jeher zu den Desideraten der Sprachpädagogik: »On souhaiterait tout à la fois: une description homogène et complète du fonctionnement de la langue, mais aussi une étude précise des variétés du discours ou, pour reprendre l'expression de Ferdinand de Saussure, une véritable ›linguistique de la parole‹, aussi nécessaire à qui enseigne le français à des francophones qu'à celui qui a pour élèves des étrangers.«⁶ In der Diskussion um die »pädagogische« Grammatik, überhaupt um das Verhältnis von Sprachwissenschaft (zunächst ausschließlich systemlinguistisch umgrenzt) und Sprachunterricht im Umfeld des zwischengeschalteten Mediators »Angewandte Sprachwissenschaft« – so irreführend dieser Begriff insgesamt sein mag⁷ – schälte sich als nicht mehr hinterfragbare Wahrheit (bzw. Forderung) heraus, daß es nicht so sehr auf »eine (nicht existente) hypothetische Einheitssprache an(kommt), sondern auf die Sprache, wie sie sich in unzähligen Sprachäußerungen tatsächlich vollzieht, und das geschieht in Sprachvarianten, in voneinander deutlich geschiedenen Sprachformen«.⁸ Sprachunterricht, vor allem Fremdsprachenunterricht, ist bestenfalls *implicite* auch Linguistikunterricht (vgl. demgegenüber Kapitel 6., S. 93); primär ist der aktualisierte Sprachvollzug – *le discours en situation* – mit allen an ihm haftenden situationsbedingten Störanfälligkeiten. Das Votum der Sprachpädagogik für die ›parole‹ entstammt also einer sachinhärenten Begründung. Die Varianten ›geschriebene‹ vs. ›gesprochene‹ Sprache – erste fundamentale Unterscheidung, die vor allem für das Französische von Bedeutung ist – wurde inzwischen bei allen didaktischen und methodischen Entscheidungen berücksichtigt, ebenso die weniger augenfälligen und spektakulären Varianten *dialect, register, key* (untergliedert nach den Einzelaspekten *field, mode, style*; bzw. in der wertmäßigen Abstufung *formal – standard – colloquial – slang – vulgar*).⁹ In Unterricht und Lehrwerk werden solche Varianten entweder als »Texte« ausgebracht, die eindeutig der einen oder anderen Variante zugeordnet sind,¹⁰ oder sie bilden die Basis für lustige (kommunikationsgestörte) Wendungen innerhalb eines »Textes« (situationsinadäquater Gebrauch eines Registers: »*Louder!*« statt »*I beg your pardon*.

Would you mind ...?«), oder sie werden gar für schulpolitische bzw. -organisatorische Entscheidungen herangezogen, wenn es darum geht, den Übergang von einem Schultyp zum anderen, der in der Regel in einem Wechsel der Sprachvariante besteht, curricular zu begründen: Zwischen die Varianten *colloquial* (Hauptschule) und *formal* (Endstufe des Gymnasiums) wären als Übergangsqualifikationen die Varianten *standard to colloquial – standard – standard to formal* vorzusehen.

5.2. Begriff des Handelns

Eine sinnvolle Definition von ›Handeln‹ zu finden, erweist sich als schwierig, weil zuvor geklärt werden müßte,»1. was überhaupt unter einer ›Handlung‹ zu verstehen ist, und 2. welchen Sinn die Rede vom ›Sprechen‹ als ›Handeln‹ hat«.[11] B. Schlieben versucht, unterschiedliche Antworten zu geben, setzt den Begriff ›Handeln‹ anderen Formen des ›Tuns‹, ›Machens‹, ›Seins‹ gegenüber, erwähnt die Begriffe ›Praxis‹, ›Arbeit‹, ›Interaktion‹, stellt unter der Überschrift ›Intention‹ die Fragen:»*Ist Sprechen bewußt?*« (und dann: in welchem Maße?) und »*Ist Sprechen zweckrational?*« (und dann: mit welchem Anteil an Sprachlichem, in welchen Formen und Graden sprachlicher Vermittlung?) und interpretiert abschließend noch die Definition ›sozialen Handelns‹ von Max Weber[12] (»Handeln ... vom bloßen Verhalten abgehoben durch seine ›Sinn‹haftigkeit«). Wie Aussagen an anderer Stelle deutlich machen, geht es auch bei dieser skizzenhaften Darstellung eines Teilbereichs der linguistischen Universalpragmatik um eine ganz bestimmte Sprachtheorie:»Wenn Sprache unter dem Aspekt des Handelns, des Dialogischen und des Sinnhaften betrachtet wird ..., so handelt es sich dabei um sprachtheoretische Optionen.«[13]

Didaktischer Kommentar

Auch auf die Gefahr hin, einer trivialen Vereinfachung zu erliegen, sei hier vor allem auf jene anderen Formen des ›Tuns‹, ›Machens‹, ›Seins‹ eingegangen, die die *Praxis* des Unterrichts eher bestimmen als sprachtheoretische Erörterungen. Unterrichten ist planvolles Tun; in ihm vollziehen sich – im Wechsel mit anderen Variablen – schon zum Zwecke der Motivation unterschiedliche Aktivitäten. Während der Theoretiker vor dem »Dickicht philosophischer und soziologischer Traditionen«[14] ins Fragenstellen ausweichen kann, ist der Praktiker gezwungen zu ›handeln‹ bzw. ›handeln‹ zu lassen. Diese Maßgabe gilt für Unterrichten als *Tun grundsätzlich* – gleichgültig, ob er als fertigkeitsbestimmt oder kommunikativ orientiert eingestuft wird. In dieser Forderung konvergiert also das, was zur kommunikativen Kompetenz, zu der interaktionistischen Rollenkonzeption, zur Spieltheorie, überhaupt zum *›social event‹*, zur Simulation und zum Kommunikationsspiel gesagt wurde, mit aktivitätsbestimmten Unterrichtskonzeptionen, die in der Geschichte der

Pädagogik als *Arbeits*unterrichtsverfahren, *école active*,[15] *méthode active*[16] usw. aus dem gesamtpädagogischen Umfeld auch in den Sprachunterricht hineingewirkt haben. Gouins Aktionsreihen[17] ebenso wie Palmers Sprech-Aktions-Programme[18] weisen in diese Richtung, und selbst die relativ starre C.R.E.D.I.F.-Methodik mit ihrer festgelegten Phasenstruktur[19] sieht für die Phasen der *exploitation* und *transposition* eine starke *Handlungs*beteiligung der Lerner vor (Begrifflichkeiten: ›*animation grammaticale, dramatisation, récit de la leçon, comparaison-avec-la-vie-de-l'élève*‹).[20] Während letzteres sich nur schwer theoretisieren läßt, ist die Anbindung unterrichtlichen Handelns und Sprechens an die Spiel- und Rollentheorie durchaus möglich – für das Spiel sogar bereits seit der pädagogischen Reformbewegung. Der Konsens in dieser Richtung läßt allerdings Varianten in der Beurteilung zu: Spiel kann angesehen werden als ›Schule‹ für späteres Leben, resultierend aus der spielerischen Auseinandersetzung des Kindes mit seiner Umwelt, oder als Freiraum, in dem das Individuum losgelöst von der Umwelt *handelt*.[21] Beide Aspekte – der eine mehr inhaltlich orientiert, der andere unter Motivationsgesichtspunkten – werden von der Sprachpädagogik in Dienst genommen. Der breite Fächer des spielerischen Handelns im Sprachunterricht – als Kommunikations-, Sprach-, Rollenspielen – erlaubt inzwischen sogar, theoretische Annahmen von der Praxis her zu revidieren.[22]

5.3. Struktur des Dialogs

Nach den Kategorien des Hervorbringens von ›Sinn‹[23] ist Sprache soziales Handeln *par excellence*; »denn das Sprechen stiftet ja gerade intersubjektiv verstandenen und geltenden Sinn«.[24] Damit ist schon der ›dialogische‹ Charakter sprachlichen Handelns umschrieben: Verstehen darf nicht als reines Dekodieren einer (sprachlichen) Äußerung aufgefaßt werden, sondern besteht »in der Synthese der eigenen Erfahrungen und Erwartungen mit dem Gehörten«.[25] Der Hörer muß die Intentionen des Sprechers genau rekonstruieren können, um ihn in einem spezifischen Kontext zu verstehen. Für die Produktion von Äußerungen gilt ähnliches: Der Sprecher muß nicht nur seine Intentionen versprachlichen können, sondern er muß auch das Verhalten seines Gegenüber – unter Berücksichtigung der Gesamtsituation, in der die Kommunikation stattfindet – richtig antizipieren können, um die gewünschte Reaktion zu erzielen. Das heißt:
»In der Kommunikation sind die Fähigkeit zum Hervorbringen von Äußerungen und die Fähigkeit zum Verstehen von Äußerungen nicht zu trennen, da
– jeder Dialogpartner im gleichen Dialog Äußerungen hervorbringt und versteht;
– das Hervorbringen gerade ein Moment des Verstehens antizipiert und das Verstehen ein Moment des Hervorbringens rekonstruiert.«[26]

Durch dieses Antizipieren und Rekonstruieren wird Kommunikation im Dialog durch ständige Reflexion begleitet, die als solche nur ins Bewußtsein tritt, wenn auf der Ebene der Sachrelation (durch Falsch-Aussagen, Irrtümer) oder der Ebene der Beziehungsrelation (durch Herrschaftsanspruch, Demütigung) etwas nicht verstanden oder nicht akzeptiert wird. Dann tritt neben das *Kommunikative Handeln* der *Diskurs*, der damit zu einem konstitutiven Element der Struktur des Dialogs wird. (Zur begrifflichen Klärung vgl. Text 8.1. im Anhang sowie den Exkurs zu Kapitel 2., S. 39). Habermas unterscheidet diese beiden Aspekte folgendermaßen:

»Wir können (...) zwei Formen der Kommunikation (oder der ›Rede‹) unterscheiden: *kommunikatives Handeln* (Interaktion) auf der einen Seite, *Diskurs* auf der anderen Seite. Dort wird die Geltung von Sinnzusammenhängen naiv vorausgesetzt, um Informationen (handlungsbezogene Erfahrungen) auszutauschen; hier werden problematisierte Geltungsansprüche zum Thema gemacht, aber keine Informationen ausgetauscht. In Diskursen suchen wir ein problematisiertes Einverständnis, das im kommunikativen Handeln bestanden hat, durch Begründung wiederherzustellen: in diesem Sinne spreche ich fortan von *(diskursiver)* Verständigung.«[27]

Didaktischer Kommentar

Im Zusammenhang mit dem Situationsbegriff wurde der Dialog – als methodisches Prinzip und als Lehr›text‹ – in den fachdidaktischen Konsens überführt und den seit Ende der 50er Jahre in Frankreich auf der Basis von wortstatistischen Erhebungen[28] erstellten audio-visuellen Lehrmethoden als durchgängiger und wichtigster Lehrwerksbestandteil zugrunde gelegt. Er ist, wie Galisson sagt, »l'une des pièces maîtresses de la méthodologie moderne«[29] und folgt als solcher bestimmten Gesichtspunkten:[30]

- er soll *motivierend* sein, d. h. sich der Interessen- und Motivationslage der Lerner anpassen (thematisch-anekdotische, landeskundliche, etc. Gesichtspunkte);
- er soll *wahrscheinlich* sein, d. h. eine Sprache bieten, die der Lerner auch in *natürlichen* Situationen (auf Reisen, am Radio, etc.) wiedererkennt;
- er soll *kohärent* sein, d. h. nicht mehrere Aktionen oder mehrere Schauplätze im zeitlichen Nach- oder gar Nebeneinander vorführen;
- er soll *einfach* sein, d. h. zu Beginn nicht mehr als zwei oder drei Protagonisten versammeln;
- er soll *kurz* sein, sowohl in bezug auf die einzelnen Sprechteile wie in bezug auf den Dialog in seiner Gesamtheit;
- er soll *offen* sein, d. h. wie ein Teil einer Biographie fortsetzbar sein, oder aber als reproduzierbares Grundmuster für ähnlich verlaufende Kommunikation dienen können.

In dieser Form, aber erweitert um pragmatische Faktoren, wird der Dialog nach der audio-visuellen, global-strukturellen Methode[31] unterrichtet:

»C'est pourquoi, nous avons cherché à enseigner dès le début la langue comme un moyen d'expression et de communication faisant appel à toutes les ressources de notre être: attitudes, gestes, mimiques, intonations et rythmes du dialogue parlé. Nous voulons que l'élève change en partie de personnage: qu'il oublie en partie le rôle qu'il joue depuis son enfance avec des partenaires de sa propre nationalité et de sa propore langue, pour entrer un peu dans la manière d'être et de parler des Français.

Pour cela, il est indispensable de présenter à l'élève des personnages français vivant et dialoguant en français sous ses yeux: amusants et sympathiques, aussi peu intimidant que possible afin, en les imitant, de s'identifier à eux, et de s'approprier leur langage en se les appropriant.«[32]

Gegen diese Form des Dialogunterrichts lassen sich unschwer Einwände formulieren:

1. Es wird der Eindruck erweckt, als handele es sich um einen *natürlichen* Dialog, nicht aber um den durch die artifizielle Klassenzimmersituation bedingten *didaktischen* Dialog.[33]
2. Mit dem Dialog wird die Aufgabe der totalen Memorisierung als erstem wichtigen Lernschritt und ein Identifizierungs- und Anpassungszwang verbunden: Die Lerner können nicht als sie selbst sprechen.[34]
3. Es fehlt der Kommentar als komplementäre Textsorte[35] und damit – vom Medium her – die Möglichkeit, die Verständigung *über* das primäre Dialoggeschehen herbeizuführen, also das *diskursive* Element.

Wenn eingangs vom fachdidaktischen Konsens die Rede war, bezog er sich nur auf die grundsätzliche Berücksichtigung von Sprache als Dialog, nicht auf eine spezielle Methode. Ein Konsens auch im Methodischen zeichnet sich gegenwärtig im Überschneidungsfeld der Diskussion um den ›*social event*‹ und den *didaktischen Dialog*[36] ab, nachdem sich gezeigt hat, daß »die scheinbar so überzeugende Gleichung *Dialog im Unterricht = Erweiterung der kommunikativen Kompetenz* nicht so ohne weiteres aufgeht«.[37]

Wenn die Dialogsituationen im Unterricht so konstruiert und organisiert sein sollen, daß sie den Schülern Elemente der Redeakte erfahrbar machen, dann sind nach Bludau[38] folgende Überlegungen anzustellen:

– Wie sind die Rollenverhältnisse im Dialog?
– Welche kommunikativen Intentionen soll der Dialog realisieren?
– Welche konkrete sprachliche Ausformung könnte sich aus der Kombination von Gesprächskonstellation und kommunikativer Intention ergeben?
– In welchem Verhältnis soll das konstante Dialogmaterial zum variablen stehen?
– Wie soll das zahlenmäßige Verhältnis von Partnern und Parts im didaktischen Dialog aussehen?

Während bei der ersten Überlegung eine Abfolge möglicher Gesprächskonstellationen entworfen wird (*reaktiver* → *direkter* → *aktiver* → *umlaufender* Dialog), erfolgt bei der zweiten eine Korrelierung mit möglichen kommunikativen Intentionen, für die Bludau keine logische Begründung gibt. Es läßt sich nur feststellen, daß eine Reihe von *kommunikativen Intentionen* jeweils gebündelt einem Dialogtyp zugeordnet wird, z. B.

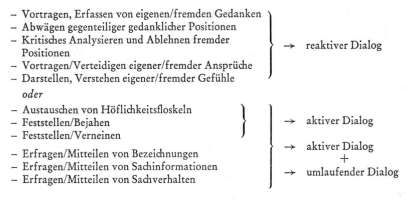

Die beiden letzten Überlegungen versuchen, die formale, quantifizierbare Seite des didaktischen Dialogs darzustellen;[39] das ist sicher ein gangbarer Weg, und er müßte ausgebaut werden: »Zu fragen ist, ob das *cognitive code learning* die Arbeit mit Dialogen begleiten muß. Ist es nötig, daß abstrahiert wird, um illokutive Handlungen für Schüler bewußt zu machen *und wann?*«[40] Diese Fragen sind zu bejahen; H. Walter [41] hat – aus der Tradition der französischen Sprachpädagogik – den kognitiven Aspekt stärker herausgestellt und durch umfangreiches Beispielmaterial seine Vorgehensweise dokumentiert: Seine Arbeit mit den dialogspezifischen Redeteilen (»Dialog als Textsorte«, »das affektive Element«, »die Abfolge von Dialogrepliken«) nach den Gesichtspunkten der *Ausgliederung, Kommutierung, Transformation, Umstellung, Rotation* (schwer strukturierbarer Segmente) liefert den kognitiv-diskursiven Anteil, ist eigentlich schon Metakommunikation über den Text; während sich Bludau zunächst und vor allem mit »illokutiven Akten«[42] beschäftigt. Beide Aspekte gehören indes zusammen – wie *kommunikatives Handeln* und *Diskurs*.

5.4. Elemente der Sprechsituation

Es lassen sich Elemente auflisten, »die notwendigerweise in jeder Sprechsituation auftreten und die von einer linguistischen Pragmatik erfaßt werden müßten«.[43] Solche Listen liegen von Habermas wie von Wunderlich vor; letztere wurde weiter oben (S. 50, verkürzt nach Weber) bereits wiedergegeben. Habermas macht folgende Zusammenstellung:

»1. Personalpronomina (wegen ihrer performatorischen/deiktischen Doppelfunktion rechne ich sie nicht zu den deiktischen Ausdrücken);
2. Worte und Wendungen, die zur Redeeröffnung und zur Anrede gebraucht werden (Grammatikalisierung: Vokativ, Honorativ);
3. deiktische Ausdrücke (des Raumes, der Zeit); Demonstrativa, Artikel, Zahlworte (Grammatikalisierung: Tempusformen, u. U. grammatische Modi);
4. performatorische Verben (Grammatikalisierung: Interrogativ, Imperativ, indirekte Rede);
5. nicht performativ zu verwendende intentionale Verben, einige Modaladverbien.

Diese Klasse von sprachlichen Ausdrücken nenne ich pragmatische Universalien, weil sie sich allgemeinen Strukturen der Sprechsituation zuordnen lassen: Klassen (1) und (2) den Sprechern/Hörern, Klasse (3) der Zeit der Äußerung, dem Ort und dem Wahrnehmungsraum des Sprechers/Hörers sowie den Gegenständen möglicher Prädikationen, Klasse (4) der Äußerung als solcher, dem Verhältnis des Sprechers zu seinen Äußerungen und der Relation zwischen den Sprechern und Hörern, und schließlich Klasse (5) den Intentionen, Einstellungen und Expressionen des Sprechers.«[44]

Habermas ist in erster Linie an der Ebene der Intersubjektivität, am Zustandekommen des Dialogs, an den Bedingungen möglicher Kommunikation interessiert. Da es gewisse universelle Bedingungen für das Zustandekommen von Dialogen geben muß, sind sie als »pragmatische« bzw. »dialogkonstituierende« Universalien zu postulieren, von denen – in diesem Zusammenhang – die Deixis und die Typen von Sprechakten besondere Beachtung finden sollten.

Didaktischer Kommentar

Der Situationsbegriff, der in der Lehrwerkforschung eine entscheidende Rolle spielt (s. o. S. 65), hat die Sprachpädagogik seit jeher beschäftigt, und zwar in seiner doppelten Ausformung als ›*situation-cadre*‹ wie als ›*particularisation de l'énoncé: elle est ce qui le rend plausible, réalisable*«.[45] Müller[46] hebt in gleicher Weise *Kontext* und *Situation* gegeneinander ab und stellt in der Diskussion um diese Begriffe zwei gegensätzliche Tendenzen fest:

»Auf der einen Seite die Tendenz zu genauer Aufteilung des strittigen Feldes, wobei ›Situation‹ als die *außersprachliche* Umgebung einer Äußerung (Sprecher, Ort, Zeit, Anlaß) und ›Kontext‹ als die sprachliche Umgebung (angrenzende Wörter, Sätze usw.) verstanden wird, – und auf der anderen Seite die Tendenz zu synonymischer Annäherung der Begriffe bis zur Möglichkeit freier Variation.«[47] Während für Müller noch die »Notwendigkeit eines beide Felder umfassenden Oberbegriffs«[48] als Desiderat im Raum stand, ist dieser Brückenschlag durch »die Struktur des Dialogs mit der Festsetzung des Sprechers als ›Origo‹ ..., eines Angesprochenen und der außerhalb des Dialogs Befindlichen, weiterhin die Abhebung des gegenwärtigen Dialogs von zeitlich und räumlich nicht Gegenwärtigem«[49] als pragmatisch-universell, d. h. in allen Sprachen zu verwirklichen, nunmehr erfolgt.

Müllers Vorschlag zur Erreichung eines situativen Mehr, zur Verstärkung der Kontextsuggestivität und zur Erleichterung der Identifizierung des Lernenden mit der Situation erfolgt ganz im pragmatischen Sinne:

»1. Bei der Wahl des thematischen Inhalts der situativen Unterrichtseinheit ist auf die psychologische Anziehungskraft der Sprecherrollen für die Schüler zu achten (und nicht nur auf landeskundliche Relevanz und Affinität zu bestimmten sprachlichen Inhalten).
2. Das Sprachmaterial sollte typische Brückenelemente zu außersprachlichen Gegebenheiten der Situation enthalten. Ein Satz mit Anrede, ›Peter, pass me the salt, please‹, wird nicht so leicht heruntergeleiert wie derselbe Satz ohne Anrede: ›Pass

me the salt, please‹. Auch andere Aufforderungselemente wie ›Look here‹, ›Now listen‹ und sonstige Formeln kommunikativen Sprechens (You see, Well) gehören hierhin.
3. Da emphatische fremdsprachliche (oder deutsche!) Intonation ein ziemlich sicheres Zeichen für Identifizierung ist, kann umgekehrt emphatische Intonation die bis dahin ausgebliebene Identifizierung nach sich ziehen, wenn sie vom Lehrer suggestiv vorgesprochen wird.
4. Dasselbe (wie 3) gilt für Gestik und Mimik (Partner an der Schulter fassen, mit dem Finger zeigen, Augenbrauen hochziehen).«[50]

Hüllen fordert als *erste* Aufgabe des Fremdsprachenunterrichts »die Lehre aller deiktischen Äußerungen«,[51] zu denen die Personalpronomina ebenso gehören wie Orts- und Zeitreferenzen (*ici, là-bas; here; there; this, that; ce, celui, celui-ci, celui-là; now, yesterday, tomorrow; maintenant, aujourd'hui*), Verbalaspekte, der bestimmte Artikel und Lexeme mit lokalen Merkmalen (*arriver, départ; to bring, to fetch*): Sie verweisen auf die *ich-hier-jetzt-Konfiguration*, die bei jedem Dialog zugrunde liegt. Wo Lehrmethoden diese Situationsspezifika nicht ausreichend berücksichtigen – für ihr Hinauszögern innerhalb des Kursfortgangs spielen häufig nur Gesichtspunkte der linguistischen Progression eine Rolle –, sind sie vom Lehrer im *classroom discourse* einzuführen und in einem lernpsychologisch begründeten Intervallprogramm systematisch umzuwälzen (Echo-Prinzip).

Die von Habermas skizzierten Typen von Sprechakten: Kommunikativa, Konstativa, Präsentativa und Regulativa (zur begrifflichen Verdeutlichung vgl. Text 8.1. im Anhang) zur Kennzeichnung bestimmter Arten von Sach- und Personenbezeichnungen sieht Hüllen – *zweite* Aufgabe einer pragmatisch orientierten Fachdidaktik – indirekt »durch die kontrastive Linguistik im lexikalischen und syntaktischen Feld betont«:[52] »Als Beispiel seien die sprachlichen Mittel angeführt, in denen sich soziale Beziehungen der Sprecher ausdrücken.«[53] Piepho formuliert im Anschluß an die vierte Diskursregel von Baacke (s. o. S. 42) die *These*, daß »in einem modernen Kurs zum Erlernen einer Zweitsprache ... weit wichtiger als die formale Schulgrammatik und deren Sequenzierung eine *Progression und eine Grammatik der kommunikativen Register, Absichten und Ausdrucksqualitäten* (sei), und zwar von Anfang an und in jedem Stadium bewußt reflektiert«.[54] Die linguistische Präzisierung der Redemittel wird anhand der Habermas'schen Typologie vorgenommen; konkret bedeutet das z. B. für die Regulativa, daß in einem Kurs, der früh Imperativformen einführt, zugleich auch die Mittel zur Abwehr, Hinterfragung, Zustimmung mitvermittelt werden:

»Go to Peter and get his pen! – What for? – I have no pen with me. – But I must ask him. – Allright, ask him.«[55]

Piepho hält die Berücksichtigung solcher diskusiver Elemente auf allen Stufen für möglich; nach Hüllen[56] und Dietrich[57] setzt der Diskurs einen so hohen Grad an zielsprachlicher Kompetenz voraus, daß er sich andeutungsweise nur im sehr fortgeschrittenen Fremdsprachenunterricht verwirklichen läßt. I. Dietrich legt Beispiellisten für die vier Sprechakttypen vor,[58] anhand derer Oberstufenschüler durch kontinuierliche Wortfeldarbeit zu immer differenzierterer Einsicht in Sprechakte und -situationen gebracht werden könnten. Interessant ist ihr Vorschlag, literarische, hier dramatische Texte – als leicht zugänglicher und überschaubarer Vorrat an ›Kommunikativen Protokollen‹ – für diese Arbeit der Sensibilisierung zu benutzen: Für die Szene aus *Antigone* von J. Anouilh, in der Créon Antigone dazu bringen will, ihre Zustimmung zum Vertuschen ihres ›Vergehens‹ zu geben, schlägt sie folgendes Lernziel vor: »Die Schüler sollen die vorliegende Sprechsituation als Konfliktsituation von großer Tragweite erkennen und die intrapersonalen Konflikte beider Personen schildern können. Auf interpersonaler Ebene sollen sie die einzelnen Etappen des Konflikts zwischen Kreon und Antigone nachzeichnen können, indem sie die betreffenden Sprechakte benennen und gleichzeitig die Änderung des Beziehungsaspekts im Verlauf der Szene beschreiben.«[59]

Sie skizziert als »mögliches Interpretations-Ergebnis«:

»Phase régulative

Dans les premières répliques, la relation Créon-Antigone est nettement complémentaire : Créon, à la fois impérieux et inquiet, interroge Antigone, et elle lui répond. Dans la réplique suivante, il lui donne un ordre, mais elle refuse d'obéir.
  Ce refus d'Antigone va changer la situation. Créon qui voulait déceler le crime d'Antigone par pitié d'elle, et aussi par le souci de son propre prestige, doit reconnaître que son projet va échouer. Il commence à regarder Antigone maintenant comme une adversaire égale et non plus comme une petite fille désobéissante qui ne veut pas entendre raison. Alors Créon médite un autre stratagème pour garder sa supériorité. Mais pour le moment, leur relation mutuelle est symétrique. La fin de la tragédie va même montrer qu'Antigone est la plus forte des deux.

Phase communicative

Créon continue d'interroger Antigone. Mais cette fois, il ne le fait pas dans l'intention de lui donner des ordres, mais de comprendre le motif de son acte absurde. Antigone lui révèle qu'elle a désobéi à son édit pour l'amour de son frère. Créon ne peut pas accepter ce motif.

Phase constative

C'est pourquoi Créon change encore une fois de stratagème. Il cherche à dénigrer l'acte héroique d'Antigone par une supposition malveillante : Il prétend qu'Antigone a compté sur sa pitié, parce qu'il est son oncle et son futur beau-père; en plus, il l'accuse d'avoir cru que, comme fille d'un roi, elle échapperait à la peine de mort.

Phase représentative

Antigone refuse ces suppositions. Elle se déclare pleinement consciente des conséquences de son acte et se montre résolue à accepter la mort.
  Par cette attitude, la situation symétrique entre Créon et Antigone, que Créon a voulu fausser par ses suppositions, est restituée. Par sa résolution ferme de mourir pour que son frère trouve la paix dans sa tombe, Antigone manifeste même une certaine supériorité á l'égard de Créon.

Conséquence
Rupture de la communication: Créon comprend que sa stratégie a échoué. Il rompt donc le dialogue avec Antigone et commence à l'accuser et a l'insulter dans un long monolgue.«[60]

Hier können allerdings nur summierte Unterrichterfahrungen − möglichst im Teamteaching-Verfahren gemeinsam und dazu im Erst- und Fremdsprachenunterricht gesammelt − zeigen, ob dieser Ansatz *so* durchzuführen ist.

5.5. Sprechakte

(Zu den zur Bestimmung von Sprechakten gebräuchlichen Begrifflichkeiten *Lokution, Illokution, Perlokution* siehe die Texte 8.1., 8.2. und 8.4. im Anhang.)

B. Schlieben-Lange behandelt die Sprechakte ausführlich in dem Kapitel über »die empirischen Aufgaben einer linguistischen Pragmatik«[61] und sucht vor allem das mit *Illokution* überschriebene Aufgabenfeld zu klären. Unter Illokution (›illokutionäre‹ Akte; illokutive Kraft) ist der intentionale (kommunikative, handlungsmäßige) Aspekt einer Äußerung gemeint, wie er durch die sogenannten *performativen* Verben (wie behaupten, sagen, drängen, kritisieren, warnen, etc.) oder in sogenannten explizit performativen Formeln (EPF) nach der Struktur

›ich ...... dir, daß ....‹
  VERB   SATZ

(z. B. ›Ich verspreche dir hiermit, daß ich morgen komme‹)[62]

signalisiert wird. Eine Bestandsaufnahme performativer Verben wäre eine Aufgabe der linguistischen Pragmatik, um zu Aussagen über die Universalität von Sprechakten zu kommen; darüber hinaus auch »die Untersuchung weiterer Verfahren, die illokutive Kraft haben«,[63] z. B. Modus, Betonung, Adverbien und adverbiale Bestimmungen, Konjunktionen, begleitendes Verhalten des Sprechers, Umstände der Äußerungssituation.[64]

»Besonders wichtig dürfte die Untersuchung der sog. ›illokutiven Indikatoren‹ (Wunderlich), ›Modalpartikeln‹ oder ›Abtönpartikeln‹ sein, denen wohl, als vorsichtigerer und abgeschwächterer Ausdrucksmodalität, in unserer Gesellschaft der Vorzug gegeben wird gegenüber den härteren und verbindlicheren performativen Verben. Ein weites Feld, das noch überhaupt nicht in Angriff genommen ist, wäre schließlich die Untersuchung nicht-sprachlicher, jedoch konventionalisierter Zeichen mit illokutiver Kraft, z. B. Handschlag, Verbeugung usw. Derlei ist wohl im Rahmen der Semiotik, sofern sie sich mit nichtsprachlichen Zeichensystemen befaßt, untersucht worden, jedoch nicht im Hinblick auf die damit verbundenen Handlungsverpflichtungen.«[65]

Das heißt im Grunde, daß performative Verben nicht *per definitionem* mit bestimmten Illokutionen deckungsgleich sind, sondern daß performative Verben *erstens* mit ganz unterschiedlicher, auch von ihrer Grundbedeutung abweichender illokutiver Kraft verwendet (z. B. Frage als Befehl, Versprechen als Drohung, etc.) und daß *zweitens* ganz andere Verfahren zur Ausführung von Sprechhandlungen verwendet werden können, z. B. die sogenannten Abtönpartikel im Deutschen als Ausdruck sozialer Beziehungen:

»Was in dieser Hinsicht aus der Satzreihe

Kommen Sie bitte pünktlich
Kommen Sie pünktlich
Kommen Sie ja pünktlich
Kommen Sie bloß pünktlich
Kommen Sie mir ja bloß pünktlich
Komm' bitte pünktlich... etc.

hervorgeht, ist im Englischen in den seltensten Fällen durch ähnliche Partikel (*please*), zumeist dagegen durch *question tags*, Intonation oder andere syntaktische Mittel (*Please, do come in time*) auszudrücken. Die sich dadurch ergebenden Kontraste, die für das Glücken eines Kommunikationsaktes entscheidender sein können als fehlerhafte/richtige Aussprache oder Un/Kenntnis syntaktischer Regeln, sind noch wenig erarbeitet und kommen im Fremdsprachenunterricht nur sporadisch zu Wort.«[66]

Didaktischer Kommentar

Der Kommentar sei in Form einer Feststellung – semiotische Aspekte betreffend – gegeben und als Liste von Forderungen zu Sprechhandlungs*sequenzen*, da es offensichtlich »schwierig ist, *einzelne* Sprechakte aus längeren Sequenzen herauszulösen«,[67] und Lehrtexte in der Regel aus Sequenzen bestehen.

(1) Die Fremdsprachendidaktik hat schon sehr früh im Bemühen darum, »alle Faktoren voll zu bestimmen, die den einzelnen Sprechakt determinieren«,[68] semiotische Fragestellungen in ihre Argumentation einbezogen, und zwar aufgrund der Tatsache, daß nicht mehr als 35 % des in der sozialen Interaktion Mitgeteilten verbaler Natur ist[69] und daß andere Zeichensysteme (Gestik, *body idiom*,[70] *kinesic systems*[71]), die dem menschlichen Sinneswahrnehmungsapparat zugeordnet sind, integrale Bestandteile der Kommunikationsstruktur darstellen; als solche sind sie im Fremdsprachenunterricht zu berücksichtigen: »Das heißt zugleich, daß solche nichtsprachlichen Systeme beobachtet, registriert und kategorisiert werden, damit sie vom Sprachunterricht sinnvoll in Funktion genommen werden können. Fleming[72] fordert die Erstellung von ausgesprochenen *gesture repertoires*, in denen neben den instinktbegründeten, d. h. speziesübergreifenden Merkmalen (z. B. typische Gestik der Abwehr, der Furcht, etc.) vor allem kulturkreistypische Elemente Berücksichtigung finden müßten. Diese Unterscheidung ist höchst signifikant: Während der Code der instinktiven Bewegungs- und Äußerungsmerkmale spontan erfaßt werden kann, ist der sogenannte *culture-based code* (Fleming) wie jedes sekundäre Symbolsystem auf den planmäßig herbeigeführten Lern-

akt angewiesen. Es ergeben sich dabei hinsichtlich des Fehlersystems, der Interferenzen, der konzeptuellen Kongruenzen und Nichtkongruenzen und der semantischen Differenzierung häufig die gleichen Probleme wie auf der Ebene des sprachlichen Codes.«[73]

(2) Der Lerner muß die Fähigkeit erwerben, sich rollengerecht in einer bestimmten Situation zu verhalten, um als Sprecher und Hörer gegenseitige Erwartungen erfüllen zu können, die eine Sprechhandlungssequenz gelingen lassen. (Vgl. hierzu auch Text 8.2. im Anhang.) Dazu gehört beispielsweise, daß er die gängigen Gruß-, Dankes- und Gesprächsbeginnformeln kennt, wie sie – als selbstverständlich – zu Beginn vieler Dialoge zu finden sind:

›Salut, Nicole. Comment vas-tu?
Merci, je vais bien. – Et toi?
Moi, ça va.‹[74]

– Der Lerner muß auch mißlungene oder nicht erfüllte Sprechakte kennenlernen, damit er imstande ist, Kommunikationsschwierigkeiten zu überwinden bzw. sich gegenüber ungerechtfertigten illokutiven Akten zu wehren. Beispiele, die dieser Forderung entsprechen, lassen sich in Lehrwerken auch modernen Zuschnitts nur selten finden:

›Mme Arnaud: Il me faut un pot de crème fraîche et des yaourts. Puis de l'huile d'olive, des pâtes, un paquet de riz et un peu de jambom.
Epicier: Je n'en ai plus, madame, mais j'ai du bon saucisson. Je vous en donne un morceau?
Mme Arnaud: Non, merci. Je n'en veux pas aujourd'hui.‹[75]

Die Erwartungen des Lebensmittelhändlers werden nicht erfüllt, weil Madame Arnaud seine Frage, die er als Bestellung durch die Kundin bestätigt hören möchte, nicht akzeptiert.

Auf diese Weise lernt der Schüler, in einem Geschäft einen Gegenstand zurückzuweisen, der statt des eigentlich gewünschten angeboten wird.

– Dort, wo in einer Sprechhandlungssequenz häufig die EPF anzutreffen sind, sollten sie auch im Unterricht verwendet werden, damit der Schüler nicht nur lernt, »propositionale Feststellungen zu treffen, sondern diese auch mit einem kommunikativen Wert zu versehen«.[76] Hüllen [77] gibt als Beispiele u. a. folgende, den Kommunikativa und den Konstativa zuzurechnende Wendungen:

›I should think.‹
›I want to say.‹
›Let me tell you ...‹
. . . .
›What I mean is ...‹

Solche EPF und vor allem die performativen Verben, die mit der argumentativen Qualität des Gesprächs zu tun haben (*maintenir, protester, confirmer, discuter, argumenter, avancer, affirmer, assurer, refuser,* etc.), sollten im Unterricht und in Lehrwerken systematisch – auch im Sinne des Umwälzverfahrens – zur Anwendung kommen. Auszählungen haben allerdings ergeben, daß in sämtlichen Dialogen eines Französischlehrwerks lediglich folgende Wendungen zu finden sind:

›Je crois que...‹
›Tu ne trouves pas?‹
›Je pense...‹
›Je dis que...‹
›Je leur dirais que...‹

und daß von den Verben eines Grundkurses (Français Fondamental + Ergänzungen) nur ca. 30 performativen Charakters sind.[78]

– Der Lerner soll im fortgeschrittenen Unterricht kommunikative Akte nicht nur bis zu einem gewissen Grad beherrschen, sondern auch als solche erkennen und reflektieren, d. h. die pragmatischen Elemente müssen explizit gemacht werden. Die Sprechhandlungssequenz,

»Gendarme: Alors, Monsieur, vous ne savez pas qu'il est interdit de stationner sur l'autoroute?
M. Porquier: Si. Mais j'ai une panne d'essence. C'est de ma faute, je sais. Mais je n'y ai pas pensé. On vient l'appeler le service de dépannage«,

folgt dem Schema *Vorwurf – Rechtfertigung*. Damit der Lerner erkennt, daß der grammatische Modus der Frage einen Vorwurf beinhaltet, bedürfte es (zur Beschreibung dieses Sprechaktes) etwa folgender – an dieser Stelle des Kurses allerdings nicht verfügbarer – Verben: *reprocher, critique/accuser, expliquer, s'excuser*, etc.

– In Lehrwerken und im konkreten Unterricht soll von Lernzielformulierungen nach Sprechakttypen ausgegangen werden, aufgrund derer der Lerner »unter den Bedingungen einer konkreten Situation«[79] einem Gegenüber etwas erläutern, befehlen oder vorschlagen, ihm Vorgänge schildern oder Erlebnisse erzählen, ihm zustimmen oder widersprechen kann, etc. Dann entfallen Äußerungen von der Art

– L'Auberge du Tunnel est plus grande et moins chère que le Grand-Hôtel;
– L'Hôtel des Touristes est moins grand et moins cher que la Grand-Hôtel;

bei denen es sich um propositionale Aussagen von festgelegter linearer Struktur handelt. Statt dessen wäre die Einübung eines grammatischen Musters als Sequenz illokutiver Akte nach folgenden Mustern zu gestalten:

›I think...is not so...as...‹
›I can't agree with you.‹
›...can be just as...as...‹
›Don't you agree that...are more/less...than...?‹
etc.[80]

Hier wird in einer argumentativen Sprechhandlungssequenz das kommunikative Lernziel ›*über persönliche Ansichten argumentieren* bzw. *Vorurteile relativieren*‹ mit Hilfe der grammatischen Strukturen der Gleichheit/Ungleichheit angestrebt.

Aufgaben:

(Nach Pelz, H.: Linguistik für Anfänger. Hamburg 1975. Siehe auch Text 8.1. im Anhang. Daselbst weitere Aufgaben.)

– Kennzeichnen Sie im folgenden Text a) alle Neueinführungen, b) alle Textverweise (Rückverweisungen); nicht nur hinsichtlich der Wortart, sondern ggf. auch in lexikalisch-semantischer Hinsicht:
›*Er war hier am Waldrand, dort war ein Transformatorenhäuschen, dort war ein Milchstand, dort war ein Feld, dort waren ein paar Figuren /.../. Später bemerkte er, daß die Figuren auf dem Feld Gendarmen mit Hunden waren. Neben einem Brombeergebüsch, halb schon unter den Brombeeren, fand Bloch dann ein Kinderfahrrad. Er stellte es auf. Der Sattel war ziemlich hochgeschraubt wie für einen Erwachsenen. Im Reifen steckten einige Brombeerstacheln, ohne daß deshalb aber die Luft ausgegangen war. In den Speichen hatte sich ein Fichtenast so verfangen, daß er das Rad blockierte. Bloch riß an dem Ast. Dann ließ er das Rad fallen in der Meinung, die Gendarmen könnten von weitem in der Sonne die Reflexe der Scheinwerferkappe sehen. Die Gendarmen waren aber schon mit den Hunden weitergegangen.*«
(Handke, P.: Die Angst des Tormannes beim Elfmeter. Frankfurt/M. 1970, S. 47.)
(Stichworte: situationsabhängige/situationsunabhängige Referenzmittel.)

– *Führen Sie unter Verwendung pragmatischer Kategorien eine Analyse und (implicite) einen Vergleich der folgenden drei Passagen aus* ›Topaze‹ *von Marcel Pagnol (Paris 1930) durch:*
(Topaze und Tamise sind Lehrer in einem Internat, das von Monsieur Muche geleitet wird. Seine Tochter Ernestine ist ebenfalls Lehrerin dort.)
  a) *(Topaze hat Ernestine soeben ein Fläschchen mit roter Tinte als Geschenk überlassen, das ihr zu leihen sie ihn gebeten hatte.)*

1 *Ernestine: Merci, monsieur Topaze.*
2 *Topaze: Tout à votre service, mademoiselle...*
3 *Ernestine: (elle allait sortir, elle s'arrête)*
4 *Tout à mon service? C'est une phrase toute faite, mais vous la dites*
5 *bien!*
6 *Topaze: Je la dis de mon mieux et très sincèrement...*
7 *Ernestine: Il y a quinze jours, vous ne la disiez pas, mais vous étiez*
8 *beaucoup plus aimable.*
9 *Topaze: (ému) En quoi, mademoiselle?*
10 *Ernestine: Vous m'apportiez des boîtes de craie de couleur, ou des*
11 *calendriers perpétuels, et vous veniez jusque dans ma classe corriger*

12 les devoirs de mes élèves ... Aujourd'hui, vous ne m'offrez plus de
13 m'aider ...
14 *Topaze:* Vous aider: Mais si j'avais sollicité cette faveur, me l'eus-
15 siez vous accordée?
16 *Ernestine:* Je ne sais pas. Je dis seulement que vous ne l'avez pas
17 sollicitée. *(Elle montre le flacon et elle dit assez sèchement)* Merci
18 tout de même ... *(Elle fait mine de se retirer.)*
19 *Topaze:* *(très ému)* Mademoiselle, permettez-moi ...
20 *Ernestine (sèchement):* J'ai beaucoup de travail, monsieur Topaze.
21 ... *(Elle va sortir. Topaze, très ému, la rejoint.)*
22 *Topaze:* *(pathétique)* Mademoiselle Muche, mon cher collègue, je
23 vous en supplie: ne me quittez pas sur un malentendu aussi complet.
24 *Ernestine:* *(elle s'arrête)* Quel malentendu?
25 *Topaze:* Il est exact que depuis une semaine je ne vous ai
26 offert mes services; n'en cherchez point une autre cause que ma
27 discrétion. Je craignais d'abuser de cotre complaisance, et je re-
28 doutais un refus, qui m'eût été d'autant plus pénible que le plaisir
29 que je m'en promettais était plus grand. Voilà toute la vérité.
30 *Ernestine:* Ah? Vous présentez fort bien les choses ... Vous êtes beau
31 parleur, monsieur Topaze ... *(Elle rit.)*
32 *Topaze:* *(il fait un pas en avant)* Faites-moi la grâce de me confier
33 ces devoirs ...
34 *Ernestine:* Non, non, je ne veux pas vous imposer une corvée ...
35 *Topaze:* *(lyrique)* N'appelez point une corvée ce qui est une joie ...
36 Faut-il vous le dire: quand je suis seul, le soir, dans ma petite
37 chambre, penché sur ces devoirs que vous avez dictés, ces problèmes
38 que vous avez choisis, et ces pièges orthographiques si délicatement
39 féminins, il me semble *(Il hésite puis, hardiment)* que je suis encore
40 près de vous ...
41 *Ernestine:* Monsieur Topaze, soyez correct, je vous prie ...
42 *Topaze:* *(enflammé)* Modemoiselle, je vous demande pardon; mais
43 considérez que ce débat s'est engagé de telle sorte que vous ne pouvez
44 plus me refuser cette faveur sans me laisser sous le coup d'une im-
45 pression pénible et m'infliger un chagrin que je n'ai pas mérité.
46 *Ernestine:* *(après un temps).*
47 Allons, je veux encore céder encore une fois ... *(Elle ouvre sa serviette*
48 *et en tire plusieurs liasses de devoirs, l'une après lautre.)* *(S. 13–16)*

- Wie schätzt Ernestine Topaze ein?
- ›Merci, monsieur Topaze. – Tout à votre service, mademoiselle‹ (Z. 1). Was für eine Art von Sprechhandlung liegt hier vor? Was geschieht in den folgenden Repliken mit ihr.
- ›Aujourd'hui, vous ne m'offrez plus de m'aider‹ (Z. 12/13). Interpretieren Sie diese Äußerung Ernestines unter pragmatischem Aspekt.

- *Topaze:* ›Il est exact que ... services‹ *(Z. 25–26)*.
- *Wozu verwendet Topaze den dominierenden Satz (den einleitenden Hauptsatz), der semantisch gesehen der Ernestine ein Signal mit der Bedeutung* ›Das folgende ist zutreffend‹ *gibt?*
- *Was sagt man entsprechend im Deutschen:* ›Es stimmt, daß ...‹ *oder* ›Es ist richtig, daß ...‹? *Welche der folgenden illokutiven Indikatoren könnte man hier zur Verdeutlichung der Intention dem Hauptsatz hinzufügen:* frz. certes *(am Anfang des Hauptsatzes) oder* donc?, dt. nämlich *oder* freilich *oder* schon?
- *Wie würden Sie die Interaktionsstruktur zwischen Topaze und Ernestine hinsichtlich der Unterscheidung* symmetrisch/komplementär *(nach Watzlawick, op. cit.) beschreiben?*
- *Welcher Strategie folgt Ernestine mit und in ihrem sprachlichen und nichtsprachlichen Handeln? (s. besonders Z. 16–20; Z. 30–40 und Z. 47/48).*

b) *Nach dem Originaldialog Topaze–Ernestine folgt seine* ›Bewertung‹ *durch beide Dialogpartner:*

1 *Tamise:* ... *Il me semble que ça marche assez fort?*
2 *Topaze: Et tu ne sais tout! (Confidentiel.) Tout à l'heure, elle*
3 *m'a positivement relancé.*
4 *Tamise: (étonné et ravi) Ah! bah?*
5 *Topaze: Elle m'a reproché ma froideur, tout simplement.*
6 *Tamise: (même jeu) Ah! bah?*
7 *Topaze: Elle n'a pas dit* ›froideur‹ *bien entendu ... Mais elle me l'a*
8 *fait comprendre, avec toute sa pudeur de jeune fille. Et j'ai obtenu*
9 *qu'elle me confie encore une fois les devoirs de ses élèves.*
10 *Tamise: Elle a accepté?*
11 *Topaze: Les voici. (Il désigne les liasses de devoirs.) Les voici.*
12 *Tamise: Et alors, tu n'as pas pu faire autrement que lui avouer ta flamme?*
13 *Topaze: Non. Non. Oh! je lui en ai dit de raides, mais je ne suis*
14 *pas allé jusqu'à l'aveu.*
15 *Tamise: Non?*
16 *Topaze: Non. (S. 37 f.)*

Verständnishilfen:
›elle m'a relancé‹ *(Z. 3):* ›sie hat mir einen neuen Aufschwung gegeben‹.
›je lui en ai dit de raides‹ *(Z. 13):* (etwa) ›ich habe ihr einiges Gewagte gesagt‹.

- *In welchen Wendungen zeigt sich die Einstellung, die Topaze dem Mädchen gegenüber hat?*
- *Wie gibt er seinen Dialog mit ihr wieder? Wie deutet er ihre und seine Sprechhandlungen (s. z.B.* ›me l'a fait comprendre‹, *Z. 7/8;* ›j'ai obtenu que‹, *Z. 8/9; ...)?*

- Warum stellt Topaze dem Tamise gegenüber den Originaldialog in dieser Weise dar?
- Die Pragmatik bzw. die Textlinguistik kennt den Typ der redereferierenden Verben und, ihm verwandt, den Typ der rederesümierenden Verben. Versuchen Sie an den Beispielen aus dem Text ›elle m'a relancé‹, ›elle m'a reproché‹, ›elle a accepté‹ das Funktionieren dieser Verben zu beschreiben. Finden Sie in dieser Passage auch noch andere solche Verben oder Verbalausdrücke?
- Beschreiben Sie die Sprechhandlungssequenzen
  a) in dem von Topaze berichteten Dialog,
  b) im Wechsel der Äußerungen zwischen Topaze und Tamise.

c) Muche: (il ouvre la classe d'Ernestine)
1 Ernestine ... viens ici ... (Elle entre.) Est-ce vrai que tu fasses corri-
2 ger tous des devoirs par Topaze?
3 Ernestine: Oui, c'est vrai.
4 Muche: Pourquoi?
5 Ernestine: Parce que c'est un travail qui me dégoûte. Cette classe
6 enfantine, j'en ai horreur. Pendant que d'autres se promènent avec
7 des manteaux de fourrure, je reste au milieu de trente morveux ...
8 Tu crois que c'est une vie?
9 Muche: C'est la vie d'une institutrice.
10 Ernestine: Puisque je la supporte, tu n'as rien a dire. Et si je trouve
11 un imbécile qui corrige mes devoirs, je ne vois pas en quoi je suis
12 coupable ...
13 Muche: Je ne te reproche pas de faire faire ton travail par un autre. Le
14 principe même n'est pas condamnable. Mais pour quelle raison cet
15 idiot fait-il ton travail?
16 Ernestine: Parce que je le fais marcher.
17 Muche: Ouais ... Tu ne lui as rien donné en échange?
18 Ernestine: Rien. (S. 83 f.)

Verständnishilfen
›dégoûter‹: anwidern, anöden
›morveux‹: Rotznase
›supporter‹: ertragen
›imbécile‹: Dummkopf
›faire marcher qn.‹: jemanden an der Nase herumführen
›en échange‹: als Gegenleistung

- In welchen Wendungen kommt Ernestines und ihres Vaters Einschätzung des Topaze zum Ausdruck?
- Welche Interaktionsstruktur liegt dem Dialog zwischen Vater und Tochter zugrunde: symmetrisch oder komplementär?

- Wie ist Ernestines Frage an ihren Vater: ›Tu crois que c'est une vie?‹ pragmatisch gemeint?

(Die vorstehenden Aufgaben zeigen, daß die sprachliche Pragmatik nicht nur den Linguisten und Didaktiker und Lehrer interessiert, sondern auch dem Literaturwissenschaftler wertvolle Kategorien für die Textinterpretation an die Hand geben kann. Diese wiederum sind bei der Herstellung von Unterrichts- und Lehrtexten mitzuverwenden.)

Weitere Fragen und Aufgaben:

- *Untersuchen Sie die Ihnen zugänglichen Lehrbücher Ihres Faches in bezug auf das Vorhandensein von Kommunikativa, Konstativa, Representativa und Regulativa (vgl. I. Dietrich, op. cit., S. 226 f.) und versuchen Sie selbst, eine stärkere Pragmatisierung zu erreichen.*

- *Skizzieren Sie – nach dem Vorausgegangenen – die Problemstellung ›Ein Auslandsaufenthalt wird vorbereitet‹ für Ihren Unterricht. Welche Vorüberlegungen sind dazu erforderlich? Nehmen Sie dabei zu Hilfe:*
- Arnold, I.: Französischer Anfangsunterricht ohne Buch in Klasse 7. In: Arnold/Pasch (Hrsg.): Kooperativer Unterricht, Bd. II/3. Neue Sprachen. Stuttgart 1971, S. 30–42, und
- Dietrich, I., a.a.O., Anhang, S. 214 ff.

6. Die Bedingungssequenz Lehrplan, Lehrwerk, Methode, Unterricht. Lehrplansynopsis

These: Die Bedingungssequenz Lehrplan → Lehrwerk → Methode → Unterricht zeigt den auslösenden und determinierenden Einfluß von Lehrplänen auf Lehrwerkautoren, Methodiker und Unterrichtende. Es ist deshalb zu fragen, inwieweit der kommunikative Ansatz Eingang gefunden hat in neuere Lehrpläne, welche kommunikativen Ansätze überhaupt in geltenden Lehrplänen vorhanden sind (Synopsis), und es sind Vorstellungen im Sinne des übergeordneten Lernziels zu entwickeln.

Die oben angeführte Bedingungssequenz ist Beschreibung und Programm zugleich, letzteres vor allem deshalb, weil »die meisten Situationen, in die ein Lehrer gerät, didaktisch bereits vorentschieden sind«,[1] so daß die didaktische Reflexion ihr besonderes Augenmerk auf diese Vorentscheidungen zu richten und zu ihrer Aufdeckung beizutragen hätte. Das geschieht etwa durch die Analyse benutzter Lehrwerke, denn »das Lehrbuch organisiert potentielle Erfahrungen (Kenntnisse, Einsichten, Erlebnisse, Fertigkeiten), es beeinflußt durch den Zuschnitt des gedruckten Materials (Texte, Bilder, *substitution tables*, grammatische Descriptionen, etc.) das methodische Vorgehen des Lehrers, es prägt als Medium (gebundenes Buch als Träger von Informationen, nicht etwa Tonband oder Film) auch die Organisationsformen des Unterrichts«.[2] Lehrwerkautoren fällt also »gleichsam auf einer mittleren Ebene eine Dolmetschrolle zu: sie übersetzen den abstrakten Lehrplan wie das akademische Angebot in einen durchkomponierten, an Schüler einer bestimmten Altersstufe und Schulart gerichteten Lehrgang. (Das heißt:) im Auswählen, Gliedern, Arrangieren, bei der Festlegung der Ziele und Schritte folgen sie didaktischen Maßstäben«.[3]

Über diesen Vorgang der Vermittlung und Auswahl (und der mit ihm verknüpften Aufgabe der didaktischen Analyse) werden fachwissenschaftliche Zielsetzungen *nicht ohne weiteres* auf die Bildungsleistung bestimmter Fächer übertragen, sondern nur *im Hinblick* auf die ›anthropologischen Wissenschaften‹, deren Beitrag vor allem in der »Legitimierung der Aussagen anderer Gruppen«[4] liegt. Eine solche Legitimierung (oder besser: *Umdeutung*) erfolgt heute unter dem Begriff der Pragmatik, der einen Konsens nicht nur zwischen den sprachlichen Fächern (z. B. Deutsch, Englisch, Französisch), sondern auch zwischen den Grundwissenschaften und den sprachlichen Fächern ermöglicht. Welches sind die Elemente dieses ›Konsens‹?

(1) Sie liegen in den im universellen Rahmen und als empirische Aufgaben einer linguistischen Pragmatik[5] ausgewiesenen Begrifflichkeiten, die im vorhergehenden Kapitel dargestellt wurden: Begriff des ›Handelns‹, ›Struktur‹ des ›Dialogs‹, ›Elemente der Sprechsituation‹, ›Sprechakte‹.

(2) Sie liegen in der Durchsetzung einiger wichtiger Tendenzen, wie sie in jüngsten Lehrplänen und Richtlinien, etwa für das Fach Deutsch, zutage treten (z. B. Hessen, Nordrhein-Westfalen):

»– Das allgemeine didaktische Ziel des Sprachunterrichts wird in der Erweiterung der kommunikativen Fähigkeiten der Lernenden gesehen.
– Formaler Grammatikunterricht entfält zugunsten von Projektarbeit oder wird an Texte (Kontexte) angebunden.
– Schreib- und Sprechstrategien werden explizit unterschieden.
– Für die Lernenden relevante Kontexte treten in den Vordergrund (Umgangs- und Gebrauchssprache).
– Sprechen und Schreiben werden gesehen im Spannungsfeld divergierender Interessen (Produzent–Rezipient) u. a. m.«[6]

(3) Sie liegen in der expliziten Bezugnahme der sprachlichen Fächer untereinander, etwa zum Komplex »Reflexion über Sprache« für den Erstsprachenunterricht:

»Die Erörterung von Beschreibungsproblemen der Sprache als System hat im Grammatikunterricht der Schule eine lange Tradition. Da der Fremdsprachenunterricht ausdrücklich keine grammatischen Vorkenntnisse erwartet, entfällt eines der gängigsten Begründungsargumente für diesen Themenkreis. Auch die Steigerung der Sprachkompetenz durch solche Beschreibungsversuche kann nicht unmittelbar erwartet werden.«[7]

(4) Sie liegen in den mit der Reflexion über Sprache intendierten emanzipatorischen Tendenzen, die für den Erstsprachenunterricht in *vollem* Maße gelten (vgl. Kapitel 2., S. 38):

»Erst wenn der Schüler gelernt hat, die unterschiedlichen kommunikativen Wirkungen der einzelnen sprachlichen Mittel abzuschätzen und selber diese Mittel intentionsgemäß und situationsadäquat einzusetzen, kann von einer Erweiterung seiner Sprachhandlungskompetenz die Rede sein. Und erst wenn Reflexion über Sprache einen Beitrag dazu leistet, daß der Schüler die Handlungsnormen und Rollenstrukturen, denen seine Interaktionen unterliegen, als gesellschaftlich vermittelte, als historisch gewordene und darum veränderbare zu erkennen vermag, befähigt sie ihn zur selbstbestimmten und kritischen Teilhabe am gesellschaftlichen Verkehr.«[8]

Im Fremdsprachenunterricht geht die heutige »Tendenz weg vom imitativen hin zum kognitiven«[9] Unterricht, um den Schüler in den Stand zu setzen, abzuschätzen, wann, wo, wem gegenüber, mit welcher Intention usw. er eine bestimmte Äußerung tut. Die Kognition steht also auch hier im Dienste der Emanzipation: »Außer dem zeitökonomischen Faktor sprechen besonders die ... Dialogübungen, die einerseits ohne die Kenntnis der einzelnen Elemente gar nicht denkbar wären, andererseits aber Grundlage eines jeden emanzipatorischen Fremdsprachenunterrichts sein sollten, für eine Bewußtmachung.«[10] Eine solche Bewußtmachung kann durch gezielte Fragen zu den verschiedenen Elementen der Sprechsituation erreicht werden:[11]

- Who says this sentence? Who is the *speaker*?...
- Who are these sentences said to? Who is the *listener*?...
- What are the people's roles? What is their *relationship*?...
  - two equals
  - boss and worker
  - official and M. X.

.....

Ob allerdings die Bewußtmachung so weit getrieben werden soll, daß dem Lerner alle »neuen Elemente vom Inhalt und vom Terminus her bewußt werden«,[12] ist eine Frage, die sich wohl nur im Rahmen der Integration der sprachlichen Fächer (etwa in Form eines Großbereichs ›Sprach- und Kommunikationstheorie‹ und durch Kooperation mit dem Erstsprachenunterricht) positiv beantworten läßt.

(5) Die Elemente dieses ›Konsens‹ liegen in einer integralen Berücksichtigung des Beziehungsaspekts neben dem bisher im Vordergrund stehenden Inhaltsaspekt beim Kommunikationsakt.[13] Jede Äußerung übermittelt nicht nur Information (Inhalt), sondern dient auch dazu, die Einstellung des Sprechers zum Hörer (Beziehung) auszudrücken; nur auf diese Weise gewinnt sprachliches Handeln die Dimension *Sinn,* kann überhaupt von sozialem Handeln gesprochen werden: »Eine Linguistik, die Sprache aus ihrem Sinn- und Handlungszusammenhang herauslöst, verfehlt ihren Gegenstand.«[14] Daß mit dieser Sinn- und Handlungsdimension Rollenverteilungen legitimiert bzw. hinterfragt werden können, ließe sich anhand einer Kategorisierung des *classroom discourse* bzw. der Interaktion im Unterricht zeigen:

»L.: Nehmt eure Hefte heraus!
L.: Zeigt mir eure Hausaufgaben!
L.: Schlagt das Lesebuch auf!
L.: Lies bitte deine Hausaufgaben vor!

S.: Wir könnten ja mal ein Quiz machen.
S.: Könnten Sie uns nicht etwas vorlesen?
S.: Wir möchten gern ›Kofferpacken‹ spielen.
S.: Bitte, machen Sie doch heute mal etwas anderes mit uns!«[15]

Hier wäre z. B. zu fragen,
- ob es in der Natur der ›Sache‹ liegt, daß der Lehrer anordnet und die Schüler ausführen;
- warum die Schüler sich vorschlagend, wünschend, bittend äußern;
- welche Varianten in den Ausdrucksmitteln gegeben sind;
- wie sich die Beziehungen zwischen den Kommunikationspartnern durch solche Substitutionen jeweils ändern;
- etc.

Diese Art von Sensibilisierung für Handlungszusammenhänge, auf der Basis von Untersuchungen von Einzelformulierungen, ist im Erstsprachenunterricht sehr früh, im Fremdsprachenunterricht zumindest Ende der Sekundarstufe I möglich.

(6) Die Elemente dieses ›Konsens‹ liegen in der starken Betonung *semiotischer* Gesichtspunkte, die eine Dreidimensionalität der Sprachbeschreibung nahelegt, und zwar auf den Ebenen der »Syntaktik, der Semantik und der Pragmatik, wobei gezeigt werden kann, daß letztere die umfassendere ist und sich daher als Orientierungsrahmen des Sprachunterrichts schlechthin anbietet«.[16]

In diesen Rahmen läßt sich auch der Begriff der *Kommunikativen Kompetenz* einpassen, dessen pädagogische Realisierung in einer gleichmäßigen Verteilung von kommunikativen Chancen, als »Mittel zum Entwurf einer idealen Sprechsituation«,[17] liegt. Aufgrund der Tatsache, daß Kommunikation *auch* in »außerverbalen oder überhaupt nur analog kodierenden Medien«[18] ablaufen kann – Habermas geht allein vom »redenden Individuum« aus –, ist der Begriff der *kommunikativen Kompetenz* auch auf solche Strategien auszudehnen, »die mit ungleichen Kommunikationschancen oder mit Verständigungsmöglichkeiten über bzw. außerhalb der verbalen Kommunikation zusammenhängen«.[19]

Der Inhalt der eingangs erhobenen These sei in Form dreier Exkurse erschlossen, die dem folgenden Leitfaden nachgehen: (1) Inwieweit läßt der Konsens die Formulierung eines Lernziels *Kommunikation* zu? – (2) Inwieweit lassen sich pragmatische Faktoren aufgrund von Aussagen in »älteren«[20] Lehrplänen und Richtlinien berücksichtigen? – (3) Inwieweit hat der pragmatische Ansatz in der Lehrplanrevision durchgeschlagen?

Alle drei Fragen können nur exemplarisch angegangen werden.

1. Exkurs (vgl. hierzu auch Text 8.6. im Anhang)

Wenn natürliche Kommunikationssituationen nach bestimmten Parametern strukturiert sind[21] und sich, je nach Zusammensetzung der Gruppe, unterschiedlichen Beziehungsdiagrammen zuordnen lassen, dann erscheint es naheliegend, für den »Unterrichtsprozeß als Kommunikationssituation«[22] für den Bereich der Sprache das Lernziel *Kommunikation* aufzustellen. In der Tat läßt sich feststellen, daß seitens der Schule in diesem Sinne Interessen und praktische Erfahrungen formuliert, in Lehrplanentwürfen Modelle zur »Verbesserung der Kommunikationsfähigkeit« ausgearbeitet und Schulsprachbücher vorgelegt wurden, die der Linguistik weit voraus waren, so daß von einem »schönen Gleichklang mit Entwicklungen in der Fachwissenschaft selbst«[23] nicht die Rede sein kann. Die Kritik der Fachwissenschaft setzt denn auch genau an diesem Punkt an: Im Grunde seien »alle Unterrichtsentwürfe auf diesem Gebiet handgestrickt«,[24] da sie sich nicht auf Ergebnisse der Linguistik beziehen können, die es noch nicht gebe; *andererseits* wird die erstaunliche Qualität und die sprachliche Phantasie der praktischen Richtlinienarbeit

durchaus anerkannt. Wunderlich[25] stellt allerdings an dieser Arbeit vor allem die Brüche und – aus der Sicht des Fachwissenschaftlers – die Inkonsistenzen fest und hebt unter anderem ab auf die folgenden Aufgaben:
– Es ist abzugehen von der Unterscheidung verschiedener Arbeitsbereiche und Arbeitsmodi, da diese weder zu einer sinnvollen Gliederung des Lehrmaterials noch überhaupt zu einer Klärung der notwendigen Arbeitszusammenhänge im Unterricht führe: »Sinnvoll scheint nur eine Gliederung zu sein, die jeweils komplexe Erfahrungsbereiche hinsichtlich aller dabei relevant werdenden Kommunikationsformen, -medien und -modi mit entsprechenden Arbeitsmodi des Schülers zusammenfaßt.«[26]

Dabei sei darauf zu achten, daß die Lerner immer wieder zur Exploration ihrer *eigenen* Erfahrungen kommen könnten, was durch die Bearbeitung von Realsituationen und -aufgaben (einschließlich der Schule selbst), durch kooperative Arbeitsformen und durch die Herausforderung der kreativen Phantasie der Lerner – etwa im Hinblick auf Problemlösen – zu leisten wäre.

– Um die gewünschte Zusammenfassung zugehöriger Einzelprobleme leisten zu können, ist als idealtypische wissenschaftliche Klassifikation von Sprechhandlungen eine sprachtheoretisch motivierte Gliederung etwa dadurch zu ermitteln, »daß gefragt wird, in welcher Hinsicht die Sprechhandlung den zwischen Interaktionspartnern bestehenden Zustand von Handlungsbedingungen (bzw. Verpflichtungsverhältnissen) ändert«.[27] Wunderlich kommt zu folgenden Typen von Sprechhandlungen:

»1. Die Sprechhandlung führt eine neue Handlungsbedingung ein, die genau dadurch erfüllt wird, daß ein anderer als der Sprecher (im allgemeinen der Angesprochene)
a) eine in der Sprechhandlung genannte Handlung ausführt bzw. unterläßt (Bitten, Aufforderungen, Befehle, Instruktionen, Empfehlungen, Anweisungen, Ratschläge, Verbote);
b) in behaupteter Weise eine der in der Sprechhandlung thematisierten Propositionsalternativen auswählt (sog. echte Fragen).
2. Die Sprechhandlung führt eine neue Handlungsbedingung ein, die genau dadurch erfüllt wird, daß der Sprecher selbst eine in der Sprechhandlung genannte Handlung ausführt (Versprechungen, Drohungen, Ankündigungen).
3. Die Sprechhandlung führt eine neue Handlungsbedingung ein, die genau dadurch erfüllt wird, daß der Sprecher die Wahrheit der in der Sprechhandlung genannten Proposition gegebenenfalls ausweist. (Ableitbar ist daraus, daß er der genannten Proposition später nicht widersprechen und daß er alle logischen Folgerungen aus ihr akzeptieren sollte.)
(Behauptungen, Versicherungen, Beschreibungen, Berichte, Realerzählungen, Voraussagen, Bewertungen, Kritiken.)
4. Die Sprechhandlung erfüllt eine bereits bestehende Handlungsbedingung, welche ihrerseits durch vorhergehende Sprechhandlungen, Erwartungskontexte, gesetzliche Vorschriften o. ä. eingeführt sein kann (Entschuldigungen, formelle Danksagungen und Gratulationen, Antworten, Rechtfertigungen, Begründungen, Beweise – die letzteren gehören zugleich auch zum Typ 3).
5. Die Sprechhandlung löscht eine bereits bestehende Handlungsbedingung, d. h. macht sie ungültig (Rückziehen eines Versprechens, Widerrufe, Selbstkorrekturen, Erlaubnisse).

6. Die Sprechhandlung führt neue soziale oder sprachliche Fakten ein (Schuldsprüche, Ernennungen, Sitzungseröffnungen, Taufen, Benennungen, Definitionen).
7. Die Sprechhandlung drückt eine persönliche Emotion bzw. einen Gefühlszustand aus (Kundgebungen von Freude, Zuneigung, Trauer, Ärger, Wut, Angst, Schmerz).
8. Die Sprechhandlung bezieht sich auf den Modus des Ausführens einer Sprechhandlung (Korrekturen einer Wortwahl, Selbstkommentare).«[28]

Eine solche Klassifizierung – sei sie auch aufgrund immanent theoretischer Kriterien gerechtfertigt – läßt sich unterrichtsmethodisch nicht *unvermittelt* operationalisieren; sie kann sogar »für die Konzipierung von Unterrichtsmaterialien unbrauchbar«[29] sein. Wunderlich fordert deshalb *neben* der sprachtheoretischen Klassifizierung die Zusammenstellung schwerpunktmäßiger Komplexe, die unter den zusammenfassenden Namen

›Aufforderungen, Fragen, Behaupten, Expressionen, öffentliche institutionalisierte Kommunikationsformen‹[30]

die unterschiedlichen kommunikativen Funktionen und Situationen subsumieren und durch Erwägungen komplexer, z. B. allgemeinpädagogischer oder soziologischer Art bestimmt sind. So sind bei den Fragen zum Beispiel »zur Klärung eines individuellen oder gemeinsamen Problems etc.«,[31] nicht nur die *Techniken* des Interviews, des Fragebogens, des Kritisierens und Problematisierens, etc. zu vermitteln, sondern es werden Kenntnisse vorausgesetzt (bzw. z. T. verdeutlicht), die aus den Bereichen Gruppendynamik, Soziogramm, Sozialisation der Lerngruppe, Entwicklungspsychologie, pädagogische Psychologie, etc. herangezogen werden. *Insofern* sind die oben erwähnten Erwägungen *komplexer Natur*; in dieser Präzisierung läßt sich – sinnvoll! – ein Kommunikationsunterricht konzipieren, der den beiden zusammengestellten Aufgabenkatalogen entspricht, und hängt das ›Lernziel Kommunikation‹ nicht – wie es aus sprachwissenschaftlicher Sicht scheinen mag (vgl. Text 8.6. im Anhang) – in der »theoriefreien« Luft. Die von Wunderlich kritisierten Lehrwerke für den Muttersprachenunterricht sind Beispiele in dieser Richtung; auch für den Fremdsprachenunterricht liegen erste Realisierungen vor.[32]

Aufgaben:

– *Beobachten/registrieren Sie Äußerungen von Lehrern und Schülern in dem von Ihnen mitgesehenen bzw. geführten Unterricht. Kategorisieren Sie diese Äußerungen und ziehen Sie daraus Rückschlüsse auf Klima, Unterrichtsstil, etc. in der Klasse. – Überlegen Sie, ob die Gleichung: ›Lehreranweisung = autoritärer Unterrichtsstil‹ unter den Gesichtspunkten der Institution Schule durchaus zu relativieren ist.*

– *Der Kooperation der sprachlichen Fächer untereinander ist wiederholt das Wort geredet worden. Untersuchen Sie unter diesen Gesichtspunkten die in den Fächern Deutsch, Englisch und Französisch verwendete Terminologie zur Bezeichnung z. B. von grammatischen Klassen. Benutzen Sie dazu eigene/*

fremde Erfahrungen, Lehrbücher, Lehrpläne, Fragebögen und stellen Sie eine Konkordanz zusammen.
- Lesen Sie den angegebenen Aufsatz von D. Wunderlich ganz durch und stellen Sie fest, ob Sie mit dieser Kritik einverstanden sind. Dazu ist notwendig, daß Sie sich mit den von Wunderlich besprochenen Lehrwerken (für den Erstsprachenunterricht) gründlich vertraut machen.
- Statt ›Lernziel Kommunikation‹ sollte man ›Lernziel Kommunikative Absichten, etc.‹ sagen; diese stecken in vielen Lehrtexten und können herausgelöst und im Unterricht verwendet werden, z. B.

Jean: Tiens! C'est toi, Sylvie!	1. jemand ansprechen
Sylvie: Ah, salut! Ça va?	2. jemanden begrüßen und sich nach seinem Befinden erkundigen
Jean: Ah, oui, ça va.	3. Auskunft zum eigenen Befinden geben
Sylvie: Où est-ce que tu vas?	4. Informationen zum Vorhaben des anderen einholen
Jean: Chez moi. Tu sais, je vais préparer la surprise-party.	5. Auskunft zum Vorhaben geben
Sylvie: Tu as tout, des cigarettes, des disques…?	6. Informationen einholen über das Vorhandensein benötigter Dinge
Jean: Ah tiens! Tu pourrais apporter tes disques…?	7. jemanden auffordern, ihm etwas mitzubringen
Sylvie: Oui, d'accord.	8. zustimmen
Jean: Alors, à ce soir.	9. sich verabschieden
Sylvie: À ce soir.	10. sich verabschieden

Stellen Sie in weiteren Lehrtexten Ihres Faches solche ›Kommunikativen Absichten, etc.‹ fest.

2. Exkurs (›Lehrpläne‹)

Die in den meisten Bundesländern offiziell geltenden Lehrpläne

- veröffentlicht z. B. für Bayern u. a. als *Lehrpläne* im *Amtsblatt des Bayerischen Staatsministeriums für Unterricht und Kultus* seit 1964 ff. (Kommunalschriften-Verlag Jehle, 8000 München 34, Barerstraße 32);
- für Baden-Württemberg als *Vorläufige Arbeitsanweisungen, Stoffverteilungs-, Bildungs-* und *Lehrpläne* für die verschiedenen Schularten, herausgegeben vom Kultusministerium des Landes im Neckar-Verlag, 7730 Villingen, Postfach 1820, seit 1963 ff.;
- für Berlin als *Rahmenpläne für Unterricht und Erziehung in der Berliner Schule*, herausgegeben vom Senator für Schulwesen als Loseblattsammlung im Hermann Luchterhand Verlag GmbH, 5450 Neuwied a. Rhein, Heddesdorfer Straße 31, o. J.;
- für Hamburg als *Richtlinien und Lehrpläne* in vier Bänden (I: Grundschule, Klasse 1–4; II: Beobachtungsstufe der Volksschule, Klasse 5–6, Haupt- und Realschule, Klasse 7–10; III: Beobachtungsstufe des Gymnasiums, Klasse 5–6, Gymnasium, Klasse 7–10; IV: Oberstufe des Gymnasiums, 1. Teilband: Bestimmungen, Richt-

linien und Handreichungen für Einrichtung, Durchführung und Abschluß der neugestalteten gymnasialen Oberstufe; 2. und 3. Teilband: Rahmenrichtlinien für den Unterricht im Vorsemester und in der Studienstufe – herausgegeben von der Freien und Hansestadt Hamburg, Behörde für Schule, Jugend und Berufsbildung im Walhalla und Praetoria Verlag KG Georg Zwickenburg, 8400 Regensburg 2, Dolomitenstraße 1, o. J.;

- für Hessen als *Bildungspläne für die allgemeinbildenden Schulen im Amtsblatt des Hessischen Ministers für Erziehung und Volksbildung* (Bildungsgut der Volksschule, Bildungsgut der Mittelschule, Bildungsgut des Gymnasiums), 1957;
- für Niedersachsen als *Richtlinien,* u. a. für den Unterricht an den Volksschulen, den Realschulen und den Gymnasien des Landes, herausgegeben z. T. als Loseblattsammlung vom Niedersächsischen Kultusministerium seit 1964 ff. vor allem im Hermann Schroedel Verlag KG, 3000 Hannover 81, Zeißstraße 10;
- für Nordrhein-Westfalen als *Richtlinien für den Unterricht* in den verschiedenen Schularten und Fächern, herausgegeben als Schriftenreihe des Kultusministeriums Nordrhein-Westfalen im A. Henn Verlag, 4030 Ratingen, Postfach 1309, seit 1963 ff.;
- für Rheinland-Pfalz als *Lehrpläne* für die verschiedenen Schularten des Landes, herausgegeben vom Mainzer Ministerium für Unterricht und Kultus im Verlag E. Sommer, 6718 Grünstadt/Pfalz, seit 1960 ff.;
- im Saarland als *Vorläufige Bildungspläne* bzw. als *Richtlinien und Stoffpläne,* herausgegeben vom Minister für Kultus, Unterricht und Volksbildung Saarbrücken, seit 1967 ff. (Realschule wie Nordrhein-Westfalen);
- in Schleswig-Holstein als *Lehrpläne* und *Richtlinien* für die verschiedenen Schularten und Fächer, herausgegeben vom Kultusminister des Landes, u. a. im Matthiesen-Verlag, 2400 Lübeck, Uhlandstraße 20, und bei der Fotosatz Nord, Druck- und Verlagsgesellschaft m.b.H., 2300 Kiel-Wik, Zeyestraße 24;

beruhen nach der im Eingangskapitel 0., S. 14, vorgestellten Unterscheidung – im Gegensatz zum *Curriculum* – in bezug auf die *Bildungsziele/Leitideen* auf Setzungen, in bezug auf die *Unterrichtsziele* auf der Formulierung von Stoffangaben, in bezug auf *Entscheidungen* auf Normenkompetenz, in bezug auf die *Lehrangebote* auf relativ stabilen Überlieferungen ohne Berücksichtigung individueller Bedürfnisse der Schüler. Die *Lernprozesse* werden nicht beschrieben, die *Materialien* im allgemeinen nicht speziell benannt, die *Methoden* nicht in Zusammenhang mit bestimmten Lehraufgaben gebracht und *Kontrollen* nicht eigens benannt. Damit fehlen die wesentlichen Voraussetzungen einer *Pragmatisierung* von Unterricht. *Grundsätzliche Bemerkungen zu den Richtlinien,* etwa zur Didaktik eines Faches bzw. einer Schulart, müssen deshalb Leerformeln bleiben, z. B.:

»Die didaktische Vorbesinnung hat im besonderen zum Ziel, die elementaren Bildungsinhalte der einzelnen Unterrichtsgegenstände zu ermitteln. Hiermit sind solche allgemeinen Gesetze, Regeln, Prinzipien, Verfahren, Begriffe, Zusammenhänge, Strukturen oder Sinngehalte gemeint, deren Erkenntnis (Erfahrung, Erlebnis) den Schülern sowohl diesen Inhalt als auch zugleich einen Bereich, eine Aufgabe, einen Zusammenhang oder ein Problem der Lebenswirklichkeit zu erschließen oder zu erhellen vermag. In den Mittelpunkt des Unterrichts müssen bevorzugt solche Berichte, Bilder, Aufgaben, Versuche usw. gestellt werden, an denen die elementaren Gehalte den Schülern in einer sie ansprechenden, überschaubaren Form sichtbar werden. Die elementaren

Gehalte sind als das eigentlich Bildende der Unterrichtsgegenstände anzusehen, da sich der Schüler mit ihrer Hilfe wesensähnliche Bereiche selbständig erschließen kann. Dazu wird er allerdings nur dann in der Lage sein, wenn er immer wieder angehalten worden ist, die zuvor exemplarisch erfaßten allgemeinen Gehalte in strukturverwandten Inhalten wiederzuerkennen oder, wenn es sich um Methoden, Regeln usw. handelt, sie anzuwenden (z. B. im Rahmen eines sinnvollen orientierenden Lernens).«[33]

Das gleiche gilt für die unter *Methodik* aufgelisteten Unterrichtsverfahren wie Lehrervortrag, entwickelnde Unterrichtsformen, Unterrichtsgespräch, Gruppenarbeit, Partnerarbeit, Alleinarbeit, Arbeitsgemeinschaft,[34] weil sie operativ nicht beschrieben werden; Appelle und bloße Hinweise darauf, daß »die Erkenntnisse der modernen Lernpsychologie ... dem Lehrer wertvolle Anregung geben«[35] können, greifen sicher zu kurz. Nicht weniger vage muten Aussagen über die »Bildungsaufgaben« eines Faches an:

»1.1. Der Fremdsprachenunterricht hat über die sprachpraktische Zielsetzung hinaus die Aufgabe, Verständnis für die Lebensweise und Denkart anderer Völker zu wecken. Im tätigen Umgang mit der fremden Sprache soll der Schüler zur Begegnung mit dem anderen Volk geführt werden. Diese Begegnung kann ihm zum Bildungserlebnis werden und seine Weltsicht erweitern und vertiefen.
1.2. Je zielbewußter der Unterricht in der ersten Fremdsprache diesen Aufgaben durch Inhalte und Methoden gerecht wird, um so eher kann das gleiche Bildungsziel in der zweiten Fremdsprache erreicht werden. Die gleichlaufenden Bestrebungen im Fremdsprachenunterricht stehen in einer ständigen Wechselwirkung zueinander und ergänzen sich gegenseitig.
1.3. Der Realschulabsolvent wird in unserer Welt in zunehmenden Maße darauf angewiesen sein, die Sprache und Denkweise anderer Völker zu verstehen und sich in der Fremdsprache zu verständigen. Dazu soll ihn der Unterricht befähigen und ihm die Möglichkeit geben, sein Sprachkönnen in verschiedenen Richtungen zu entwickeln.«[36]

Die vorgetragene Kritik ist insofern nicht als destruktiv mißzuverstehen, als es in der Natur von Lehrplänen (Richtlinien, ...) liegt, <u>*Rahmen* zu setzen, innerhalb derer didaktisch-methodische Kompetenz zu Entscheidungen kommen kann bzw. sogar muß.</u> Die Kritik ist dann Aufforderung zur didaktischen Analyse, die bei der gegenwärtigen Diskussionslage nur im Hinblick auf pragmatische Erfordernisse erfolgen kann. Solche kritischen Analysen und Umdeutungen sind am ehesten an den Stoffangaben zu den einzelnen Schuljahren, am sogenannten *Bildungsgut* vorzunehmen:
— Die Forderung, den <u>»Lesestoff aus dem Anschauungs- und Lebenskreis des Schülers«</u>[37] zu beziehen, erschließt die *ego-hic-nunc*-Dimension des Lerners, damit das mit dem *classroom discourse* bewirkte Sprechen des Schülers *als er selbst*, überhaupt eine stärkere Berücksichtigung personaler Faktoren, wie sie im Kapitel 2. dargestellt wurden.
— Die Forderung, »umfassende Sprachübungen im Anschluß an den Erlebniskreis des Schülers ... mit Hilfe von Bildern«[38] durchzuführen, erschließt die umfassende semiotische Dimensionierung allen Sprachgeschehens, also das, was — unsystematisch zwar — seit je als situative Komponente des Sprach-

unterrichts gilt. Konkret bedeutet das, daß der einzelne Sprechakt im Unterricht nicht isoliert, sondern nur unter den Bedingungen seines Gebrauchs, d. h. in bezug auf eine Situation darzustellen ist.

– Wenn für ein achtes Schuljahr »vertieftes Einüben von Frageformen in Verbindung mit Interrogativpronomen und Interrogativadverbien. Steigerung der Adjektive. Vergleichssätze«[39] angesetzt werden, so bedeutet das, daß primär nicht mehr solche Grammatikübungen (z. B. Frage*sätze*) im Vordergrund des Sprachunterrichts stehen, sondern Typen von Sprechakten, mit denen verschiedene Kommunikationshaltungen wie ›eine Frage stellen: jemanden zu einer angemessenen sprachlichen Handlung auffordern‹, ›etwas vergleichen: über persönliche Ansichten argumentieren bzw. Vorurteile relativieren‹ realisiert werden. Das bedeutet nicht die Aufgabe der sprachlichen Inhalte, sondern eine Neusetzung von Prioritäten etwa im Sinne der Leitfrage: »Zu welchem *allgemeinen* Zweck werden Frageformen (bzw. bestimmte linguistische Daten) im Unterricht überhaupt eingesetzt?« Auf diese Weise läßt sich auch mit einem Stoffplan pragmatisch arbeiten.

– Wenn schließlich der ›Dialog‹ genannt wird, so ist damit in der Regel eine Übungsform unter anderen (Nacherzählung, Bildbeschreibung, Übersetzung, etc.), bestenfalls eine prioritär bevorzugte Textsorte gemeint, nicht jedoch jene grundlegende Gegebenheit menschlichen Sprechens, die dazu führt, daß in der Diskussion um die linguistische Pragmatik diese sowohl »als Sprechhandlungstheorie« wie »als Lehre von der Zeichenverwendung« wie »als Linguistik des Dialogs«[40] bezeichnet werden kann. Die Tatsache, daß jede einzelne Sprechhandlung in einem Handlungszusammenhang steht, der durch Voraussagbarkeit und Erwartungen konventionalisiert ist,[41] impliziert die Forderung, unterrichtliches Handeln stärker dialogisch auszurichten, überhaupt den Unterricht als Kommunikationssituation und ›Sprachenlernen als Kommunikationsspiel‹ zu interpretieren. Hier müssen Formeln und Begriffe des *Lehrplans* über die didaktische Analyse umdefiniert und mit dem Inhalt gefüllt werden, der durch rationalen Konsens bestätigt wird.

3. Exkurs (Lehrplanrevision; Curricula)

B. Schlieben-Lange hat in einer – nicht vollständigen – Liste die »Berücksichtigung soziolinguistischer Gesichtspunkte in neuen Lehrplänen«[42] durch entsprechende Belegstellen nachgewiesen und kommentiert. So heißt es zu den »Rahmenrichtlinien, Sekundarstufe I, Deutsch, 1972 (hrsg. v. Hess. Kultusministerium«):

»Um diese Rahmenrichtlinien ist eine heftige Diskussion entstanden.... Allgemeines Lernziel: ›die sprachliche Kommunikationsfähigkeit der Schüler zu fördern‹ (S. 5). In diesem Zusammenhang werden die Begriffe der Hochsprache und der Sprachgemeinschaft, das Konzept der ›kompensatorischen‹ Erziehung problematisiert.
›Das macht einen Unterricht erforderlich,

– der alle sprachlichen Übungen so organisiert, daß ein Nachdenken über die Funktion des Geübten im gesellschaftlichen Zusammenhang möglich, angeregt und verwirklicht wird;
– der nicht nur an das jeweilige sprachliche Ausgangsverhalten verschiedener Schüler und Schülergruppen anknüpft, sondern die Schüler zur Wahrnehmung und Versprachlichung ihrer Sozialerfahrung führt, die dieses Ausgangsverhalten bestimmt;
– der die bei dieser Arbeit notwendig auftretenden Sprachnormenkonflikte als Ausdruck grundlegender gesellschaftlicher Konflikte versteht und behandelt.

Diese Forderungen schließen nicht Übungen aus, die die Schüler in den Stand setzen, im Sinne der etablierten Sprachnorm zu sprechen und zu schreiben. Denn es ist nötig, die Schüler so vorzubereiten, daß sie in ihrem privaten, beruflichen und öffentlichen Leben nicht an den z. Z. bestehenden Kommunikationsbarrieren scheitern.« (S. 8 f.)

Es sind drei Bereiche vorgesehen: Sprachliche Übungen, Umgang mit Texten, Reflexion über Sprache.

Sprachliche Übungen/Lernziele:

›– Schüler unterschiedlicher sozialer Herkunft sollen lernen, unter Wahrung ihrer Bedürfnisse und ihrer Interessen miteinander zu kommunizieren.
– Im Kommunikationsvorgang sollten unterschiedliche Gruppeninteressen verdeutlicht werden.
– Die Schüler sollen erkennen, welchen Bezug die jeweilige Gesprächsthematik zu ihrem sozialen Erfahrungsbereich hat.
– Die Schüler sollen lernen, Formen der Kommunikation hinsichtlich ihrer Funktion und im Hinblick auf das jeweilige Thema kritisch zu reflektieren.
– Die Schüler sollten gegenüber Gesprächsreglementierungen, die nicht ihrem Interesse dienen, sensibilisiert werden.‹ (S. 11)

Reflexion über Sprache:

›Indem die Schüler sprachliche Äußerungen untersuchen, lernen sie die Sprache als Summe ›eingefrorener‹ sozialer Erfahrungen lesen, d. h. sie lernen, die Sprachverwendung (...) zu analysieren:
als Ausübung von Herrschaft (...);
als schichtspezifische Sprechweisen (...);
als ideologische Verschleierung (...);
als Manipulation, wie sie in den Massenmedien praktiziert wird.
... Möglichkeiten humaner Sprachverwendung ...:
zur Information, die Alternativen zeigt und dem Informierten Entscheidungsmöglichkeiten offenläßt;
zur offenen Darlegung von Interessen;
zum rationalen und kontrollierten Austragen von Konflikten;
zur Solidarisierung, um Interessen gegen die kritisierte Praxis durchsetzen zu können.‹ (S. 65)«[43]

Für Niedersachsen werden u. a. die »Vorläufigen Handreichungen für die Orientierungsstufe«, Hannover o. J. (hrsg. v. niedersächsischen Kultusminister), erwähnt, in denen unter dem *Lernziel Deutsch* die »Schulung der Kommunikation« angesprochen wird:

»Erst die Fähigkeit zur Kommunikation ermöglicht aktive Teilnahme an Gesprächen, schafft die Voraussetzung, seine Meinung sagen und begründen zu können, und hilft, Sachverhalte überzeugend darzustellen. Voraussetzung ist die Förderung im richtigen Sprechen, vorhandene Sprachbarrieren sollen abgebaut werden (S. VII).«[44]

Wenngleich es hier vor allem um soziologische Aussagen geht, deuten doch Forderungen wie die nach »Erweiterung der kommunikativen Fähigkeiten« und nach einem »kritischen Bewußtsein gegenüber sprachlicher, visueller und akustischer Information«[45] auch die pragmatische Dimension an. In diesem Sinne sind neben den *Rahmenrichtlinien* des *Hessischen Kultusministers* (unter anderem: *Sekundarstufe I, Deutsch.* Vertrieb: Verlag M. Diesterweg, 6000 Frankfurt/M., Hochstraße 31, o. J.; *Sekundarstufe I. 7./8. Jahrgangsstufe Deutsch*, 1974 (ebenda); *Sekundarstufe I. Neue Sprachen*, o. J.; *Diskussionsentwurf. Sekundarstufe II. Neue Sprachen. Teil 1*) – wiederum nur in exemplarischer Auswahl – folgende Curricula zu nennen:

– für Baden-Württemberg die als Diskussionsgrundlagen und zur Erprobung im Rahmen von Schulversuchen erstellten (vorläufigen) Arbeitsanweisungen für die (Grund)Schulfächer Deutsch, Englisch und Französisch;[46]
– für Berlin, herausgegeben vom Senator für Schulwesen Berlin: ›Inhaltliche Grundlagen für das Fach Deutsch. Jahrgangsstufe 7–10‹. Stand: 1. August 1975; ›Inhaltliche Grundlagen für das Fach Englisch. Jahrgangsstufe 7–10‹. Stand: 1. August 1975; ›Inhaltliche Grundlagen für das Fach Französisch. Jahrgangsstufe 9 und 10‹. Stand: 1. August 1975;
– für Nordrhein-Westfalen, herausgegeben als Schriftenreihe des Kultusministers des Landes Nordrhein-Westfalen im Verlag A. Henn, Ratingen/Kastellaun/Düsseldorf: ›Richtlinien und Lehrpläne für die Hauptschule in Nordrhein-Westfalen. Deutsch‹, o. J.; ›Empfehlungen für den Unterricht in der Realschule für das Fach Deutsch‹, 1973; ›Arbeitsmaterialien und Berichte. Heft 2 II. Curriculum. Gymnasiale Oberstufe. Deutsch. 2. Ausgabe‹, 1973; ›Richtlinien und Lehrpläne für die Hauptschule in Nordrhein-Westfalen. Englisch‹, o. J.; ›Sekundarstufe I – Gymnasium. Englisch. Unterrichtsempfehlungen‹, 1975; ›Arbeitsmaterialien und Berichte. Heft 4 II. Curriculum. Gymnasiale Oberstufe. Englisch. 2. Ausgabe‹, 1973; ›Sekundarstufe I – Gymnasium. Französisch. Unterrichtsempfehlungen‹, 1975; ›Arbeitsmaterialien und Berichte. Heft 5 II. Curriculum. Gymnasiale Oberstufe. Französisch. 2. Ausgabe‹, 1973;
– für Rheinland-Pfalz, herausgegeben vom Kultusministerium Rheinland-Pfalz: ›Entwürfe der Curricula für die Mainzer Studienstufe‹. Stand vom 15. 1. 1973. Mainz: v. Hase und Koehler Verlag 1973; ›Teilentwurf eines Lehrsystems für das Fach Deutsch in der Orientierungsstufe‹ (5. und 6. Schuljahr); ›Ergänzender Entwurf eines Lehrplans für das Fach Deutsch in der Orientierungsstufe‹; ›Lehrplanentwurf Englisch – Orientierungsstufe –‹; ›Lehrplanentwurf Französisch – Sekundarstufe I –‹ (1976);
– für das Saarland, herausgegeben in der Schriftenreihe des Ministers für Kultus, Unterricht und Volksbildung, z. B.: ›Entwürfe lernzielorientierter Lehrpläne für die Orientierungsstufe. Englisch‹. Saarbrücken 1973; ›Entwürfe lernzielorientierter Lehrpläne für die Orientierungsstufe. Französisch‹. Saarbrücken 1973; (nicht zitierbar:) ›Entwurf eines Curriculums Deutsch (KMK-Vereinbarung)‹. o. J.; (ebenfalls nicht zitierbar:) ›Ausarbeitungen der Fachdidaktischen Kommission Französisch für die reformierte Oberstufe (KMK-Vereinbarung)‹, Stand 1. 6. 1975.

Für diese Arbeit an Curricula bzw. Curriculumrevision ist kennzeichnend, daß sie
– direkt auf die Lebenssituationen des Lerners rekurriert: »Der Lernbereich Deutsch greift Lebenssituationen als sprachliche Kommunikationssituationen

auf und setzt sich zum Ziel, die Fähigkeit und Bereitschaft der Schüler zu sprachlicher Kommunikation zu fördern« (Hauptschule, Nordrhein-Westfalen);

– den Begriff »pragmatisch« bei den ersten fachspezifischen allgemeinen Lernzielen erwähnt und in der Durchführung berücksichtigt:

»1.1. Pragmatisch
Das Richtziel Kommunikationsfähigkeit bestimmt das Maß der Fähigkeiten, Fertigkeiten und Gewohnheiten, die der Schüler im
– Hörverstehen,
– Sprechen,
– Lesen,
– Schreiben der Fremdsprache erwerben soll«
(Mainzer Studienstufe, Rheinland-Pfalz);

– statt sprachlicher Inhalte und Themenbereiche *Redeakte*, d. h. Kommunikationsbereiche benennt und in konzentrischer Ausweitung mit Redemitteln besetzt, z. B.

»jmd. begrüßen; sich verabschieden; sich vorstellen; eine Einladung annehmen; sich bedanken; sich entschuldigen; Wunsch, Bedürfnis, Verlangen ausdrücken; etwas abschlagen, verweigern; ausdrücken, daß man etwas nicht mag; ausdrücken, daß man etwas gern mag; Zufriedenheit ausdrücken; Unzufriedenheit ausdrücken; zustimmen, nicht zustimmen; seine Meinung äußern; seine Absicht äußern; Gründe angeben (für Verhalten, Meinung); Bedauern, Angst ausdrücken; Informationen einholen und geben – Personen, Zeit, Ort, Umstände; Meinung, Gründe, Absichten, Bedeutung; Zahl, Höhe; Redewendungen in der Klassensituation« (Französisch, Jahrgangsstufe 9 und 10, Berlin);

– die ›Sprachpragmatik‹ insgesamt als ein den ›Lehrplan‹ bestimmendes Leitprinzip ansieht: »Aussagen, die im Lehrplan zur Sprachpragmatik gemacht werden, sind in engem Zusammenhang mit dem Prinzip der Situationsbezogenheit im Französischunterricht zu sehen. Die Sprachpragmatik befaßt sich mit der Analyse von Sprechhandlungen in Kommunikationssituationen. Sie versucht, Intentionen der Aussagen aus der Sicht des Sprechers und Hörers zu ermitteln und die entsprechenden Mittel der Sprache aufzuzeigen. Da dieser Bereich der Sprache als wesentlicher Bestandteil des Kommunikationsvorgangs anzusehen ist, werden hierzu im Kapitel 10 des Lehrplans einige Anregungen gegeben« (Französisch, Sekundarstufe I, Rheinland-Pfalz).

Gerade aber diese Anregungen machen deutlich, was sich gelegentlich auch für andere Lehrplanrevisionen nachweisen läßt: Die Übungsformen sind insgesamt zu skizzenhaft und auch zu herkömmlich, z. B.

A. Hörverständnis, Leseverständnis
1. Zuordnungsübungen, 2. Richtig-Falsch-Übung, 3. Verbindung von Zuordnungs- und Richtig-Falsch-Übungen, 4. Multiple Choice (Auswahl-Antwort), 5. Satzpuzzle, etc.

B. Gelenkte Äußerungen
1. Substitutionsübung, 2. Kartenspiel, 3. Wiederherstellung eines Textes, 4. Lückentexte, 5. Lückentext (Dialog), 6. Bildsteuerung, 7. Offener Dialog, 8. Herstellung eines

ähnlichen Textes, 9. Dialog mit offenem Ausgang, 10. Zuordnung der Redemittel: a) ein Dialog ist vorgegeben (Vorschläge, Einwände, Herunterspielen von Gegenargumenten), b) Thema und Redemittel sind vorgegeben. Mit Hilfe ... bildet der Schüler einen Dialog, 11. Unterstreichungen, Hervorheben von Textstellen und Notizen machen, 12. Stellung nehmen.

C. *Freie Äußerungen*
1. Reagieren ohne Begründung, 2. Reagieren mit Begründung, 3. in einer vorgegebenen Situation initiativ werden, 4. Reagieren und initiativ werden im Diskussionszusammenhang.

Hinzu kommt, daß solche Übungsformen – vor allem in ihren pragmatisch orientierten Teilen – nicht als verbindliche Lehrplanteile herausgestellt werden – bei gleichzeitiger Aufforderung an den Lehrer, den Rahmen des Lehrplans nach dem gegenwärtigen Konsens zu füllen – und daß andere Punkte – im wesentlichen Inhalte, Lernziele, Qualifikationen – *obligatorisch* sind. Der Gefahr, daß sich der Lehrer in dieser Situation auf das (inhaltlich gefaßte) Minimalprogramm zurückzieht, könnte dadurch begegnet werden, daß dem Lehrplan gezielt erarbeitete und im Versuch erprobte Unterrichtsentwürfe als materielle Dokumentation angefügt würden. Ansätze für eine Arbeit in dieser Richtung wurden in den vorausgehenden Kapiteln aufgezeigt.

Aufgaben:

– *Die Forderung steht im Raum, daß Lehrpläne von allen Beteiligten (Schülern, Eltern und Lehrern) gelesen und verstanden werden müßten. Andererseits wird gerade neueren Lehrplänen und Revisionen ihre Unverständlichkeit (fachliche Terminologie, etc.) vorgeworfen. Untersuchen Sie am Beispiel, inwieweit dieser Vorwurf zu Recht besteht.*

– *In den oben angegebenen Übungsformen zum Training der Kommunikationsfähigkeit wird zu B. 10. b) das nachstehende Schema angeboten. Besetzen Sie es – nach Festlegung von Alter und Schulstufe der Lerner und Benennung eines Themas – mit entsprechenden Redemitteln – zunächst in Deutsch, dann auch in einer Fremdsprache:*

Variante 1

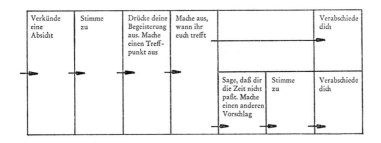

Variante 2

Verkünde eine Absicht	Mache einen Einwand	Entkräfte den Einwand	Mache erneut einen Einwand	Spiele das Argument herunter	Stimme zu, lenke ein	Verabschiede dich
→	→	→	→	→	→	→

7. Pragmatische Faktoren in der Lehrerbildung

These: Die Neuorientierung wirkt sich auch auf die Lehrerbildung aus und betrifft Inhalte und Formen der lehrerbildenden Curricula; in diese gehen sowohl Aspekte der Kommunikation an der Hochschule wie die Forderung nach simulativer Einstellung auf das zukünftige Berufsfeld des Lehrerstudenden ein.

Eingangs wurde das Arbeitspapier »Lernen in Situationen« von Dietrich/ Schumann erwähnt, das in einem Eingangskapitel das »Verhältnis von Sprachvermittlung und kommunikativen Bedürfnissen der Teilnehmer«[1] diskutiert: Was hier als Modellentwurf für eine »Sprachvermittlung als Dialog«[2] vorgestellt und dann in entsprechende Lernziele, Lerninhalte und Fragen der Lernorganisation ausgelegt wird, bezieht sich zwar auf das Lernen einer Fremdsprache in einer bestimmten Situation – Ferienprogramme für junge Berufstätige mit Einführung in die Sprache des Nachbarlandes –, läßt sich jedoch *formaliter* auf jedes Lernen – auch das des *Lehrens* – übertragen. Besonders die Aufgliederung der Lerninhalte in *Situationskomplexe, Situationstypen* und *Situationsmuster*[3] scheint sich für eine solche Übertragung anzubieten, zumal wenn man sich den zugrunde gelegten Situationsbegriff vergegenwärtigt:

»Als Situation bezeichnen wir eine in Raum und Zeit begrenzte Sachlage, die ... durch das menschliche Einwirken auf Erscheinungen der materiellen Welt im Sinne der Lösung innerer und äußerer Widersprüche geprägt bzw. modifiziert wird. Der Mensch hat Wünsche, Absichten, Bedürfnisse usw. Er wird mit den gegebenen Realitäten in Gestalt bestimmter materieller Bedingungen, in Gestalt der Handlungen anderer Personen usw. konfrontiert. Die so entstehende Widerspruchslage bedarf zu ihrer Lösung (zur Bewältigung der gegebenen Situation) sprachlicher und nichtsprachlicher Handlungen des Menschen.«[4]

Solche Widerspruchslagen werden sich mit besonderer Schärfe dort ergeben, wo das zukünftige Berufsfeld (beispielsweise) des Lehrers bereits während des Studiums sichtbar gemacht bzw. das Hochschulcurriculum durch »Analyse und Training fremdsprachigen Lehrverhaltens«[5] partiell oder integral bestimmt wird, und sie provozieren zu ihrer Lösung – je nach Ausbildungsgang und Studienart – unterschiedliche Maßnahmen und *Handlungen*. Soweit diese curricular institutionalisiert sind, handelt es sich in der Regel um fertigkeitsbestimmte Veranstaltungsarten (Microteaching, Observierung und Analyse von Unterricht anhand von Unterrichtsaufzeichnungen, praktikumsvorbereitende oder -begleitende Kontaktübungen, etc.), so daß – in isomorpher Ausformung zum Fremdsprachenunterricht selbst – die Pragmatisierung auch für den Ausbildungssektor, d. h. vor allem eine stärkere Berücksichtigung der speziellen Bedürfnisse des zukünftigen Sprachlehrers, als Desideratum erhoben wird.⁶ Damit verbunden ist die Forderung nach Ausweitung und Vertiefung von »Kommunikation an der Hochschule«⁷ – gleichsam als am eigenen Leibe erfahrene *Präsensibilisierung* für die mit der *ego-hic-nunc*-Dimension des Lernenden in der Sprachklasse gegebenen Faktoren und Vorgänge. Die Forschungsergebnisse zu diesem Bereich sind allerdings noch spärlich: Sie entstammen entweder nicht zu Ende geführten Projekten⁸ oder stellen sich überhaupt nur als programmartig skizzierter Fragenkatalog dar, der einer Systematisierung bzw. Hierarchisierung zugeführt werden müßte, z. B.

»1. Von welcher Vorstellung von Lernen und Forschen wird ausgegangen: von der Vorstellung einer asymmetrischen Rollenverteilung Lehrender/Lernender oder von der Vorstellung einer gleichberechtigten Gemeinschaft von Lernenden/Forschenden? ...
2. Welcher ›pädagogische Stil‹ beherrscht das Seminar (autoritär, ›laissez-faire‹, demokratisch-integrativ)? Hält sich solch ein ›Stil‹ durch? ...
3. Welche Lernziele sollen im Seminar verfolgt werden? Sind es vor allem inhaltliche ..., berufspraktische ..., forschungsstrategische ..., affektive ... Lernziele? ... Sind sie gemeinsam festgelegt worden?
4. Gibt es von Anfang an eine feste Kompetenzverteilung ...? Oder bildet sich eine bestimmte Rollenverteilung erst heraus? ...
5. Selbstbild des Veranstaltungsleiters ....
6. Tabus der Diskussion. Werden sie formuliert, gerechtfertigt? ...
7. Mehrsträngigkeit der Diskussion: Wechseln verschiedene Diskurstypen ... ab? Laufen mehrere Frageinteressen nebeneinander her? ...
8. Niveau der Diskussion: Werden nur wohlformulierte, abgesicherte Beiträge zugelassen? Wird auch einmal ›ins Unreine formuliert‹? ...
9. Welche sprachlichen Äußerungen lassen auf die ermittelten Eindrücke und Interpretationen schließen? ... Solche sprachlichen Angelpunkte könnten sein: Zahl und Verteilung von Beiträgen, Arten von Sprechakten, metakommunikative Äußerungen, Indirektheit von Sprechakten, Definitionen, Zitate, Rückverweise, Schonverfahren, Abbruchmanöver, Ausweichtaktiken, Kritik, Art der Fragen, Zusammenfassung (oder Umakzentuierung) der Diskussion, Präsuppositionen, Annahmen über Verstehensmöglichkeiten.
10. Bewertung des Seminarverlaufs durch die Teilnehmer: Halten die einzelnen Beteiligten das Seminar für mißglückt oder geglückt? ...«⁹

In diesem Fragenkatalog steckt – nimmt man ihn als Hypothesenformulierung mit noch im einzelnen festzulegenden Forschungsstrategien – im Grunde die im Diskurs *idealiter* vorweggenommene konkrete Utopie herrschaftsfreier Kommunikation, so wie sie für den Sprachunterricht angestrebt und in neueren Lehrplänen zum Teil verwirklicht wird. In dem Sinne, wie Hochschulveranstaltungen auch als *Unterricht* aufgefaßt werden, in dem unter *bestimmten Bedingungen* gelernt wird, konvergieren also hochschuldidaktische Forderungen mit denen des zugeordneten Faches. Institutionengeschichtlich gesehen hat sich die Hochschule jedoch in der Regel nicht als *Schule* verstanden, und die in ihr stattfindenden Veranstaltungen waren bestenfalls Anlaß zur Vermittlung von Forschungsergebnissen, jedenfalls dem Forschungsauftrag stets *nach*geordnet. Diese Kritik trifft – wenn auch mit Einschränkungen – auch die Hochschulinstitutionen, die eine integrierte Lehrerausbildung unter

Einbeziehung der Praxis betreiben. »Motivationspsychologische Überlegungen zum Hochschulunterricht«[10] mit den Aspekten »Kleingruppenforschung«, »angemessene Diskussionstechniken«, »Team- und Projektarbeit«, »Veranstaltungskritik« werden zwar an verschiedenen Stellen angestellt, sind aber spürbar noch nicht in die Hochschullehre eingegangen – trotz neuerer Tendenzen, beispielsweise den Praxisbezug in der Lehrerbildung stärker zu betonen.[11]

Die Ausbildung von Fremdsprachenlehrern scheint in besonders starkem Maße durch konvergierendes, fertigkeitsbestimmtes Lernen (Trainieren!) gekennzeichnet zu sein. Politzer[12] z. B. nennt als *Performance Criteria* nachstehende Fertigkeitsbereiche:

– Die Beherrschung von Lehrverhaltensweisen des audio-lingualen Ansatzes
– Die Darbietung des Grundmaterials
– Das Vermitteln der Sprachstrukturen
– Das Vermitteln der Aussprache
– Das Lehren der Zusammengehörigkeit von Laut und Schrift
– Lesen
– Kulturkunde
– Den Gebrauch von visuellen Hilfsmitteln
– Den Gebrauch elektronischer Geräte (Sprachlabor)
– Hausaufgaben
– Testen

und spezifiziert sie z. B. für das Vermitteln der Sprachstrukturen in folgender Weise:

»Der Lehrer
1. wählt den Modellsatz so aus, daß die vorgestellte Struktur eindeutig ist,
2. verwendet geeignete Gesten und/oder visuelles Material, um mit deren Hilfe das Muster vorzustellen,
3. gibt genügend Beispiele und wiederholt sie oft genug, so daß die Klasse die Struktur verstehen kann, und ermöglicht eine angemessene Zahl von Schülerwiederholungen,
4. erklärt den Verlauf der neuen Übungen sorgfältig, so daß die Schüler wissen, was von ihnen erwartet wird,
5. verwendet eine Vielzahl von Lernhilfen (z. B. Bilder, Wörter, Gesten, Sätze, Realien, Atmosphäre und Gegenstände des Klassenraumes),
6. verwendet eine angemessene Vielfalt von Übungen (z. B. Wiederholungen, Substitutionen, Transformationen usf.),
7. behält die korrekte Aussprache, Intonation und Betonung bei und sieht zu, daß die Schüler dies auch tun,
8. behält ein gut dosiertes Tempo bei.«[13]

Unabhängig davon, daß alle diese Kriterien ausschließlich den Lehrer in den Blick bringen, sind sie zu abstrakt und formelhaft und bedürfen der Erprobung durch eine konkrete Lehr- und Lernsituation. Die damit erreichte pragmatische Dimension würde zugleich folgende Probleme verdeutlichen:
(1) Die Liste ist zu umfangreich, als daß sie innerhalb eines Lehrversuchs (oder auch mehrerer) in Gänze »abgehakt« werden könnte. Das hat zu zwei komplementär aufeinander bezogenen Ausbildungsmodellen geführt:

– Die einzelnen Lehrfähigkeiten werden, wie es im sogenannten Microteaching geschieht,[14] *isoliert* geübt, ohne daß der Gesamtzusammenhang aus dem Blick gerät. Als Lösungsmöglichkeiten schlägt Krumm vor:

»(a) eine enge Beziehung zwischen dem Trainingskurs und dem sprachlichen und fachlichen Studium des Trainierenden;
(b) eine Demonstration der Anwendung der teaching skills in der komplexen Unterrichtsrealität unter Verwendung von Unterrichtsmitschau und Unterrichtsanalyse;
(c) eine Hinführung des Trainierenden zur Unterrichtspraxis durch zunehmende Komplexität des skill-Trainings.«[15]

– Die Liste wird auf die Gesamtzeit des Studiums ausgelegt und führt dann zu einer Reihe von aufeinander aufbauenden Praktika (z. B. Einführungs- und Observationspraktika an der Hochschule, Blockpraktika an einer Schule mit Begutachtung durch einen Mentor, fachdidaktisches Praktikum mit Begutachtung durch einen betreuenden Hochschullehrer)[16] und diesen inhaltlich zugeordneten fachdidaktischen Lehrveranstaltungen, die nach Arbeits- und Organisationsformen differenziert sind:

»1. in der Art der herkömmlichen Übung – mit Arbeitsgruppen und Plenumsdiskussion, vorwiegend theoretisch und rezeptiv –: Aufarbeitung und Diskussion des Forschungsstandes in der Fachliteratur;
2. in der Art der derzeitigen Projektgruppe – vorwiegend theoretisch, aber produktiv –: Analyse und Konstitution von Lernzielen, Lehrmaterialien und Tests;
3. Begleit- oder Teamveranstaltungen zu fachwissenschaftlichen Lehrveranstaltungen – in Zusammenarbeit von Fachdidaktikern und Fachwissenschaftlern zu leisten, praxisorientiert, produktiv und theoretisch –: Analyse des Unterrichts, ›an dem die Studenten gerade partizipieren‹, und zwar Analyse
a) seiner Inhalte (welche literarische Werke, linguistischen Theorien ...);
b) seiner Darstellungs- und Vermittlungsmethoden (welches Interpretationsverfahren, linguistisches Beschreibungsmodell; welche phonetischen, grammatikalischen Übungen ...) auf ihre Übertragbarkeit in den Unterricht; und
c) des eigenen Verhaltens als Lernender (Reaktionen auf bestimmte Unterrichtsformen, z. B. Sprachlabor-Unterricht, auf bestimmte Fragestellungen ...).«[17]

Die Diskussion um eine stärkere Integration der Lehrerbildung wird unter dem Schlagwort »Fachdidaktik an der Universität« weitergeführt, und sie erhält auch durch die Arbeit der Sprachlehrzentren neue Impulse.[18]

(2) Die Liste ist allzu sehr auf das Spezifisch-Fachliche beschränkt und bedarf der Ausweitung auf allgemeindidaktische, d. h. über das Einzelfach hinausweisende Kriterien. Ein solcher Katalog – er umfasse als Beurteilungskriterien für erfolgreiche Lehrversuche etwa die folgenden Punkte: »Unterrichtsplanung«, »Sicherung der Unterrichtsvoraussetzungen«, »Durchführung des Unterrichts«, »Sicherung der Unterrichtsergebnisse«, »Kommunikation Praktikant/Schüler«, »Beobachtung und Reflexion des Unterrichts«, ca. zwei »Bereiche eigener« (d. h. das Fach betreffender) »Wahl«[19] – erfaßt *formal* die wesentlichen Strukturelemente der Unterrichtsvorbereitung und -durchführung und ist somit offen für Präzisierungen fachlicher Art, soweit diese zur

Beobachtung anstehen. Beide Listen – die der fachbestimmten Fertigkeiten und die allgemeindidaktischen Gesichtspunkte – stehen somit nicht im Sinne komplementärer Verteilung additiv nebeneinander, sondern stehen quer zueinander und ergänzen sich bei der Eingrenzung eines Beobachtungsfeldes der Unterrichtspraxis. Diese Grundtatsache wird dort übersehen, wo – und das wäre dann in gewissem Sinne die Umkehrung des Politzerschen Ansatzes – Lösungsstrategien geübt werden ohne Bezug darauf, *was* mit ihnen bewirkt werden soll. In dieser Gefahr des Vernachlässigens des Inhaltsaspekts innerhalb einer integrierten Lehrerausbildung steht sicher die Schulpädagogik, wenn es ihr nicht gelingt – nach Sicherung der *Anthropogenen* und *Sozialkulturen Voraussetzungen* –, innerhalb der Entscheidungsfelder des Unterrichts neben der *methodisch-technologischen* auch die *thematisch-intentionale* Seite gebührend zu berücksichtigen.[20] Das Ideal wäre dann die größtmögliche Annäherung von *Schulpädagogik* und *Pädagogik eines Faches*, zumindest eine ausdrückliche Bezugnahme auf die Inhalte und Formen der Fachdidaktiken innerhalb schulpädagogischer Veranstaltungen.

Die zuvor skizzierten Ausbildungsmodelle sind pragmatisch in dem Sinne, daß sie zur Vorbereitung der Lehrbefähigung und zum Training der Lehrfähigkeit eine graduelle Heranführung an die Realität der Lehrpraxis bewirken. Diese Charakterisierung haben sie gemeinsam mit der für unterschiedliche Wissenschaften und Wirkbereiche (Astronautik, Flugwesen, Management, Militär, etc.) inzwischen geltenden Ausbildungskonvention der *Simulation* (s. o. S. 58, Kap. 3.), für die – im Gegensatz etwa zum theoretischen *Modell* – nach Debyser die Aspekte *Tun* (*action simulée*), *Erprobung* (dieses Tuns) in der Wirklichkeit (*expérimentation réelle*) und Einbeziehung der von beiden *Betroffenen* (der Schüler) im Sinne der *Implikation*[21] gelten:[22]

»... la simulation est une reconstitution aussi fidèle que possible du réel, ou tout au moins des éléments du réel pertinents pour l'étudiant. La simulation est moins abstraite, et donc moins simplificatrice qu'un modèle théorique, en un mot elle est réaliste. Cette exigence de réalisme, qui n'exclut pas toute simplification et n'implique pas le ›vérisme‹, est soulignée par tous les spécialistes de la simulation en formation et notamment par tous les constructeurs de modèles de simulation.«[23]

Eine solche simulative Einstellung auf das Berufsfeld betrifft in erster Linie Formen und Organisation der praktischen Ausbildung zukünftiger Lehrer, d. h. die *formale* Seite. Zum Studien*inhalt* wird sie in jenen Veranstaltungen, die unter der Etikettierung »Begleitübung«, »Unterrichtsplanung«, »Zum Medieneinsatz...«, etc. die Praxis flankierend begleiten bzw. vorbereiten. In diese Übungen gehen dann auch, je nach Erkenntnisstand und Interesse der Ausbilder, ausgesprochen pragmatische Frage- und Problemstellungen ein: »Lehrwerkanalyse und Lehrwerkkritik – *unter pragmatischen Gesichtspunkten*«, »Personale Faktoren des Sprachunterrichts«, etc. – d. h. im Grunde alle Themen, die in den Kapiteln zuvor angesprochen sind. Köhring schlägt im Zusammenhang mit der Forderung nach einer Neubewertung der Funktion des Bildes und nach Einbeziehung von Aspekten visueller Kommunikation im Sprachunterricht der Schule auch für den *Tertiärbereich* eine Taxonomierung von Aufgaben und visuellen Zeichen vor:

- Untersuchung des Bildgebrauchs deutscher Lehrbücher, auch für den Fremdsprachenunterricht (Leistung der Bilder; Leistung der Sprache; extraverbale Zeichen; Möglichkeit oder Unmöglichkeit von Rollenspielen?).
- Empirische Erhebungen: Welches sind die Reaktionen deutscher Schüler auf im Fremdsprachenunterricht verwendete Bilder (negativ, positiv)? – Wie sehen Kinder Bilder überhaupt?[24] – Wie wäre Sprachunterricht aufgrund dessen überhaupt visuell zu gestalten?
- Vergleich des Bildgebrauchs für den landeskundlichen Bereich.
- Problematisierung für die Gefahr (falscher) Stereotypisierung von Rollen und Bildern aufgrund eines bestimmten Bildgebrauchs.
- Kategorisierung von Witzen und Bildern nach verschiedenen Merkmalen: »Schadenfreude«, »Fehlverhalten«, »Diskrepanz«, etc.
- Kooperation zwischen den verschiedenen Sprachen und dem Fach Kunst.
- etc.[25]

Mit der integralen Berücksichtigung solcher Gesichtspunkte auch für die übrigen Lehr*inhalte* (Übungsformen, Umgang mit Texten, darstellendes und Rollenspiel, etc.) wäre in Ergänzung zu den sowieso vorhandenen Aspekten der simulativen Einstellung die Pragmatisierung der Lehreraus- und -fortbildung erreicht und die Wendung von einem weitgehend *fertigkeitsorientierten* zu einem *kommunikativen Ansatz* auch hier vollzogen. Hier: Das heißt in der Konvergenz von fachdidaktischen, grundwissenschaftlichen und lehrpraktischen Veranstaltungen mit der *ego-hic-nunc-Dimension* von Schülern und Lehrern.

Aufgaben:

- *Ordnen Sie das von H. Laitenberger (op. cit.) entworfene Studienkonzept dem folgenden Praktikumsplan der Pädagogischen Hochschule Freiburg zu und benennen Sie die die einzelnen Praktikumstypen flankierenden (fachwissenschaftlichen, fachdidaktischen und grundwissenschaftlichen) Veranstaltungsarten.*

Schulpraktische Ausbildung an der Pädagogischen Hochschule Freiburg im Breisgau

Studienbeginn: Wintersemester

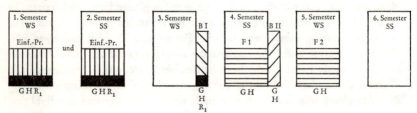

Studienbeginn: Sommersemester

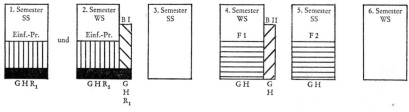

Legende:

Einf.-Pr.	= Einführungspraktikum	(Teilnahmebestätigung)
B I	= Blockpraktikum I	(Gutachten Mentor, Gutachten Dozent oder Assistent oder Fachlehrer mit Benotung)
B II	= Blockpraktikum II	(Teilnahmebestätigung)
▥	= G+H-Studierende	

F 1 = Fachdidaktisches Praktikum (Wahlfach)
(Gutachten Dozent oder Assistent oder Fachlehrer mit Benotung, Teilnahmebestätigung vom Ausbildungslehrer)

F 2 = Fachdidaktisches Praktikum (Beifach)
(Gutachten Ausbildungslehrer mit Benotung)

▪ = R-Studierende

– *Untersuchen Sie die Aufgabe »Reflexion von Unterricht« unter pragmatischen Gesichtspunkten.*

8. Dokumentationsteil

8.1. Pragmatik[1]

Von Heidrun Pelz

1. Linguistische Kompetenz vs. kommunikative Kompetenz

Die TG befaßte sich mit der Erzeugung grammatischer Sätze. Sie versteht unter Kompetenz die »Fähigkeit eines idealen Sprechers, ein abstraktes System sprachgenerativer Regeln zu beherrschen«.[2] Doch auch bei Anwendung dieser linguistischen Regeln kann man zu Sätzen gelangen, die man in tatsächlichen Kommunikationssituationen nicht verwenden würde, wie

»Ich bin jetzt dort in Berlin« (wenn der Satz in Freiburg gesprochen wird).
»Ich überrede Sie hiermit.«[3]

Die Fähigkeiten eines idealen Sprechers müssen demnach noch mehr umfassen als den von Chomsky beschriebenen Regelapparat. Habermas bezeichnet diesen als linguistische Kompetenz, die ergänzt wird durch die *kommunikative Kompetenz*.[4] Erst aus dem Zusammenwirken beider läßt sich die faktische sprachliche Äußerung in ihrer System- *und* Situationsadäquatheit erklären. Aufgabe der TG war die Nachkonstruktion des Regelsystems, nach dem wir grammatische Sätze generieren; Aufgabe einer Theorie der kommunikativen Kompetenz ist »die Nachkonstruktion des Regelsystems, nach dem wir Situationen möglicher Rede überhaupt hervorbringen oder generieren«,[5] die »kommunikative Fähigkeit zur Konstituierung von Sprechsituationen«.[6]

Im Zusammenhang mit dieser Unterscheidung steht die zwischen Satz und Äußerung.[7] Betrachten wir eine bestimmte Redesituation, so haben wir nach Habermas eine konkrete Äußerung vor uns, was besagt, daß ihre Bedeutung nicht allein vom zugrunde liegenden Sprachsystem und der linguistischen

Kompetenz des Sprechers bestimmt wird, sondern auch vom situativen Kontext, von den Persönlichkeitsstrukturen der Sprecher/Hörer, von ihren Rollen, ihren Erwartungen, psychischen Verfassungen usw. Das sprachliche Zeichenmodell von Peirce,[8] von dem (und, in seiner Nachfolge, von Morris)[9] die Pragmatik ausgeht, zeigt drei (nicht, wie de Saussures Zeichenmodell, nur zwei) Dimensionen des Zeichenprozesses[10] (s. Abbildung auf Seite 114).

Die semantische Dimension meint die Relation zwischen den Zeichen und den Gegenständen, auf die sie anwendbar sind (Untersuchungsgegenstand der Semantik), die syntaktische Dimension meint die formale Relation der Zeichen untereinander (nach Peirce Untersuchungsgegenstand der Syntaktik), und die pragmatische Dimension meint die Beziehung zwischen Zeichen und Benutzer (Untersuchungsgegenstand der Pragmatik).

Sprache ist also nicht denkbar ohne ihre(n) Benutzer; nicht ein Zeichensystem, dessen Elemente sich jeweils auf »Teile der außersprachlichen Wirklichkeit« beziehen (so im Strukturalismus), sondern ein Zeichensystem, dessen Elemente durch ihre Benutzer jeweils bezogen werden auf »Teile der außersprachlichen Wirklichkeit«.

Mit konkreten Äußerungen befaßt sich die empirische Pragmatik. Einer konkreten Äußerung liegt eine *elementare Äußerung* im Sinne eines allgemeinen Strukturtyps zugrunde, dem in etwa ein Redesituationstyp entspricht. (Es gibt freilich bis heute noch keine anerkannte Systematik der Redesituationstypen.) Wenn man also von der individuellen Erscheinungsform der konkreten Äußerung abstrahiert, ergibt sich eine elementare Äußerung. Sie ist nach Habermas die Grundeinheit der Universalpragmatik. Einer elementaren Äußerung ihrerseits liegt ein elementarer Satz zugrunde, d. h., die elementare Äußerung ist die im Kommunikationsvollzug aktualisierte Erscheinungsform eines elementaren Satzes. Der elementare Satz gehört dem Gegenstandsbereich der Linguistik an. Also ergeben sich folgende Zuordnungen:

Gegenstandsbereich	*Theorie*
konkrete Äußerung	empirische Pragmatik
elementare Äußerung	Universalpragmatik
elementarer Satz	Linguistik.[11]

2. Der Handlungsaspekt sprachlicher Kommunikation (Zwei Ebenen der Konventionalität von Sprache)

In einer Sprechsituation darf nicht nur die Kommunikationsintention gesehen werden, d. h. die Absicht der Kommunikationspartner, einander etwas mitzuteilen; es müssen auch Kommunikationsinteressen berücksichtigt werden, d. h. das, was ein Kommunikationspartner durch sprachliche (und nichtsprachliche) Mittel beim anderen zu bewirken beabsichtigt.[12] Insofern ist Sprechen nicht nur ein Mitteilen, sondern stets auch ein Handeln, z. B. ein Befehlen, Fragen, Bestreiten, Behaupten usw. Pragmatik läßt sich definieren als das Studium sprachlicher Handlungen und der Kontexte, in denen sie vollzogen werden.

Nun ist zu fragen, welche Beziehung besteht zwischen bestimmten Sprechhandlungstypen und bestimmten grammatischen Modi von Sätzen. Man kann etwa untersuchen, ob jede Äußerung, die grammatikalisch die Form einer Frage hat, auch einer Frageintention entspricht, d. h., ob sie hinsichtlich ihrer kommunikativen Funktion als Frage gemeint ist, z. B.:

1. »Könntest du bitte deine Schuhe abputzen?«
2. »Dürfte ich Sie höflichst bitten, mir das Manuskript zurückzusenden?«
3. »Wie kannst du ihm das nur erlauben?«
4. »Ist das nicht ein einmaliges Angebot?«

1. und 2. sind Aufforderungen,[13] 3. erhebt einen Vorwurf, 4. heischt Zustimmung.

Umgekehrt kann die kommunikative Frageintention sich grammatikalisch anderer Vehikel bedienen als des Fragesatzes, z. B.:

»Sie werden sicher heute noch weiter wollen.« »Mich würden die Gründe für seine Abreise interessieren.« »Dein Freund war wohl nicht zu Hause.«

Ähnlich kann eine Aufforderungsintention in verschiedenen grammatischen Modi vorgebracht werden:[14]

»Monika, mach das Fenster zu!«
»Monika, sei mal so nett und mach das Fenster zu!«
»Monika, machst du mal das Fenster zu?«
»Monika, bist du mal so nett und machst du das Fenster zu?«
»Monika, kannst du mal das Fenster zumachen?«
»Monika, würdest du bitte mal das Fenster zumachen?«
»Monika, kannst du denn nicht das Fenster zumachen?«
»Monika, du könntest mal das Fenster zumachen.«
»Monika, du kannst das Fenster zumachen.«
»Monika, ich wäre dir dankbar, wenn du mal das Fenster zumachst.«
»Monika, ich denke, du solltest mal das Fenster zumachen.«
»Monika, ich möchte, daß du das Fenster zumachst.«
»Monika, warum machst du nicht das Fenster zu?«
»Monika, warum steht das Fenster denn immer noch auf?«
»Monika, das Fenster steht auf!«
»Monika, ich wundere mich, daß es dich gar nicht stört, daß das Fenster aufsteht.«
»Monika, es zieht!«
»Monika, merkst du denn gar nicht, daß es zieht?«

Für jeden dieser Sätze wäre eine Situation als Rahmen denkbar, in der seine Äußerung genau denselben kommunikativen Effekt erbringen würde wie die eines anderen aus den oben aufgeführten.

Ich muß also unterscheiden zwischen Fragesätzen (Interrogativformen), Aufforderungssätzen (Imperativformen) einerseits und Fragen und Aufforderungen andererseits. Wunderlich spricht von »zwei Ebenen der Konventionalität von Sprache«:[15] die eine beruht im System grammatikalischer Regeln – die Konventionalität dieser Ebene, der *langue*, ist bereits im de Saussureschen Strukturalismus ein Grundprinzip –; die zweite ist durch die Regeln des Sprachhandelns gegeben und artikuliert sich in der Frage: Welche Konsequenzen ergeben sich aus bestimmten Äußerungen für einen Sprecher und einen Hörer? Was kann ein Satz in welchen Situationskontexten bedeuten?

Die oben als erste beschriebene Ebene der Konventionalität könnte man die linguistische, die zweite die pragmatische nennen. Daß zwischen ihnen keine Eins-zu-Eins-Entsprechung besteht, sondern einem Typ der einen Ebene u. U. mehrere der anderen entsprechen, haben die angeführten Beispielsätze deutlich zu machen versucht.

2.1. Indirekte Sprechhandlungen

Betrachten wir nochmals die Beispielsätze aus 2., so stellen wir fest, daß für den pragmatischen Sinn eines Satzes der Kontext eine entscheidende Rolle spielen kann, wenn auch nicht muß. Während in den 13 ersten Beispielsätzen die Aufforderung, das Fenster zu schließen, auch ohne Rekurs auf eine gegebene Situation verstanden werden kann (sie alle enthalten die Lexeme *Fenster* und *zumachen*) ist bei den sechs letzten Äußerungen nur durch die Situation klar, daß es sich nicht (jedenfalls im pragmatischen Sinne nicht) um Feststellungen eines Zustandes, sondern um Aufforderungen handelt. Es sind sogenannte indirekte Sprechhandlungen.[16] Eine indirekte Sprechhandlung ist dadurch gekennzeichnet, daß »die wörtliche Äußerung den Grund für die indirekte Aufforderungshandlung«[17] angibt. Die Feststellung, »es herrscht der Zustand x«, kann schlußfolgernd verstanden werden als Aufforderung: »Mach, daß der Zustand x nicht mehr besteht.«[18] Hierfür sind nach Wunderlich zwei Kontext-Bedingungen Voraussetzung:

– Man muß entnehmen können, daß »der Sprecher den Zustand x direkt oder indirekt als unangenehm empfindet«;[19]
– die Beziehung Sprecher zu Hörer muß hinsichtlich des »Ranges der Kommunikationspartner«[20] im betreffenden Kommunikationsakt so strukturiert sein, daß Bitten oder Aufforderungen möglich sind, d. h., entweder muß der Sprecher der Bevorrechtigte[21] sein, oder es muß Gleichberechtigung vorliegen.

3. Illokutive Äußerungen

Wenn wir wieder an die Beispielsätze aus 2. anknüpfen, so fällt auf, daß einige davon noch einen Vordersatz enthalten, in dem das Personalpronomen der 1. Person und ein Verb vorkommen:

»M., *ich wäre dir dankbar,* wenn du mal das F. zumachst.«
»M., *ich denke,* du solltest mal das F. zumachen.«
»M., *ich möchte,* daß du das F. zumachst.«
»M., *ich wundere mich,* daß es dich gar nicht stört, daß das F. aufsteht.«

Solche sprachlichen Ausdrücke dafür, »daß der Sprecher Komponenten der Interaktion (seine Wahrnehmungen, seine Erwartungen) in bestimmter Weise bewertet oder beurteilt«,[22] bezeichnet man als illokutive Äußerungen.

Die Sprechakttheorie unterscheidet zwischen lokutiven, illokutiven und perlokutiven Akten:

Lokutiver Akt: Akt des Hervorbringens einer Äußerung[23] (die pragmatisch noch nicht spezifiziert ist).

Illokutiver Akt: Akt der Übermittlung der empfängergerichteten Senderintention.[24]

Perlokutiver Akt:
- perlokutiv$_1$: die beabsichtigte Wirkung des Sprechakts (so bei Wunderlich),[25]
- perlokutiv$_2$: die durch den Sprechakt wirklich auf den Empfänger (bzw. auf Sender und Empfänger zugleich, z. B. beim Versprechen) ausgeübte Wirkung (so eher bei Austin).

Die Unterscheidung zwischen illokutiv und perlokutiv$_2$ ist nicht immer eindeutig; in der Regel kann sie durch den von Austin[26] vorgeschlagenen Test durchgeführt werden:

»*in saying* it I was warning him« – illokutiv (in dem Moment, wo ich es sagte, warnte ich ihn gleichzeitig)
»*by saying* it I convinced him« – perlokutiv (dadurch, daß ich es sagte, überzeugte ich ihn)

Im folgenden soll auf den illokutiven Akt eingegangen werden, indem wir drei verschiedene Typen illokutiver Äußerungen beschreiben:

Illokutive Äußerungen können selbst *Handlungen sein,* oder sie können *Handlungen bewirken wollen,* oder sie können *Handlungen* (bzw. Sachverhalte) *bewerten.*

1. Illokutive Äußerungen sind selbst Handlungen, wenn Verben wie die in 2. genannten verwendet werden: *fragen, befehlen, behaupten.* Solche Verben, die sprachliche Handlungen ausdrücken, nennt man *performative Verben.* Wendungen aus Personalpronomen 1. Person und einem solchen performativen Verb nennt man *explizit performative Formeln,* z. B. ›ich befehle dir, (das Fenster zuzumachen, oder dgl.)‹. (Weiteres s. 3.2.). Meist gehen sie als performativer Vordersatz dem Satz, der den Inhalt ihres Befehlens, Wünschens, Fragens usw. ausdrückt, voraus (s. 5.).

2. Illokutive Äußerungen wollen *Handlungen bewirken,* d. h., sie sind nicht Handlungen des Sprechers, sondern sollen zu Handlungen, Verhaltens-, Überzeugungsänderungen usw. führen (zu sog. *perlokutiven Effekten*) beim Hörer, wenn Verben wie die folgenden verwendet werden:[27]

»Illokutive Akte	Allgemeiner perlokutiver Effekt
argumentieren, daß p	
begründen, daß p	
rechtfertigen, daß p	
beweisen, daß p	H ist davon überzeugt, daß p
folgern, daß p	
ableiten, daß p	
.	
.	
.	
widerlegen, daß p	
entkräften. daß p	
zum Widerspruch führen, daß p	H ist davon überzeugt, daß nicht p
falsifizieren, daß p	
.	
.	
.	
glückwünschen	
gratulieren	
danken	H ist erfreut
loben	
Komplimente machen	
empfehlen	
.	
.	
.	

Wenn ein Examenskandidat durch eine knifflige Frage des Prüfers erfreut wird, obwohl der Prüfer den Kandidaten damit hereinlegen wollte, so ist das ein spezieller perlokutiver Effekt einer Examensfrage.«

3. Illokutive Äußerungen *bewerten Handlungen, Sachverhalte usw.*, d. h., sie sind nicht selbst Handlungen, sondern haben »situationsdefinierenden«[28] Charakter, wenn Wendungen wie z. B. oben: *ich wundere mich* (*, daß*...) oder: *ich bin ärgerlich* (*, daß*...) u. a. verwendet werden.

In einem zusammenfassenden Schema lassen sich die Typen 1 und 2 als unmittelbar in Handlungen – geschehende und herbeizuführende – implizierte dem Typ 3 gegenüberstellen:

illokutive Akte

zugleich Handlungen		nur situationsdefinierend
mit performativen Verben (*Monika, ich befehle dir, daß du das Fenster zumachst.*)	mit Ausdrücken, die einen perlokutiven Sinneffekt haben (*Monika, ich wäre dir dankbar, wenn du das Fenster zumachen würdest.*)	(*Ich bin Monika* [*dafür*] *dankbar, daß sie das Fenster zugemacht hat.* Oder: *Monika hat das Fenster zugemacht, dafür bin ich ihr dankbar.*)

Das Verb ist nicht die einzige grammatische Form, die die Funktion übernehmen kann, die Äußerung in einer bestimmten Weise auszurichten, vorauszuschicken, was der Hörer damit zu machen hat. Andere Wortarten, z. B. Adverbien, können für dieselbe Funktion verwendet werden, s. 3.3.: Andere Wortarten (Nicht-Verben) als illokutive Indikatoren.

Die drei folgenden Kapitel sollen das Funktionieren illokutiver Äußerungen darstellen.

3.1. Performative Verben

An den performativen Verben wie *befehlen, fragen, begrüßen, versprechen, taufen* usw. ist intuitiv einleuchtend, daß Sprechen zugleich ein Handeln ist. Denn sie beschreiben nicht nur mit sprachlichen Mitteln einen außersprachlichen Vorgang (wie es etwa beliebige andere Verben: *laufen, geben, lieben, tun*), sondern im sprachlichen Benennen dieses Vorgangs liegt zugleich sein Vollzug. Wenn ich sage: *er fliegt*, beschreibe ich damit eine außersprachliche Handlung; wenn ich aber sage: *ich begrüße Sie*, so beschreibe ich damit nicht nur eine Grußhandlung, sondern indem ich sie sprachlich benenne, konstituiere ich sie zugleich als sprachliche Handlung; *Benennen und Vollzug des Benannten fallen in den performativen Verben in eins zusammen.*

Performative Verben sind Verben, die unter bestimmten Umständen performativ gebraucht werden *können*. Der wichtigste Umstand ist: die Form im Präsens Indikativ 1. Person (Singular oder Plural) bzw. einige wenige äquivalente Formen (s. 3.2.). *Ich verspreche dir, ...* ist normalerweise performativ. *Ich versprach dir, ...* ist nicht performativ. *Er verspricht dir, ...* ist ebenfalls nicht performativ. Genauer gesagt: In den beiden letzten Äußerungen wird zumindest das Verb *versprechen* nicht performativ verwendet. Mit ihnen wird vielmehr über einen früheren Sprechakt des Versprechens berichtet bzw. eine Tatsachenbehauptung (»Es existiert/existierte ein solcher Sprechakt«) aufgestellt. Der zweitwichtigste Umstand ist die Ernsthaftigkeit des Sprechens. Scherzhafte Versprechungen z. B. zählen nicht. In ihnen wird *Ich verspreche dir, ... mit anderen Rede-Intentionen* geäußert. Verben wie z. B. *laufen, essen, schneiden, anziehen* lassen sich dagegen niemals performativ gebrauchen. Das macht den Unterschied zwischen ihnen und Verben wie *versprechen, befehlen, empfehlen, raten* usw. und deren Besonderheit aus. Darum also nennt man sie performative Verben, nicht etwa deshalb, weil sie in jedem Sprechakt performativ verwendet würden.

Nun gibt es aber viele Äußerungen, die kein solches performatives Verb enthalten, z. B. *Das Wetter ist schlecht.*

Wie kann man behaupten, solche Äußerungen seien ebenfalls Sprechhandlungen? Indem man von der Annahme ausgeht, jeder Satz sei als abhängig von einem performativen Verb denkbar, und sei es nur *ich meine* oder *ich teile dir (als wirklich) mit.*

3.2. Explizit performative Formeln

Wir können nunmehr genauer auf die ›performativen Sätze‹, wie Habermas sie nennt, eingehen. Sie können implizit oder explizit sein.

Explizit performative Formeln (EPF'n) sind Wendungen, deren sich der Sprecher bedient, um den Charakter einer Sprechhandlung explizit zu deklarieren (z. B. als Befehl, als Bitte, als Behauptung). Wunderlich[29] gibt die linguistische Struktur solcher explizit performativen Formeln an (ihre nicht formalisierte Beschreibung ist uns schon aus 3. bekannt):
»ich ...... dir, daß ....
   VERB   SATZ
(z. B. *ich verspreche dir [hiermit], daß ich morgen komme*)

Alle EPF'n stehen im Indikativ Präsens in der positiven Form; Subjekt: 1. Person (Singular oder Plural); Personobjekt (Dat. oder Akk.): 2. Person (Singular oder Plural). Die Partikel ›hiermit‹ kann ergänzt werden.

Gewisse Transformationen der angegebenen Struktur beeinflussen die kommunikative Funktion der EPF nicht, z. B. Passiv: *Es wird gebeten, die Tür leise zu schließen*; oder Permutation: *Wir warten hier, das versprechen wir euch*. (Ob man auch solche Ausdrücke als explizit performative Formeln bezeichnen sollte, wie Wunderlich es tut, bedürfte noch der Diskussion.)

Eine bestimmte EPF ist jedoch nicht für alle Situationen als Indikator einer bestimmten kommunikativen Funktion festgelegt, vgl.: *Ich frage dich, was du hier liest* (Fragefunktion), dagegen *Ich frage dich, ob du endlich die Klappe halten kannst* (Aufforderung);
oder: *Ich rate dir, mit der Bahn zu fahren* (Ratschlag), dagegen *Ich rate dir zu verschwinden* (Drohung, jedenfalls häufig).

Die EPF'n sind, wie aus den Beispielen ersichtlich, nicht immer hinreichend eindeutig, um die kommunikative Funktion anzugeben. Zum zweiten sind sie in normalen Gesprächen oft gar nicht anzutreffen. Demnach muß es noch andere Mittel mit derselben Funktion geben, d. h. noch andere Träger der Konventionalität von Sprechhandlungen: die illokutiven Indikatoren.

3.3. Andere Wortarten (Nicht-Verben) als illokutive Indikatoren

Die Äußerung eines Satzes wie *Du kannst das Fenster schließen* kann je nach Kontext verschiedene kommunikative Funktionen haben. Zur pragmatischen *Disambiguierung* (= Beseitigung bzw. Verringerung der Mehrdeutigkeit in der Sprecherintention) können also einerseits der Situationskontext dienen, andererseits auch sprachliche Mittel, die dem Hörer sagen, wie er die Äußerung zu ›verwerten‹ hat, z. B.:
He, du kannst das Fenster schließen. (Aufforderung)
Du kannst bitte das Fenster schließen. (Aufforderung)
Du kannst mal das Fenster schließen. (Aufforderung)
Du kannst ja das Fenster schließen. (Ratschlag)
Du kannst bestimmt das Fenster schließen. (Versuch, den Hörer davon zu überzeugen, daß er eine bestimmte Fähigkeit besitzt oder daß eine bestimmte Handlung dem Hörer erlaubt ist.)

Du kannst das Fenster schließen, oder? (Frage nach der Information, ob der Hörer eine bestimmte Fähigkeit besitzt, oder Aufforderung mit Offenlassen einer Handlungsalternative.)
Ja, du kannst das Fenster schließen. (Erlaubnisgeben oder Bestätigung, daß der Hörer eine Fähigkeit besitzt oder daß eine Erlaubnis besteht.)
Nanu, du kannst das Fenster schließen? (Ausdruck der Überraschung, daß der Hörer eine bestimmte Fähigkeit besitzt.)

Die Beispiele zeigen, daß auch illokutive Indikatoren, die keine Verben sind, Träger »handlungsherbeiführender« oder Träger situationsdefinierender illokutiver Akte sein können (s. 3.). Ihre linguistische Form ist (zumindest im Deutschen) häufig das Adverb, daneben auch die Interjektion. Aus der Gattung Adverbien sind es besonders die – gelegentlich zu Unrecht als unwesentlich angesehen – sog. ›Füllwörter‹. Daß sie eine wichtige kommunikative Funktion haben können, ist von seiten der Soziolinguistik ebenfalls festgestellt worden. Vergleichen wir eine Äußerung eines elaboriert Sprechenden mit ihren Varianten im restringierten [30] Code,

elaboriert: *Er kam nicht, weil er krank war.*
restringiert: *Er kam nicht, er war ja krank.*
oder: *Er kam nicht, er war doch krank.*

so stellen wir fest, daß im restringierten Code ein illokutiver Indikator die gleiche Funktion haben kann wie im elaborierten die Hypotaxe.[31] (Zu der Konsequenz, die diese Feststellung für Bernsteins These hat, s. 10.1.2.3. bei Pelz, H., a.a.O.)

4. Pragmatische Universalien

Nach Habermas befaßt sich die Universalpragmatik mit allgemeinen Strukturen der Sprechsituation (s. 1.), sog. »dialogkonstituierenden Universalien«.[32]

4.1. Systematisierung von Sprechakten

Für Habermas steht im Zentrum der pragmatischen Universalien der Sprechakt, der in seiner jeweiligen pragmatischen Intention festgelegt wird durch seinen performativen Satz bzw. durch das performative Verb, genauer: durch dessen Semantik. Die Vielzahl performativer Verben läßt sich semantisch-pragmatisch in einige größere Gruppen zusammenfassen – von daher sieht Habermas eine Möglichkeit, Sprechakte in ein System einzuordnen, dem als intersprachlich gültigem der Status eines Universale zukommt.[33] Er unterscheidet vier Klassen von Sprechakten:
1. *Kommunikativa*, z. B. *sagen, fragen, antworten, zugeben, zitieren*. Sie dienen dazu, »den pragmatischen Sinn der Rede« überhaupt anzusprechen, den »Sinn von Äußerungen qua Äußerungen« zu explizieren.

2. *Konstativa*, z. B. *beschreiben, mitteilen, erklären, voraussagen, deuten, versichern, bestreiten, bezweifeln.* Sie dienen dazu, »den Sinn der kognitiven Verwendung von Sätzen auszudrücken«. Sie explizieren den »Sinn von Aussagen qua Aussagen«.

3. *Repräsentativa*, z. B. *offenbaren, gestehen, preisgeben.* Sie dienen dazu, »den pragmatischen Sinn der Selbstdarstellung eines Sprechers vor einem Hörer anzusprechen«. Sie explizieren »den Sinn des zum Ausdruckbringens von Intentionen, Einstellungen, Expressionen des Sprechers«. Die von diesen performativen Verben abhängigen Sätze sind Intentionalsätze mit Verben wie *wissen, denken, meinen, hoffen, lieben, wollen* usw.

4. *Regulativa*, z. B. *befehlen, bitten, ermahnen, sich weigern, versprechen, vereinbaren, entschuldigen, vorschlagen.* Sie dienen dazu, den »Sinn der praktischen Verwendung von Sätzen auszudrücken«. Sie explizieren den »Sinn des Verhältnisses, das Sprecher/Hörer zu Regeln einnehmen, die sie befolgen oder verletzen können«.[34]

Diese Systematisierung von Sprechakten ist bei Habermas deswegen fundamental wichtig, weil auf ihr die »ideale Sprechsituation« beruht (s. Kap. 8.). Die ideale Sprechsituation (oder ›ideale Redesituation‹, ›Diskurs‹, ›herrschaftsfreie Diskussion‹) ist der eigentliche Schlüsselbegriff der *Habermasschen* Pragmatik, dem bei ihm alle anderen pragmatischen Begriffe letztlich untergeordnet sind. Daher haben wir ihm ein eigenes Kapitel gewidmet (Kap. 8.).

Den genannten vier Klassen von Sprechakten fügt Habermas noch eine fünfte hinzu: institutionelle Sprechakte, z. B. *begrüßen, danken, gratulieren, taufen, heiraten, wetten, verurteilen* usw. Diese letztere Klasse basiert auf konventionalisierten Situationen, sie »setzt Institutionen bereits voraus«;[35] die ersten vier Klassen hingegen bringen erst selbst Sprechsituationen hervor, weshalb nur sie (nicht dagegen die fünfte) von Habermas den pragmatischen Universalien zugerechnet werden.

Habermas' Einteilung der Sprechakte ist nicht unumstritten. Mit einem Ausdruck, der zu den Repräsentativa gehört, nämlich *Ich verschweige dir nicht, daß* . . .,[36] bringe ich gegenüber meinem Kommunikationspartner zum Ausdruck, daß ich ihm offen, ohne Täuschung, ernsthaft (Qualität intersubjektiv ehrlicher Rede oder ›Wahrhaftigkeit‹[37] bei Habermas) eine Proposition mitteilen will. Er soll erkennen, daß ich ihm dabei nichts verheimliche. Das gleiche kann ich nun aber auch mit einem bloßen Kommunikativum tun – unter Verwendung von *sagen* –, indem ich entsprechende adverbiale Zusätze mache (z. B. *Ich sage dir ganz offen, daß* . . .). Habermas sieht nicht die große Bedeutung der Adverbien für die Sinnkonstitution und Sinnerschließung. Und *mitteilen* wiederum ordnet Habermas unter die Konstativa ein. (Warum nicht ebenso wie *sagen* unter die Kommunikativa?) Habermas hat das Phänomen der Polysemie nicht in Betracht gezogen, die Tatsache, daß es Überschneidungsbereiche gibt; und manchmal ist seine Zuordnung eines Verbs zu einer Klasse (so bei *mitteilen*) sogar völlig arbiträr. Daraus folgt, daß die Pragmatik semantische Kategorien miteinbeziehen müßte, gerade für die schwierige Klassifizierung der Sprechakte, genauer: der für die Sprechakte wichtigsten Verben wie auch Adverbien beim Typ der einleitenden Hauptsätze. Dabei können Substitutionstests (Austauschproben), Permutationstests (Umstellproben), Deletionstests (Weglaßproben) und andere Proben und das Begriffsinventar der strukturellen Semantik eine große Rolle spielen. Semantik und Pragmatik sollten dabei zusammenwirken.

In einigen Fällen ist die semantische Bedeutung nicht mit dem pragmatischen Sinn identisch. *Es stimmt, daß* ... weist z. B. semantisch auf die Wirklichkeitsadäquatheit der Proposition (nach Auffassung des Sprechers) hin. Aber pragmatisch gesehen gesteht der Sprecher damit manchmal seinem Kommunikationspartner etwas zu: Er räumt ein, daß dieser recht hat. *Es stimmt, daß*... wird dann konzessiv gebraucht.

Dieses Beispiel zeigt, wie Semantik und Pragmatik bei einer detaillierten Klassifikation der Sprechakte zusammenwirken könnten: Nach der semantischen Abgrenzung (*Es stimmt, daß*... gegenüber *Ich halte es für möglich, daß*..., *Ich nehme an, daß*... usw.) müßten die verschiedenen pragmatischen Verwendungsbedingungen im einzelnen angegeben werden.

Austin hatte vor Habermas eine *andere Einteilung der Sprechakte* vorgenommen.[38]

Die Frage einer überzeugenden und anhand linguistischer Tests nachweisbaren Klassifikation der Sprechakte (bei der durchaus Übergangs- und Mischtypen vorkommen könnten) ist also noch nicht gelöst. Es ist zu unterscheiden zwischen a) denknotwendigen pragmatischen Universalien in bezug auf die Wirklichkeit des Sprechhandelns; sie könnten erschlossen werden aus den performativ verwendbaren Verben des Deutschen, des Englischen und des Französischen usw., denn die Konstituierung pragmatischer Universalien muß auf den historischen Sprachen basieren, sie darf nicht von abstrakten Postulaten ausgehen; und b) den pragmatischen Universalien in der Habermasschen Konzeption, wie sie hier dargestellt ist.

Wir haben Habermas' Einteilung der Sprechakte dargelegt und zu bedenken gegeben, daß eine andere, eingehender linguistisch begründete Einteilung durchaus möglich wäre. Eine solche Einteilung wäre u. a. nützlich für die fachwissenschaftliche Basis eines Sprachunterrichts, der auf eine jeweils genau definierte kommunikative Kompetenz abzielt und es nicht bei global programmatischen Lernzielformulierungen bewenden läßt.

Ob eine Einteilung nach semantischen Kriterien völlig anders aussähe als Habermas' Klassifikation nach eher »pragmaphilosophischen« Kriterien oder ob sich teilweise Parallelen ergäben, bliebe abzuwarten.

Entsprechend ihrer postulierten intersprachlich-allgemeinen Gültigkeit stellt Habermas eine Beziehung zwischen performativ verankerten pragmatischen Universalien (d. h. zwischen Typen von Sprechakten) und philosophischen Kategorien her, und dies in folgender Weise:

Philosophische Problemstellung	Sprechakte
›Sein und Schein‹	Konstativa
›Wesen und Erscheinung‹	Repräsentativa
›Sein und Sollen‹	Regulativa

Auf die philosophischen Problemstellungen und die damit zusammenhängenden Beziehungen zwischen den Konstativa und der Wahrheit von Aussagen, den Repräsentativa und der Wahrhaftigkeit von Äußerungen, den Regulativa und der Richtigkeit von Handlungen können wir hier nicht eingehen. Der Argumentationsgang, durch den Habermas seine Klassifikation zu begründen sucht und mit dem er zum Begriff der idealen Sprechsituation (s. Kap. 8.) gelangt, ist ein philosophischer, kein linguistischer. Festzuhalten bleibt nur: Das Zusammenwirken dieser drei fundamentalen Arten von Sprechakten ist nach Habermas notwendig, damit man zwischen einem ›wahren‹ und einem ›falschen‹ Konsensus unterscheiden kann. Im Konsensus, im Sich-Verständigen von mindestens zwei Sprechern/Hörern, liegt der pragmatische Sinn von Rede überhaupt.[39] Damit gehören die Sprechakte, die diese Unterscheidung pragmatisch repräsentieren, als dialogkonstituierende Universalien zu den Bedingungen jeder Kommunikation.[40]

4.2. Weitere Beschreibungselemente von Kommunikationssituationen

Der Sprechakt als weitgehend inhaltlich fundiertes Universale (s. 3.1.), stellt nur *ein* Element der stets komplexen Sprechsituation dar. Andere pragmatische Universalien, d. h. rekurrierende Faktoren, die in die Beschreibung einer Kommunikation mit eingehen müssen, sind z. T. grammatikalisiert, d. h. an bestimmte Wortklassen gebunden; z. T. lassen sie sich nicht in linguistische Kategorien fassen. Sie können sowohl zur Beschreibung einer Kommunikation von einem extrakommunikativen Standpunkt aus dienen als auch »vom Sprecher selbst (sozusagen meta-kommunikativ) benannt werden«:[41]

»... die jeweilige Person des Sprechers, die jeweils angesprochene Person (oder Personen), die Zeit der Äußerung, der Ort des Sprechers, in bezug auf die Gesamtgruppe, in bezug auf den umgebenden Raum, den Wahrnehmungsraum des Sprechers, in dem der ihn umgebende Raum, der Angesprochene und die evtl. gleichzeitigen Handlungen oder Verhaltensweisen des Angesprochenen enthalten sind, die phonologisch-syntaktischen Eigenschaften der verbalen Äußerung, die phonetischen Eigenschaften der paralinguistischen [42] Begleitphänomene, die strukturellen Eigenschaften der außerverbalen [43] Äußerungsformen, die strukturellen Eigenschaften der begleitenden Handlungen des Sprechers, der vom Sprecher intendierte kognitive Inhalt der Äußerung, der im Rahmen einer pragmatikunabhängigen logischen Semantiksprache beschreibbar ist, die Intention des Sprechers:
a) thematisch orientiert (Argumente klären wollen, den Angesprochenen überzeugen wollen, etwas in Erfahrung bringen wollen, seinen eigenen Standpunkt darlegen wollen usw.),

Grammatikalisierte pragmatische Universalien sind: alle deiktischen Ausdrücke
der PERSON: Personalpron. und ihre Ableitungen (Possessiva);
der ZEIT: Tempusformen, Zeitadverbien wie *jetzt, morgen ...;*
des ORTES: Demonstrativa (*der, das ...*), Ortsadverbien wie *hier, links;* Formen der Kontaktaufnahme wie Gruß, Vokativ usw., besondere honorative Formen; Wiedererwähnung von Rede (direkte und indirekte Rede), Formen der Redeeinleitung und des Redeabschlusses wie *ich will es dir erklären ..., ich habe dir hiermit alles gesagt, was ich weiß,* bestimmte grammatische Modi wie Frage, Imperativ, Konjunktiv, Optativ; Modaladverbien wie *augenscheinlich, vermutlich, möglicherweise, sicher* usw.

b) handlungsmäßig orientiert (gewisse Handlungen des Angesprochenen erreichen wollen, eigene vergangene Handlungen rechtfertigen oder erklären wollen, eigene gegenwärtige Handlungen deutlich machen wollen, einen allgemeinen Kontakt herstellen wollen, ein Kontaktbestreben des Angesprochenen abwehren wollen usw.),
c) ausdrucksmäßig orientiert (gewisse Gefühle und Emotionen ausdrücken wollen, wie Haß, Freude, Angst, Ärger, Zuneigung usw., Wunsch nach Bestätigung oder Solidarität durch den Angesprochenen usw.), die Voraussetzungen, die der Sprecher mitbringt:

a) allgemeine Voraussetzungen, die während des gesamten Kommunikationsverlaufs einigermaßen konstant bleiben: das Wissen des Sprechers (enzyklopädische Weltkenntnis, Bekanntschaft mit dem Thema, Kenntnis von Sprachen, Kenntnis der gesellschaftlichen Normen, Kenntnis der Biographie des Angesprochenen usw.),
die Fähigkeiten des Sprechers (Perzeptions- und Produktionsfähigkeit von Sprache, kognitive Fähigkeiten wie Kombination und Assoziation, Problemlösung, Abstraktion und Generalisierung, strukturelle Gliederung usw., Lernfähigkeit, Konzentrationsfähigkeit, Fähigkeit zur Einstellung auf einen Sprech- oder Handlungspartner, Fähigkeit, die eigene Rolle und Motivation sich bewußt zu machen usw.),
die allgemeine Motivation des Sprechers (seine Wünsche, Bedürfnisse, Interessen usw.«[44]
Hier wäre an weiteren Merkmalen noch einzufügen:

– »Rang von Kommunikationspartnern im jeweiligen Kommunikationsakt: gleichberechtigt (›symmetrische Interaktion‹)[45] – bevorrechtigt (›komplementäre Interaktion‹)[46]
– sozioökonomische Voraussetzungen beider Kommunikationspartner (Rolle, Status, ökonomische Situation)[47]
– Öffentlichkeitsgrad des Kommunikationsaktes[48]

b) spezielle Voraussetzungen, die sich im Verlauf der Kommunikation verändern können: Annahmen über den Angesprochenen (Annahmen über dessen Wissen, Fähigkeiten und Motivation, über dessen Intention und Interesse, über dessen emotionale Gefühlslage, über dessen Erwartungen in bezug auf die Rolle des Sprechers, über dessen Verständnis der vorausgegangenen Äußerungen und Handlungen, über dessen Ermüdungszustand, Aufmerksamkeit usw.),[49]
Verständnis der vorausgegangenen Äußerungen und Handlungen,
Verständnis der eigenen Rolle,
an die Kommunikation geknüpfte eigene Erwartungen,
emotionale Gefühlslage,
Ermüdungszustand, Aufmerksamkeit usw.,
die mit der Äußerung etablierte Interrelation von Sprecher und Angesprochenem (der Sprecher versucht, den Angesprochenen zu etwas zu bewegen, der Sprecher führt ein gewisses Verständnis herbei, der Sprecher erzielt ein gewisses Interesse des Angesprochenen, der Sprecher befreit den Angesprochenen von gewissen Befürchtungen, der Sprecher stellt eine Norm auf, der Sprecher geht eine Verpflichtung ein usw.).«[50]

4.2.1. `Referenzmittel[51]

In die von Wunderlich aufgestellte Liste pragmatischer Universalien aus 4.2., die – zusätzlich zum zentralen Sprechakt – zur Beschreibung jeden Kommunikationsaktes anwendbar sind, ist noch eine Differenzierung einzubringen. Sie bezieht sich auf die vier ersten Punkte: Person des Sprechers, Person des Hörers, Zeit und Ort.

Bezugspunkt aller Verweise auf diese vier Elemente eines Kommunikationsaktes, d. h. Bezugspunkt der drei möglichen Arten von Deixis: lokal, temporal und personal, ist der »hier-jetzt-ich-Ursprung des Sprechers«.[52] Wo auf andere Orte – Zeiten – Personen verwiesen wird, müssen diese stets »relativ zu diesem Ursprung bestimmt werden«.[53]

Beispiel für lokale Deixis: Gebrauch der im Dt. zugleich als Verbalpartikel fungierenden Richtungsadverbien *hinauf/herauf, hinaus/heraus* usw.

A: *Bitte, wirf mir den Schlüssel heraus!* – B: *Ich habe ihn doch schon hinausgeworfen.* (Wenn A draußen, B drinnen ist.)

Aufgabe:

Vergleichen Sie, welche Möglichkeiten das Frz. und das Engl. haben, um solche dt. Richtungspartikel zu übersetzen. Beispielsätze:
1. *Bitte, wirf mir den Schlüssel heraus! –*
   Ich habe ihn doch schon hinausgeworfen?   *frz.:?*   *engl.:?*
2. *Er trug den Koffer hinaus.*   *frz.:?*   *engl.:?*
3. *Ein Vogel flog herein.*   *frz.:?*   *engl.:?*
4. *Wer trägt die Getränke herauf?*   *frz.:?*   *engl.:?*
5. *Sie galoppierten herein.*   *frz.:?*   *engl.:?*

Die Frage nach den Referenzmitteln lautet also etwa: Mit welchen sprachlichen Mitteln (Wortarten; Lexikonelementen) sorgt der Sprecher dafür, daß der Hörer versteht, »von welchen Teilen der Umwelt die Rede ist«? Und zusätzlich: Welche Regeln gelten jeweils für die Anwendung der einzelnen sprachlichen Mittel, z. B.: unter welchen Bedingungen darf ich zum Zwecke der Deixis ein Personalpronomen verwenden, unter welchen nicht?

Dabei ist zu unterscheiden zwischen *situationsabhängigen und situationsunabhängigen Referenzmitteln* nach folgendem Schema:[54]

situationsabhängige Referenzmittel	situationsunabhängige Referenzmittel	
Hinweisgesten bestimmter Artikel	Eigennamen Kennzeichnungen	in Texten:
Pronomina Demonstrativa Kennzeichnungen deiktische Ausdrücke		Neueinführung von Referenzobjekten: unbestimmter Artikel Zahlwörter Nullartikel Wiedererwähnung: Pro-Formen

Situationsabhängige Referenzmittel können nur verwendet werden, wenn das Referenzobjekt entweder sich im Wahrnehmungsraum von Sprecher und Hörer befindet oder bereits in sprachlicher Weise eingeführt wurde. So ist z. B.

eine Sequenz: *Vorhin wollte dich die Dame besuchen. Heute abend kommt eine Dame nochmals vorbei,* abweichend, ebenso wie: *Vorhin wollten dich die Damen besuchen. Heute abend kommen einige Damen nochmals vorbei,* und *Vorhin wollten dich die Damen besuchen. Heute abend kommen Damen nochmals vorbei.* Der Vorstoß beruht darauf, daß die Neueinführung eines Referenzobjektes außer durch Eigennamen durch den unbestimmten Artikel bzw. dessen Entsprechung im Plural (dt.: Null-Artikel: *Damen,* frz.: Plural des ›article partitif‹: *des dames,* engl.: *some: some ladies*) oder durch ein Zahlwort erfolgen kann. Erst im weiteren, für die anaphorische Rückverweisung auf dieses Objekt, darf ich mich des bestimmten Artikels (oder auch eines Demonstrativums; jedenfalls der sog. Pro-Formen) bedienen.

Die Referenzmittel wurden hier im Rahmen der pragmatischen Universalien, nicht im Kapitel ›Semantik‹ aufgeführt, weil sie als lediglich zusätzliche Präzisierung der genannten Universalienliste aufgefaßt werden können. In 4.2. wurde festgestellt, daß gewisse pragmatische Universalien bestimmten grammatischen Formen zugeordnet sind; dabei kann für die Versprachlichung eines Universale mehr als *eine* grammatische Form zur Verfügung stehen. Daher kann 4.2.1. verstanden werden als Darstellung der pragmatischen Distribution dieser einzelnen grammatischen Formen. (Unter welchen Bedingungen wähle ich welche Form?)

5. Die Doppelstruktur umgangssprachlicher Kommunikation

»Wir können davon ausgehen, daß *Sprecher/Hörer in ihren Äußerungen Sätze verwenden, um sich über Sachverhalte zu verständigen.* Die elementaren Einheiten der Rede haben eine eigentümliche Doppelstruktur, in der sich das spiegelt. Ein Sprechakt ist nämlich aus einem performativen Satz und einem davon abhängigen Satz propositionalen Gehalts zusammengesetzt. Auch wenn die performativen Bestandteile nicht ausdrücklich verbalisiert werden, sind sie im Sprechvorgang stets impliziert; sie müssen daher in der Tiefenstruktur eines jeden Satzes auftreten.«[55]

elementarer Sprechakt	
performativer Satz	abhängiger Satz propositionalen Gehaltes
ICH sagen (gegenüber) DU: (WIR) (versichern) (IHR, SIE) (vermuten) (fragen) (auffordern) (versprechen) usw.	Peter morgen sein in Frankfurt

Im Sprechakt können wir sowohl den performativen Satz als auch den abhängigen Satz in den verschiedensten Formen kommunizieren. Vor allem in reinen Behauptungssätzen wird der performative Satz meist getilgt; ebenso wird das Du oft getilgt, bzw. es erscheint je nach Verb als Dativ »*dir*« oder Akkusativ »*dich*« (bzw. unter pragmatischen Bedingungen, die wir hier nicht beschreiben wollen, als Dativ *Ihnen* oder Akkusativ *Sie*). So entstehen z. B., ausgehend vom vorangehenden Schema, in elementaren Sprechakten die folgenden Strukturen:

Peter wird morgen in Frankfurt sein. – Ich bin sicher: morgen ist Peter in Frankfurt. – Ich versichere dir: morgen ist Peter in Frankfurt. – Ich versichere dir, daß Peter morgen in Frankfurt ist/sein wird.
Ich nehme an, daß P. . . . Vielleicht ist P. . . . (etc.).
Ist Peter morgen in Frankfurt? – Sag mal, ist Peter morgen in Frankfurt? – Was meinst du: ob Peter morgen in Frankfurt ist? Mach (= Bewirke), daß Peter morgen in Frankfurt ist/nach Frankfurt kommt. – Sag Peter, er soll morgen in Frankfurt sein. – (Wenn der Sprecher Befehle geben darf, in einem Kontext von Befehlen, die der Hörer weiterleiten soll):
. . . und Peter soll morgen in Frankfurt sein.
Ich verspreche dir: morgen ist Peter in Frankfurt. –
Ich verspreche dir, daß Peter morgen in Frankfurt ist. –

Die vorangegangenen Sprechakt-Beispiele haben z.T. die folgende Struktur:

»Der dominierende Satz enthält ein Personalpronomen der ersten Person als Subjektausdruck, ein Personalpronomen der zweiten Person als Objektausdruck und ein Prädikat, das mit Hilfe eines performatorischen Ausdrucks in Präsensform gebildet wird (Ich verspreche dir, daß . . .). Der abhängige Satz enthält einen Namen oder eine Kennzeichnung als Subjektausdruck, der einen Gegenstand bezeichnet,[56] und einen Prädikatausdruck für die allgemeine Bestimmung, die dem Gegenstand zu- oder abgesprochen wird. *Der dominierende Satz wird in einer Äußerung verwendet, um einen Modus der Kommunikation zwischen Sprechern/Hörern herzustellen; der abhängige Satz wird in einer Äußerung verwendet, um über Gegenstände zu kommunizieren.* In der elementaren Verknüpfung von performativem Satz und Satz propositionalen Gehalts zeigt sich die *Doppelstruktur umgangssprachlicher Kommunikation.*«[57] Habermas gibt hier anhand eines häufigen (jedoch nicht einzig vorkommenden) Typus die linguistische Beschreibung dessen, was Watzlawick als den Inhalts- und den Beziehungsaspekt menschlicher Kommunikation bezeichnet: »Der Inhaltsaspekt vermittelt die ›Daten‹, der Beziehungsaspekt weist an, wie diese Daten aufzufassen sind.«[58] Der Beziehungsaspekt als »Kommunikation über eine Kommunikation«[59] stellt eine Metakommunikation dar.

Habermas unterstreicht, daß Kommunikation nur dann zustande kommt, wenn mindestens zwei Subjekte gleichzeitig »beide Ebenen betreten«,[60] die Inhalts- *und* die Beziehungsebene oder, in den Worten von Habermas,

»a) die Ebene der Intersubjektivität, auf der die Sprecher/Hörer *miteinander* sprechen und b) die Ebene der Gegenstände, *über* die sie sich verständigen (wobei ich unter ›Gegenständen‹ Dinge, Ereignisse, Zustände, Personen, Äußerungen und Zustände von Personen verstehen möchte). Der dominierende Satz einer elementaren Äußerung dient dazu, den Modus der Kommunikation zu bestimmen und damit den pragmatischen Verwendungssinn für den abhängigen Satz festzulegen.«[61]

»Freilich sind die in elementaren Äußerungen auftretenden abhängigen Sätze keineswegs immer Aussagen. Aussagen im Sinne der Logik sind Sätze, die Tatsachen wiedergeben. Mit Aussagen verbinden wir also die doppelte Supposition, daß der Gegenstand, über den eine Aussage gemacht wird, existiert und grundsätzlich identifiziert werden kann und daß das Prädikat, das dem Gegenstand zugesprochen wird, diesem auch tatsächlich zukommt. Nur Aussagen können als wahr oder falsch behauptet werden. Sie sind daher stets abhängig von assertorischen Äußerungen, nämlich einer Klasse von Sprechakten, bei denen der abhängige Satz im Sinne einer Behauptung, Mitteilung, Feststellung, Erzählung usw. verwendet wird.[62] Aber auch im Falle eines beliebigen anderen Sprechaktes (einer Frage, eines Befehls, einer Warnung, einer Enthüllung usw.) dürfen wir den jeweils abhängigen Sätzen, die, weil sie nicht assertorisch verwendet werden, keine Propositionen sind, gleichwohl einen propositionalen Gehalt zuschreiben; denn sie können jederzeit in Propositionen umgeformt werden. Bei wechselndem Modus der Kommunikation, beispielsweise der Umformung von Fragen in Befehle, von Befehlen in Geständnisse, kann der propositionale Gehalt identisch bleiben.«[63]

Der gleiche Inhalt kann also behauptet, erfragt, geleugnet, lediglich vermutet u. a. werden.

Aufgabe:

Welcher propositionale Gehalt bleibt im folgenden stets identisch?
a) *»Ich versichere Ihnen, daß er seinen Namen geändert hat.« (Behauptung)*
b) *»Hat er (eigentlich) seinen Namen geändert?« (Frage)*
c) *»Ich nehme an, er hat seinen Namen geändert.« (Vermutung)*
d) *»Ich wünschte, er hätte seinen Namen geändert!« (Irrealer Wunsch)*[64]

»Die elementare Einheit der Rede ist aus performativem und abhängigem Satz propositionalen Gehalts zusammengesetzt, weil Kommunikation, als eine Verständigung über Gegenstände, nur unter der Bedingung gleichzeitiger Metakommunikation, nämlich einer Verständigung auf der Ebene der Intersubjektivität über den bestimmten pragmatischen Sinn der Kommunikation, zustande kommt.«[65]

Die performative Analyse von elementaren Sprechakten ist schon vorgebildet in der Unterscheidung von *modus* und *dictum* im Mittelalter. Sie wurde u. a. von Bally[66] wieder aufgegriffen und von Seuren[67] in die generative Linguistik eingeführt. Ross[68] hat sie *expressis verbis* unter Berücksichtigung pragmatischer Ansätze neu formuliert, *aber* zugleich versucht, die gesamte Pragmatik in die generative *Semantik* zu integrieren. Über McCawley, einen anderen Vertreter der generativen Semantik, gelangte diese Konzeption zu Habermas, der sie in seine eigene Konzeption der Pragmatik integrierte.

Es darf freilich nicht übersehen werden, daß Grewendorf[69] gewichtige Einwände gegen die Argumente von Ross vorbringt, dessen Konzeption ja (über McCawley) auch Habermas' performative Analyse von Sprechakten angeregt hat. Aufgrund von Grewendorfs Einwänden lassen sich einige der Argumente von Ross zweifellos nicht mehr halten. Aber diese Einwände richten sich letztlich vor allem gegen die Tendenz der generativen Semantiker (Ross, McCawley, Lakoff u. a.), die Pragmatik als eigene Forschungsdisziplin in Frage zu stellen und sie als Ganzes der Semantik einzuverleiben. Habermas macht diesen Versuch nicht, sein Ansatz impliziert keineswegs eine Unterordnung der Pragmatik unter die Semantik, und eben darum gehen wir hier auch vorwiegend von ihm aus.

6. Sprechhandlungssequenzen

Die vorhergehenden Kapitel haben die Sprechhandlung in ihren konstitutiven Elementen untersucht; dabei wurde sie aber aus ihrem realen Kontext herausgelöst betrachtet. In Wirklichkeit kommt jede Sprechhandlung eingebaut in einen Handlungszusammenhang vor, andere (verbale und nicht verbale) Handlungen gehen ihr voraus oder schließen sich an sie an.[70]

Es gibt Sprechhandlungen, zu denen in konventionalisiertem Abfolgeschema Sprechhandlungen eines anderen Typs gehören, welche mit ihnen zusammen eine Sprechhandlungssequenz bilden, so bei Frage und Antwort, auch bei Grüßen – Gegengrüßen, Beschuldigen – Entschuldigen. Das gängigste Schema ist das von Frage und Antwort, so daß andere zweigliedrige Sprechhandlungssequenzen sich als Varianten davon auffassen lassen, z. B.:

»Vorwerfen – Sich Rechtfertigen
Eine Autorität Befragen – Versichern
Bitten – Versprechen
Behaupten – Zustimmen«[71]
»Bitte um Erlaubnis – Einwilligung
Warnung – Akzeptieren der Warnung.«[72]

Bei solchen Handlungssequenzen kann das zweite Glied entweder in einem Akzeptieren oder in einem Zurückweisen bestehen. Die beiden letzten Beispiele hätten im Falle des Zurückweisens die Funktionen

Bitte um Erlaubnis – Ablehnung
Warnung – Ausschlagen der Warnung.[73]

Wird eine erwartete Folgehandlung nicht ausgeführt, so hat der Angesprochene kooperative Regeln verletzt, vorausgesetzt, die Handlung des Sprechers (Frage, Aufforderung usw.) war ihrerseits berechtigt.

Probeweises Akzeptieren ist als vorläufige Reaktion des Hörers möglich, z. B.

»A: *Wer ist eigentlich der Herr da drüben?*
B: *Wen meinst du denn?*
A: *Der gerade mit dem Mädchen im blauen Kleid flirtet.*
B: *Ach, das ist der neue Musiklehrer.*«[74]

›Probeweises Akzeptieren‹ bedeutet bei Wunderlich,[75] daß B die erste Frage von A zu beantworten bereit ist, aber er braucht hierfür noch eine genauere Spezifizierung (z. B. hier, auf welchen ›Umweltreferenten‹ sich A mit seiner Frage bezieht), daher stellt er eine Nachfrage.

Doch ein Zurückweisen nach dem probeweisen Akzeptieren, d. h. nachdem B's Rückfrage durch A beantwortet worden ist, würde ebenfalls eine Verletzung von Kommunikationsregeln darstellen. Statt der einfachen zweigliedrigen Struktur

A: Frage ——————————————————————— B: Antwort
hat die Sequenz bei probeweisem Akzeptieren dann die folgende Struktur:

Bei Aufforderungen in Form von Befehlen, Verboten, Empfehlungen, Bitten, Warnungen usw. können die Dialogpartner durch ihr Sprechhandeln bereits kompliziertere Sequenzen hervorbringen (und hier deutet sich eine mögliche Brücke zwischen der linguistischen Pragmatik und den Dialogen auch in literarischen Texten an):[76]

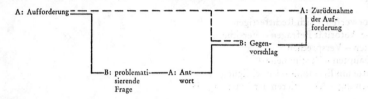

Ein Beispiel:

A: *Gib doch mal die Zeitung her!*
B: *Warum denn?*
A: *Ich möchte die Wettervorhersage lesen.*
B: *Die kommt doch auch gleich in der Tagesschau im Fernsehen.*
A: *Ach ja, dann kann ich sie mir auch dort anhören.*

B möchte offenbar im Moment dem A die Zeitung nicht geben, macht aber einen anderen Vorschlag, auf den hin A seine frühere Aufforderung zurückzieht. Eine Problematisierung wie in *warum denn* kann zur Folge haben, daß »Handlungen ausgeführt werden könnten, die ursprüngliche Handlungen wieder zurücknehmen«.[77]

7. Sonderfälle von Sprechhandlungen

War bisher dargestellt worden, was über Sprechhandlungen allgemein ausgesagt wird, so soll jetzt auf Sonderfälle von Sprechhandlungen, die nur unter gewissen Umständen vorkommen, hingewiesen werden.

7.1. Mehrfachadressiertheit von Äußerungen[78]

Beispiel: Hans und Günter streiten, Robert ergreift Partei und sagt zu Hans: »Ich werde dich gegen Günter beschützen.« Damit ist Hans gegenüber ein Versprechen und zugleich Günter gegenüber eine Warnung oder Drohung ausgesprochen.

Hier werden zwei oder mehrere Sprechhandlungen gleichzeitig ausgeführt dadurch, daß eine Äußerung sich gleichzeitig an verschiedene Adressaten wendet (die entweder als direkt Angesprochene anwesend sind oder das direkte oder indirekte Publikum bilden).

7.2. Institutionalität von Sprechhandlungen [79]

Viele Sprechhandlungen sind in ihrer Form und Abfolge festgelegt durch organisierte soziale Institutionen wie Kirchen, Gerichtswesen, Behörden u. a. Die betreffenden Sprechhandlungen wie Taufen, Eheschließen, Verurteilen, Ernennen fallen nicht in die Verantwortlichkeit des einzelnen, und entsprechend gehört auch die individuelle Aufrichtigkeit nicht mehr zu den Voraussetzungen für ihr Gelingen.

7.3. Pervertierung von Sprechhandlungen [80]

Nicht jede Verletzung von kommunikativen Konventionen kann als Pervertierung einer Sprechhandlung bezeichnet werden, sondern lediglich die Sprechhandlungen, die die wechselseitigen Verpflichtungen zwischen Sprecher und Hörer verletzen:

1. Gewaltsituationen: A zwingt dem B die Bedingungen der Kommunikation auf, ohne die eigenen Sprechhandlungen begründen zu müssen. Für Zuwiderhandlungen von B kündigt A Sanktionen an.

Beispiele: Befehle, Drohung, inquisitorische Fragen in Verhören, schimpfende Vorwürfe, die eine Rechtfertigung nicht zulassen.

2. Täuschung: A gibt dem B gegenüber eine Intention vor, die nicht seine wahre ist, oder übernimmt eine Verpflichtung, die er von vornherein nicht einzulösen beabsichtigt.

Beispiele: Lüge, Ausrede, Irreführung hinsichtlich Voraussetzungen oder möglicher Konsequenzen.

Die Täuschung ist nur dem A bewußt, die Gewaltsituation dagegen beiden Partnern.

8. Der ›Diskurs‹ bei Habermas

Das sprachliche Handeln geschieht stets in einer bestimmten Gesellschaft und kann nicht getrennt von ihr ›rein linguistisch‹ beschrieben werden. Die linguistische Analyse der Sprechhandlungen und die soziologische und psychologische Analyse gesellschaftlicher Situationen müssen einander also ergänzen. Dabei dürfen die Sprechhandlungen, z. B. innerhalb eines *Dialogs* zwischen den Sprechern A und B, aber nicht einseitig als von ihrer sozialen Situation total determiniert ausgelegt werden. Ich kann durch mein Sprechen neue Situationen hervorbringen. Ich kann mich sogar von meiner sozialen Situation und von meiner momentanen Rolle distanzieren (die *Rollendistanz* gehört zu einer kommunikativen Kompetenz; sie ist zwar bei den meisten Sprechern nicht vorhanden, sollte aber, da sie den Diskurs antizipiert und da sie wechselseitige Vorurteile abzuschwächen hilft und ein besseres ›Zuhören‹ und hörerbezogeneres, ›hörergerechteres‹ Sprechen ermöglicht, als ein übergeordnetes Lernziel in Schule, Erwachsenenbildung usw. angestrebt werden). Ich kann, da ich über Sprache verfüge, im Dialog mit B und gemeinsam mit B über unsere soziale Situation und über die Art und Weise, wie wir uns sprechend in bestimmten Rollen verhalten, reflektieren. Zugleich ist es uns möglich, nach den *Gründen* unseres sprachlichen und nichtsprachlichen Handelns zu fragen und andererseits auf solche Fragen wie: »Warum hast du das getan? Warum hast du dich nicht anders verhalten?« mit *Rechtfertigungen* zu antworten.[81] Handeln ist – im Gegensatz zum bloßen Verhalten – »an eine mögliche Rechtfertigung und damit an die Möglichkeit zu sprechen gebunden«.[82] Die *Problematisierungen* handlungsleitender Normen, wie auch die Problematisierungen von Meinungen, nennt Habermas *Diskurs*. In ihnen können wir uns der uns zuvor unbewußten oder nur halb bewußten Abhängigkeiten und Zwänge, unter denen wir in unseren Sprechhandlungen stehen, *bewußt* werden.

Habermas unterscheidet zwei Formen der Kommunikation: *kommunikatives Handeln* und *Diskurs*.

Das *kommunikative Handeln* ist sprachlich vermittelte Interaktion, z. B. gibt A dem B einen Befehl, eine Warnung, ein Versprechen, trägt ihm eine Bitte vor, äußert eine Vermutung, eine Frage, einen Wunsch ihm gegenüber. Hier sind also die *performativen Sätze* wichtiger als der propositionale Gehalt. Jene sind »für den Interaktionszusammenhang ... konstitutiv«, dieser dagegen kann in all diesen Fällen der gleiche sein.[83] Der Diskurs ist eine sachliche Diskussion zwischen A und B (und evtl. C, D ...), in der der *propositionale Gehalt* zum Thema des Dialogs wird. Sie hat zum Ziel, ein Einverständnis (Konsens), das im kommunikativen Handeln naiv vorausgesetzt werden kann, im Diskurs aber problematisiert wird, durch Argumente wiederherzustellen[84] als einen neuen Konsens, der aus gemeinsamer Wahrheitssuche und Verständigung hervorgegangen ist. Mittels dieser *Argumente* soll untersucht werden: Ist der propositionale Gehalt wahr oder falsch? Ist er so, wie A ihn formuliert hat, vielleicht nur halb richtig, und müssen wir den propositionalen Gehalt (z. B.: »daß die Ehe eine christliche Institution ist«)[85] umzuformulieren versuchen, damit er wirklichkeitsadäquater wird? Der propositionale Gehalt wird im Diskurs also (in der herkömmlichen Diskussion: von einem Diskussionsteilnehmer, der gleichsam den Anstoß gibt) in Frage gestellt. Der Geltungsanspruch, den z. B. A für eine Proposition erhebt, wird erschüttert. (Eine Diskussion beginnt ja im Prinzip immer mit einer von A vorgebrachten behauptenden These in bezug auf einen bestimmten propositionalen Gehalt:

Ich behaupte, daß ... und einer von B eingebrachten Gegenrede: *Ich widerspreche dem, daß* ...) Die performativen Sätze steuern zwar auch hier oft das sprachliche Handeln der Diskussionspartner, aber im Mittelpunkt steht der propositionale Gehalt.

Nun ist aber ein Diskurs im Sinne von Habermas nicht einfach mit einer faktischen sachlichen Diskussion identisch. Habermas siedelt den Diskurs in einer idealen, völlig zwangfreien Sprechsituation unter wirklich (und nicht nur während des »Ritus« der Sachdiskussion) *gleichberechtigten* Sprechern an (»*herrschaftsfreie Diskussion*«).[86]

Das bedeutet für alle möglichen Beteiligten »eine symmetrische Verteilung der Chancen, Dialogrollen wahrzunehmen«[87] und »Sprechakte zu wählen und auszuüben«.[88]

Hier wird deutlich, warum Habermas die vier Typen von Sprechakten einführt (s. 4.1.) und ihnen den Status pragmatischer Universalien zuspricht. Nur mit ihrer Hilfe ist der Entwurf der idealen Sprechsituation möglich: nur dann nämlich, wenn

1. alle Gesprächsteilnehmer die gleiche Chance haben, Kommunikativa zu verwenden (d. h. Kommunikation zu eröffnen sowie sie »durch Rede und Gegenrede, Frage und Antwort zu perpetuieren«),[89]
2. alle die gleiche Chance haben, Konstativa zu verwenden (d. h. Deutung, Behauptungen, Erklärungen und Rechtfertigungen aufzustellen),
3. alle die gleiche Chance haben, Repräsentativa zu verwenden (»Gegenseitigkeit ungekränkter Selbstdarstellung«),[90]
4. alle die gleiche Chance haben, Regulativa zu verwenden (»Gleichverteilung der Chancen, zu befehlen und sich zu widersetzen, zu erlauben und zu verbieten...«.[91]

Habermas charakterisiert die ideale Sprechsituation »nicht durch Persönlichkeitsmerkmale idealer Sprecher, sondern durch strukturelle Merkmale einer Situation möglicher Rede«, eben durch die Symmetrie der oben benannten Chancen. Habermas projiziert den Diskurs in eine Welt, in der der einzelne weder – unbewußt oder bewußt – Angst vor seinem Gesprächspartner noch Vorurteile ihm gegenüber hat, noch ihm Vorschriften machen will. Es ist eine Welt ohne Alltagssorgen und Alltagszwecke, ohne Leistungsprinzip und Konkurrenzdruck, eine Diskussion völlig frei von Imponiergehabe, von jenen Tricks der Diskussionsführung, mit denen man für das eigene Interesse und Prestige Unliebsames ausklammert, eine Diskussion, in der es überhaupt keinen »Warencharakter der menschlichen Beziehungen«[92] gibt. Es geht nur um *gemeinsame Wahrheitsfindung* (etymologisierend könnte man sagen: um Kooperation, nicht um Diskussion). Das ist die Welt der platonischen Dialoge (freilich nur annähernd, denn in ihnen hat Sokrates eine lenkende Funktion). Es ist zugleich die Welt des ›Gesprächs‹ im idealistischen Sinne des Wortes, »offen, vertrauensvoll und mitteilsam«, in wechselseitigem »Entgegenkommen«.[93] Aber diese aus der Antike stammende Gesprächs-Konzeption hat bei

Habermas eine aufklärerische, rationale und in Begriffen der modernen Linguistik ausgesprochene Richtung erhalten. Habermas beschreibt nicht nur, er fordert etwas: Durch die Aufklärung über unser Sprechhandeln, durch eine Erziehung, die auf Kritikfähigkeit und Kooperationsbereitschaft zielt, sollen wir dazu fähig sein, zwangfrei miteinander zu kommunizieren. Wer diese Ziele bejaht, die schon lange bestehen und von Habermas lediglich durch Einbeziehung der Linguistik verdeutlicht wurden, kann in seinem eigenen kommunikativen Verhalten versuchen, erste Schritte dahin zu tun. Enttäuschungen werden nicht ausbleiben. Denn der Diskurs im Sinne Habermas' bleibt ein Fernziel,[94] eine Utopie, ein Ideal.[95]

Mehrere Fragen schließen sich daran an. Geht Habermas so weit zu behaupten, wir könnten trotz aller politischen, wirtschaftlichen, technischen wie auch psychologischen Zwänge die Gesellschaft, in der wir leben und handeln, mittels der problematisierenden Diskurse allmählich verändern und dadurch die Mündigkeit und Herrschaftsfreiheit unserer Existenz erreichen? Hält er allen Ernstes nicht nur einen wirklich herrschaftsfreien Diskurs für möglich, sondern sogar eine Gesellschaftsveränderung, die gleichsam nicht von Revolutionsvorstellungen geleitet wird, sondern von der schrittweisen Veränderung unseres Bewußtseins in *hic et nunc* geführten Gesprächen? Und glaubt er, daß solche diskurs-ähnlichen Gespräche (und eine entsprechende Erziehung zur Mündigkeit) darauf auch unser alltägliches kommunikatives Sprechhandeln verändern könnten, also nicht in einem abstrahierenden, philosophischen, gleichsam ›schöngeistigen‹ Raum verbleiben, ohne je die alltäglichen Interaktionen und Handlungen zu beeinflussen?

Das sind Fragen, die uns zum Kern der Konzeption von Habermas führen. (Denn Habermas' Entwurf einer Theorie der kommunikativen Kompetenz ist die *Basis* für seine soziologische Handlungstheorie, eine ›kritische Theorie der Gesellschaft‹, die wir in dem vorliegenden Rahmen natürlich nicht weiterverfolgen können).[96]

Was die Beantwortung dieser Fragen betrifft, drückt sich Habermas sehr vorsichtig aus (und sehr kompliziert, das sei nebenbei vermerkt). Aber aus seinen Schriften geht hervor, daß er im Prinzip die obigen Fragen – und zwar einschließlich der letzten – bejahen würde. Hinter dem Entwurf der Theorie der kommunikativen Kompetenz steht in der Tat eine rationalistische Utopie. Doch wenn wir uns einem landläufigen (bequemen) Utopie-Begriff lösen, der Utopien von vornherein als Phantastereien ohne jeglichen Appellcharakter wegschiebt, dann sind Utopien Ideale, denen durchaus gesellschaftliche Relevanz zukommt.

Teilverwirklichungen von Idealen zählen für die Geschichte, und sie sind allemal möglich, wo die Ideale gesellschaftlichen Bedürfnissen entsprechen. Rousseaus ›Emile ou de l'éducation‹ war zu seiner Zeit auch ein utopischer Entwurf; trotzdem hat er der Entwicklung der Pädagogik sehr wichtige Impulse gegeben. Der Wert einer Utopie mißt sich nicht am Grad ihrer Verwirklichung; Utopien sind Maxima mit Appellcharakter, als solche unerreichbar, aber wir können uns ihnen im Handeln und damit auch im sprachlichen Handeln annähern.

Damit ist implizit die Frage beantwortet, warum Habermas sich mit Pragmatik befaßt. Er folgt nicht bloß deskriptiv einem wissenschaftlichen Interesse, er will darüber hinaus zu einem bestimmten Handeln erziehen. Die Beschäftigung mit linguistischer Pragmatik soll zur Verwirklichung emanzipatorischer Ziele führen, zum repressionsfreien Sprechen, zum Thematisieren der Handlungsnormen und Einstellungen, zum Artikulieren seiner Interessen und zu ihrer sprachlichen Verteidigung befähigen.

Daß die praktische Anwendung der Pragmatik, ihre didaktische Umsetzung, allerdings noch ganz am Anfang steht, das muß hier als Warnung vor Illusionen deutlich gesagt werden. Was jedoch jedem jetzt schon möglich ist, das ist das Hinwirken auf eine annähernd ideale Sprechsituation in der eigenen Umwelt, etwa als Vorgesetzter, als Lehrer, als Eltern, als Gesprächspartner in den verschiedensten Konstellationen der sprachlichen Interaktion im Alltag.

8.2. Die Rolle der Pragmalinguistik im Fremdsprachenunterricht[1]

Von Albert Raasch

Vorbemerkungen

Die folgenden Ausführungen bilden den Text eines Vortrags, der im Rahmen eines Sommerkurses für Germanisten im Goethe-Institut, München, gehalten wurde und der den Zweck hatte, die Teilnehmer – zumeist ausländische Deutschlehrer – für pragmatische Fragestellungen zu sensibilieren.

Obwohl die nachträgliche Lektüre eines Vortragsmanuskripts in mancher Hinsicht unbefriedigend bleibt, wird im folgenden der Wortlaut des Vortrags über weite Strecken absichtlich beibehalten. Auf diese Weise wird der Leser veranlaßt, sich von seiner eigenen Perspektive zu distanzieren und diejenige des ursprünglich angesprochenen Hörers als Kontrast wahrzunehmen. Die verfremdende Wirkung, die von dieser Lese-Konstellation ausgeht, könnte dazu beitragen, die Thematik zu verdeutlichen. Zum Verständnis dürfte es nötig sein, den situativen Kontext des Vortrags kurz anzudeuten.
– Die Veranstaltung fand am Vormittag statt.
– Für den Nachmittag des gleichen Tages war für die Teilnehmer des Sommerkurses ein Besuch in der Pinakothek in München vorgesehen.
– Der Vortragende selbst kam von der Ostseeküste zur Veranstaltung nach München.

1.1. Guten Morgen, meine Damen und Herren!
Hallo, wie geht's?
Moin!
1.2. Ich hoffe, daß mein Vortrag nicht zu lang war. War Ihr gemeinsamer Besuch der Pinakothek heute nachmittag interessant?
Wann werden Sie zum Sommerkurs nach München fahren?
1.3. Hier an der See ist das Wetter dieses Jahr durchwachsen. Ich finde, da unten in München ist das Wetter immer viel besser.
1.4. Ich würde Ihnen gerne etwas Pragmatik in Erinnerung rufen. Pragmatik ist eine Disziplin innerhalb der Wissenschaft vom Zeichen (behaupte ich).
Ich bestreite, daß Pragmatik etwas völlig Neues ist.
1.5. Wenn Sie gestatten und mich nicht für allzu aufdringlich halten, würde ich Sie gerne mit einigen sprachlichen Erscheinungen bekannt machen, ohne Sie mit diesen Problemen allzu lange aufhalten zu wollen.
Nun hört man mal ein bißchen zu, wenn ich Euch etwas zur Pragmatik erzähle; ich verspreche auch, daß ich es kurz machen will.

Ich denke, daß es nicht schwerfallen wird, diese Sätze auf ihre Akzeptabilität hin zu prüfen und die Sätze von den Unsätzen zu unterscheiden. Die Kriterien, die hierfür herangezogen werden müssen, sind Gegenstand der folgenden Ausführungen. Ich gehe von einem Themenkreis aus, der in der Fremdsprachendidaktik vielfach diskutiert wird, den Strukturübungen.

2.1. Wir sind in München.
    er: Er ist in München.
    du: Du bist in München ...
2.2. Ich kaufe das Brot nicht. – Ich kaufe es nicht.
    ... die Bücher ...   – ... sie ...

Man charakterisiert diese Übungstypen, indem man sagt, daß Stimulus und Respons jeweils zwei isolierte sprachliche Einheiten darstellen, die nicht in ein und demselben Kontext zusammen vorkommen. Man könnte hinzufügen: ob die Stimuli in 2.1. überhaupt in dieser Form in Äußerungen vorkommen, ist zumindest zweifelhaft.

2.3. Kommst du mit nach Berlin? – Ja, ich komme mit.
    Kommst du mit ins Kino? – Ja, ich komme mit.
    ...
    Wann holst du die Brötchen? – Ich habe sie schon geholt.
    Wann schreibst du den Brief? – Ich habe ihn schon geschrieben.

Hier spricht man in der einschlägigen Literatur von kommunikativen Komponenten, von situativen oder kontextualisierten Übungen. Stimulus und Respons bilden zusammen jeweils eine Einheit, wie sie in sprachlichen Äußerungen nachweislich vorkommen kann. Ein weiterer Schritt in dieser Richtung wären dann Übungen, bei denen »vertikal« gesehen alle Items einer Übung in ein und denselben situativen Kontext eingebettet sind.

Auch bei diesen Übungstypen aber handelt es sich nur scheinbar um Widerspiegelung von Kommunikation. Diesen Übungen liegt ein restriktiver Begriff von Sprache und Sprachwissenschaft zugrunde, wie im folgenden zu zeigen sein wird.

Dabei soll nicht versäumt werden, darauf hinzuweisen, daß die Übungen vom Typ 2.1. und 2.2. inakzeptabel sein dürften, während Äußerungsketten wie in 2.3. didaktisch sinnvoll plaziert, durchaus brauchbare Übungsmöglichkeiten bilden können. Stichwörter über Linguistik, die in dem bereits angedeuteten Sinne restriktiv ist, wären z. B.: Distribution; paradigmatisch/syntagmatisch; Disziplinen dieser Linguistik wären: Phonetik/Phonologie, Morphologie, Syntax, eventuell noch Semantik. Eigentlicher Gegenstand dieser Linguistik wäre: Beschreibung von *langue*. Ausgangspunkt dazu wäre die Beobachtung von *actes de parole*.

Die Vorteile, die eine sprachwissenschaftliche Beschreibung dieser Art (die hier nur rudimentär angedeutet werden sollte) auch für den Fremdsprachenunterricht mit sich gebracht hat, sind nicht zu leugnen:
– Systematische Trennung von Synchronie und Diachronie;
– Sprache ist vor allem als gesprochene Sprache gesehen;
– Überwindung der Wortlinguistik und der Wortklassenlinguistik;
– Aufdecken strukturaler Beziehungen in der Sprache;
– Unterscheiden von internen Regularitäten und oberflächlichen Erscheinungsformen.

Können aber solche sprachwissenschaftlichen Beschreibungsmodelle, die hier ins Blickfeld gerückt werden sollen, etwas über Kommunikation aussagen?
Ja, aber nur sehr bedingt.

S – Kanal – H
Nachricht
Code

Diese Sprachbeschreibung erfaßt in einem einfachen Kommunikationsmodell nur
– die Nachricht,
– den Code,
d. h. den Vorrat an Zeichen und Regeln zur Zeichenverknüpfung.

Die generative Grammatik scheint eine Wende zu bringen, denn sie setzt sich ja zum Ziel, die Kompetenz des Sprechers/Hörers zu beschreiben, d. h. seine Fähigkeit, u. a. unbegrenzt viele Sätze einer Sprache mit Hilfe einer begrenzten Zahl von Regeln generieren zu können.

Ob dieser Ansatz nun mit Transformationen und Kernsätzen arbeitet, ob er vorwiegend semantisch oder syntaktisch orientiert ist: immer geht er von einem idealisierten Sprecher/Hörer aus.

Immer abstrahiert er von den Umständen, unter denen Sprache verwendet wird, von der Sprechersituation, der Hörersituation, der Gesprächssituation (bisher jedenfalls).

Dabei wissen wir, wie stark das *was* und das *wie* einer Äußerung geprägt werden von eben
– der Situation des Sprechers
– der Situation des Hörers
– dem Verhältnis Sprecher–Hörer
– der Erwartung von S gegenüber H
– der Erwartung, die S von der Erwartung des H gegenüber S besitzt
– der raum-zeitlichen Bedingtheit.

Grammatische Wohlgeformtheit im Sinne der strukturalen oder der generativen Grammatik ist nicht identisch mit einer Akzeptabilität gegenüber der – im genannten Sinne – situativen Einbettung, d. h. den pragmatischen Regeln des Sprachgebrauchs.

Zur Illustration sei an die eingangs erwähnten Sätze erinnert.

Lernpsychologisch und methodisch gesehen ist evident, daß das sprachliche Regelsystem immer im Rahmen von Situationen, von Rollenbeziehungen, von Handlungskontexten internalisiert wird: darauf werden wir später noch eingehen. In unserem Zusammenhang geht es primär nicht um Lernpsychologie, auch nicht um Methodik des Unterrichtens, sondern um Linguistik.

Zwei Fragen sind vorerst kurz zu klären.

1. Wieso sind die vorher exemplarisch erwähnten sogenannten kommunikativen Übungen im pragmatischen Sinne unbefriedigend? Sie üben Sprache und Rede, sie üben Sprachproduktion und Sprachrezeption, sie üben aber nur

Teilfertigkeiten, sie appellieren nur an den *mechanischen* Teil der Sprachbeherrschung. Sie ignorieren u. a.
- das Jetzt und Hier des Sprechers
- das Jetzt und Hier des Hörers
- die Intentionen des Sprechers und des Hörers, d. h. den kommunikativen Hintergrund der am Gespräch Beteiligten.

Dazu ein weiteres Beispiel:

3.1. Wann kommst Du? Morgen?
 – Nein, ich komme übermorgen.
 ... fährst ...
 – ... fahre ...
 ...

Wer ist dieses ICH? dieses DU? Der Lernende jedenfalls hat sein *eigenes* ICH und in der konkreten Kommunikationssituation sein *eigenes* DU. Das Lerner-ICH und das ÜbungsICH sind keineswegs identisch und in dieser Form wohl kaum zur Identifikation zu bringen.

Außerdem: Was heilt MORGEN? Kann die Übung am nächsten Tag in gleicher Form angeboten werden/wiederholt werden?

Ferner (und das ist ganz besonders wesentlich): *Will* der Sprecher/Hörer überhaupt morgen/übermorgen kommen/fahren?

Das Sprechen wird in diesen Übungen geübt, ohne daß die *essentials* menschlicher Äußerungen berücksichtigt würden, die darin bestehen
- daß Sprache Handeln ist,
- daß Sprache zur Verwirklichung von Intentionen dient,
- daß Sprache vom Sprecher unter Einbezug von syntaktischen, morphologischen, phonetisch/phonologischen, aber auch von pragmatischen Faktoren realisiert wird.
- daß Sprache wohl sogar prioritär und umfassend von pragmatischen Faktoren bestimmt wird.

Die erwähnten Strukturübungen, die man als kommunikativ oder situativ bezeichnet, sind daher nur vor-kommunikativ; sie beziehen S und H nur als Instanzen, als Leerstellen ein, nicht aber als komplex strukturierte Kommunikationspartner, die mehr als semantisch-syntaktisch-phonologische Wohlgeformtheitsbedingungen zu erfüllen haben.

2. Ein zweites Problem betrifft das Verhältnis von Pragmatik und Performanz.

Pragmatik und Performanz sind nicht identisch; das sei, so banal die Feststellung auch sein mag, noch einmal in Erinnerung gerufen.

Während – so lautet eine gängige Definition – die Syntaktik die Beziehung zwischen Zeichen Z und Zeichen Z' beschreibt, und die Semantik die Wechselbeziehungen zwischen Zeichen und ihrem Sinn/ihrer Bedeutung beschreibt, ist der Gegenstandsbereich der Pragmatik die Wechselbeziehung zwischen Zeichen und Zeichenbenutzer.

Die Kompetenz Chomskys umschließt die syntaktische und die semantische Dimension; die kommunikative Kompetenz umfaßt außerdem die pragmatische Dimension.

Bei der Aktualisierung von Kompetenz wirken sich Performanzbedingungen aus. Performanzerscheinungen sind u. a.
– gutes oder schlechtes oder begrenztes Gedächtnis
– Geübtheit oder Ungeübtheit
– Verwirrung, Angst, Motiviertheit.

Die Aktualisierung von Kompetenz ist erlernbar und muß auch im Fremdsprachenunterricht erlernt werden; die entsprechenden Strategien sind lehrbar, sie sind Teil der Lernzielkataloge des Fremdsprachenunterrichts und sollten in die Leistungsmeßverfahren integriert werden.

Performanzerscheinungen gibt es auch für die pragmatische Komponente der sprachlichen Äußerungen.

Performanzerscheinungen und pragmatische Aspekte sprachlicher Äußerungen sind nicht identisch, das sei wiederholt; es sind völlig verschiedene Kategorien der Sprachbeschreibung und im Gegenstandsbereich von Linguistik auf völlig verschiedenen Ebenen angesiedelt.

Pragmatische Performanzerscheinungen äußern sich als situationelle Aspekte der Aktualisierung pragmatischer Kompetenz.

Was ist Pragmatik? Pragmatik ist eine Teildisziplin der Wissenschaft vom Zeichen. Ihr Gegenstandsbereich sind die Korrelationen zwischen sprachlichen Ausdrucksmitteln und Sprechsituationen. Pragmatik beschreibt in umfassender Bedeutung kommunikative Kompetenz und Performanz.

Ein ansatzweiser Versuch zur Beschreibung pragmatischer Bedingungen findet sich in U. Maas / D. Wunderlich, Pragmatik und sprachliches Handeln. Mit einer Kritik am Funkkolleg »Sprache«. Frankfurt: Athenäum, 1972, S. 91:
»Jeder Kommunizierende muß über Fähigkeiten der folgenden Art verfügen:
– er muß einen Begriff von Realität und von möglichen aus ihr ableitbaren Welten haben, um das, worüber er kommunizieren will, zu lokalisieren;
– er muß einen Kontakt herstellen und lokalisieren können;
– er muß wahrnehmen können und ein Gedächtnis wie auch Antizipationsvermögen für den fortlaufenden Rede- und Situationszusammenhang besitzen;
– er muß soziale Rollen eingehen können gegenüber anderen;
– er muß soziale Beziehungen neu herstellen können;
– er muß über die jeweilige Kommunikation kommunizieren können;
– er muß geeignete Schallgebilde artikulieren, dadurch wohlgeformte sprachliche Formen äußern und einen Sprechaktkomplex (bestehend aus Inhalt, Folgerungen daraus und kommunikativer Kraft (Funktion) ausdrücken können; ebenfalls muß er Schallgebilde wahrnehmen, als Realisierung sprachlicher Formen hören und als Ausdruck eines Sprechaktkomplexes verstehen können;

– er muß parasprachliche und außersprachliche Mittel geeignet verwenden und verstehen können.«

Pragmatische Komponenten sprachlicher Äußerungen sollten durch die einleitenden Beispiele (1.1.–1.5.) verdeutlicht werden.

Pragmatische Komponenten werden dort und in nachfolgenden Beispielen zum Ausdruck gebracht vor allem durch
- deiktische Ausdrücke der Person / der Zeit / des Ortes
- durch Grußformeln
- durch Redeerwähnung
- durch grammatische Kategorien wie Befehlsform, Frageform.

Wie definiert sich Sprache aus pragmatischer Sicht?

Eine sprachliche Äußerung ist nicht nur Äußerung von Inhalten, sie ist Äußerung von Intentionen, darüber hinaus aber auch Kontaktinstrument zwischen Kommunikationspartnern. Eine sprachliche Äußerung ist damit ein Akt innerhalb eines Handlungsablaufs. Jeder Akt ändert die bisherige Konstellation der Beziehungen zwischen den Gesprächspartnern und liefert die Voraussetzungen für die weiteren Handlungen. Explizit gemacht werden Sprechakte mit Hilfe sogenannter performativer Verben, wie z. B. befehlen, bitten, auffordern, anflehen. Dies sind performative oder sprechaktvollziehende Verben.

4.1. Ich fordere Sie auf, diesen Raum zu verlassen.
Das ist sichtbar/hörbar ein Akt, eine Handlung. Diese Handlung hat bestimmte Voraussetzungen und bestimmte Folgen, die in dem Sprechakt gebündelt und mitgemeint sind. Äußerungen sind auch dann Handlungen, wenn die Sprechakte nicht, wie bei den performativen Verben, explizit bezeichnet werden.

4.2. Es ist 10.20 Uhr.
Diese sprachliche Äußerung – dieser Akt – kann je nach Kontext bedeuten:
– Sie müssen aufbrechen, der Zug fährt gleich ab.
– oder: Bleiben Sie noch hier, es ist noch Zeit.
– oder: Jetzt landen die Astronauten auf dem Mond.
– oder: Es ist nicht, wie Sie meinten, 10.15 Uhr.

Neben den performativen Verben sind z. B. die Abtönungspartikel von besonderem Interesse:

4.3. Warten Sie!
Warten Sie doch!
Warten Sie mal!
Warten Sie ja!

Diese Abtönungspartikel machen, ebenso wie die performativen Verben, einen Aspekt des Sprechakts explizit, den man die Illokution nennt. Jede Äußerung hat illokutive Komponenten, die die eigentliche Sprechhandlung vollziehen und die theoretisch trennbar sind z. B. von dem artikulatorischen Akt. Eine der zentralen Fragen der Pragmatik ist die Beschreibung der Beziehungen zwischen sprachlicher Form und Sprechhandlung, hier speziell zwischen dem illokutiven Akt und den illokutiven Indikatoren. Zur Verdeutlichung ein kurzer Blick auf die Systematik bei Austin und Searle (s. Maas/Wunderlich, S. 120)

Austin	Searle
I. Lokutiver Akt	
a) phonetischer Akt (Artikulieren)	
b) phatischer Akt (Sätze einer Sprache äußern)	Äußerungsakt
c) rhetischer Akt (Bedeutungsvolle Äußerungen tun)	Propositionaler Akt
II. Illokutiver Akt (Übt kommunikative Funktion aus, vollzieht Sprechhandlung)	Illokutiver Akt
III. Perlokutiver Akt (Determiniert die Konsequenzen für das weitere Handlungsgeschehen in der Kommunikation)	Perlokutiver Akt

Einen weiteren Ansatz für pragmatische Betrachtungen liefern Verben, die perlokutive Akte explizit machen, z. B. überreden, überraschen, erschrecken, alarmieren, belehren.

4.4. Ich überredete ihn zu kommen.
Diese Äußerung macht die *Sprechaktkonsequenzen* explizit; perlokutives *überreden* ist ein Verb. Durch die Analyse solcher Verben und ihrer Verwendung kann die Pragmatik also einen anderen Aspekt der als Handlung aufgefaßten Sprache aufdecken. Auch hier gilt: Die Pragmatik untersucht Beziehungen zwischen sprachlichen Ausdrucksmitteln und der Sprechsituation.

Einen weiteren Gegenstandsbereich innerhalb der Pragmatik bilden die erwähnten deiktischen Ausdrücke, die bereits exemplarisch in den Einleitungssätzen 1.3. auftreten und an folgenden Beispielen noch einmal illustriert werden sollen:
— »ich« bezeichnet etwas anderes, je nachdem, wer es sagt.
— »jetzt« bezeichnet etwas anderes, je nach dem Zeitpunkt der Äußerung.
— »hier« bezeichnet etwas anderes, je nach dem Ort der Handlung.

4.5. Tante Anna am Telefon: »Hier regnet es.«
Fritzens Antwort: »Und hier scheint die Sonne.«
usw.

Besonderheiten deiktischer Elemente werden offenkundig innerhalb der Redeerwähnung, z. B.:

4.6. Tante Anna am Telefon: »Hier regnet es.«
Fritzchen: »Tante Anna hat am Telefon gesagt, daß es dort regnet.«
Tante Anna: »Ich freue mich sehr, daß ihr mir einen Regenschirm geschenkt habt.«
Fritzen: »Tante Anna sagt, sie freue sich sehr, daß wir ihr den Regenschirm geschenkt haben.«

Beschreibungen kommunikativer Handlungen sind für den Fremdsprachenunterricht, wenn dieser die Ausbildung kommunikativer Kompetenz anstrebt, vordringlich. Operationalisiert, d. h. lernzieladaptiert, lautet die Frage für den Unterrichtenden: Wie erlernt mein Schüler die Fähigkeit, kommunikative Handlungen auszuführen?

Einige Beispiele mögen die Vielfalt der Probleme ins Bewußtsein rücken:

5.1. Was ist denn kaputtgegangen? – Mir ist nichts aufgefallen.
Suchen Sie ein leeres Zimmer? – Nein, möbliert.
Das ist wohl Franz? – Ja, das wird Franz sein.
5.2. Was wird so ein Apparat wohl kosten? – Wo?
In Deutschland?
Wir sind für mehr Urlaub. – Wofür? Für mehr Urlaub?
Dafür sind wir auch.
5.3. Wie alt wird Fräulein Schneider sein?
– Die ist, glaube ich, 2 Jahre jünger als ich.
Kennst du ihre Familie?
– Komische Frage!
Trink bitte nicht so viel Bier!
– Ich trinke ja Wein!
Wann bezieht Herr Schulte das Zimmer?
– Das hat er schon gestern bezogen.
5.4. Trink bitte nicht so viel Bier. Bier macht dick.
– Na und?
Paß auf Deine Linie auf.
– Kümmere Dich lieber um Deine!

(Beispiele z. T. aus: J. Gerighausen – L. Martin, L'allemand tel qu'on le parle. Cours audio-oral. Voll. II. Heidelberg: Groos 1968.)

Zu 5.1.: Der Sprechakt ist gelungen.
Zu 5.2.: Der kommunikative Akt ist erst im Ansatz gelungen; Rückfragen sind nötig; die Intention ist partiell realisiert.
Zu 5.3.: Der illokutive Akt ist nicht geglückt.
Zu 5.4.: Der illokutive Akt ist geglückt, der Sprechakt aber nicht erfüllt.

Zur Erläuterung: Das Glücken oder Gelingen eines kommunikativen Aktes liegt dann vor, wenn die vom Sprecher gemachten Voraussetzungen zutreffen und wenn der Hörer die Intention des Sprechers versteht.

Erfüllt wird ein kommunikativer Akt, wenn die intendierten Konsequenzen eintreten. Weitere Beispiele: (Aus: Guide Nouveau I. Frankfurt: Diesterweg)
– für geglückte und erfüllte Sprechakte:

6.1. – Où habitez-vous, André?
– Dans cette grande maison.
– Est-ce votre maison?
– Non, c'est la maison de mon oncle Jules.
– Oh, comme elle est jolie.
A quel étage habitez-vous?
– Au deuxième étage ...

6.2. Bonjour, monsieur, une bouteille de cognac et trois œufs pour grand-père.
 – Voilà jeune homme, ce cognac est très bon et ces œufs sont frais et pas chers. Et avec ça?
 Un camembert et une boite de champignons.
 – Voici, Monsieur Henri.
 C'est combien, monsieur?
 – Ça fait dix-huit francs seulement.

– für nicht erfüllte Sprechakte:

6.3. Maman, le lait, où est-il?
 – Pourquoi? As-tu soif?

Die Pragmatik befindet sich zweifellos noch in ihren Anfängen. Schwierigkeiten für ihre Weiterentwicklung bereitet vor allem das formalisierte Erfassen der situationalen Faktoren; ohne diese Voraussetzungen aber bleibt die Aufgabe der nicht restriktiven Linguistik, Äußerung unter Einbeziehung des Äußerungskontextes zu beschreiben, fragmentarisch. Das aber ist der gegenwärtige Zustand in dieser Disziplin.

Dementsprechend sind die Folgerungen für den Fremdsprachenunterricht ebenfalls fragmentarisch. Einiges ging aus dem Gesagten hervor und soll noch einmal zusammengefaßt werden:

1. Drillübungen üben *Teil*aspekte des kommunikativen Handelns. Sie üben vorwiegend den Äußerungsakt. Sie vernachlässigen den pragmatischen Aspekt von Sprache, d. h. üben keine authentischen illokutiven Akte.

Andererseits sind sie für den Äußerungsakt akzeptable Übungsformen. Sie können außerdem Rollen in Kommunikationssituationen – auch wenn diese im Übungsakt unverbindlich sind – anbieten und damit verfügbar machen.

2. Wichtiger als die hier nur exemplarisch herausgegriffene Frage der Strukturübungen ist das Problem, wie weit es sich bei pragmatischen Aspekten der Äußerung um einzelsprachliche Erscheinungen handelt, anders ausgedrückt, wie weit sie in den Lernstoff des Fremdsprachenunterrichts hineingehören. Dazu würde ich meinen: Die Erscheinungen existieren vielfach auch in der Muttersprache, doch häufig in abgewandelter Form. Für den Fremdsprachenunterricht sind sie jedenfalls Teil der zu erwerbenden Kompetenz. Wenn sie von der Muttersprache her nicht oder nicht adäquat existieren, müssen sie im *Fremd*sprachenunterricht erlernt werden. Erworben werden muß die kommunikative Kompetenz für die Fremdsprache, d. h. die Fähigkeit, Sätze der Fremdsprache entsprechend dem Kommunikationskontext zu bilden und zu verstehen. Der Lerner muß z. B. abschätzen lernen, wann/wo/wem gegenüber er die folgenden Sätze äußert.

Schalte das Fernsehen mal ab.
Schalt das Fernsehen doch endlich ab.
Darf ich abstellen?
Willst *Du* noch länger fernsehen?
Gibt's morgen was Besseres im Fernsehen?

Das Programm ist heute wieder saumäßig.
Wie gut, daß man den Kasten ausschalten kann.
Hast Du was dagegen, wenn ich ausschalte?
Ich denke, wir machen's aus.
Tust Du mir einen Gefallen und stellst ab?
Bist Du nicht auch müde?

Die Texte, die im Unterricht Verwendung finden, müssen folgende Äußerungen als pragmatisch inadäquat und inakzeptabel vermeiden:

7.1. (Zum Auskunftsbeamten):
Entschuldigen Sie bitte, können Sie mir eine Auskunft geben?
7.2. (Im Buchladen):
Sie wünschen? – Ich hätte gerne ein Buch.
7.3. (Am Fahrkartenschalter):
Entschuldigen Sie bitte, können Sie mir eine Fahrkarte verkaufen?

Zur weiteren Illustration dienen die folgenden Sätze:

7.4. (Im Obstgeschäft):
Und Sie bitte?
3 Pfund Äpfel zu 80.
(Im Autosalon):
Und Sie bitte?
Ein R 16 TS, ohne Extras.
(Auf der Bank):
Und Sie bitte?
50 000 Darlehen auf 3 Monate.

Der Lerner muß situationsadäquat wählen zwischen

7.5. Entschuldigung.
Pardon.
Entschuldigen Sie bitte.
Oh.
Bitte entschuldigen Sie vielmals, das wollte ich wirklich nicht.

Der Lerner muß über die adäquaten Ausdrucksmöglichkeiten für die »gängigen« Situationen verfügen können. Er muß – und dahin zielt die Beschäftigung mit Pragmatik – situationsbezogene, kommunikationsbezogene Sprache lernen.
 Dieser gleiche Grundsatz gilt für die Folgerungen im Bereich der Referenzmittel.
 Situationsabhängige Beschreibungen sind z. B.:
– Wo sind die Badehosen?
– Hier sind sie doch!
– Nein, eine ist noch hier!
 Situationsabhängige Beschreibungen haben im Fremdsprachenunterricht gewiß Vorrang. Der situative Kontext ergänzt die Äußerungen und macht sie verständlich. Sie bilden die im Kontext des Alltags üblichen Äußerungen. Zu

den sprachlichen Mitteln, die hier verwendet werden, gehören z. B. deiktische Ausdrucksmittel, Demonstrativa, Gesten.

Der Lerner muß sich aber auch situationsunabhängig auszudrücken lernen, z. B. bei Antizipation oder Memorieren benötigt er diese sprachlichen Mittel auf jeden Fall.

Der Lerner muß entsprechend den Konventionen und den sozialen Rollen der Gesprächspartner, entsprechend den Intentionen und Erwartungen eine Auswahl treffen können aus z. B.

– Grußformeln
– Formeln für die Kontaktaufnahme, für die Öffnung des Kanals
– Formeln des Dankens
– Formeln der Gesprächsbeendigung etc.

Der Lerner muß seine *eigenen* Intentionen versprachlichen können, weil Sprache im Unterricht sonst entstellt wird.

Er soll ferner Situationen kennenlernen und zu bewältigen lernen, in denen die Kommunikation *nicht* gelingt, wo der illokutive Akt nicht glückt oder wo er sich einem illokutiven Akt gegenüber zur Wehr setzen muß.

Der Lerner sollte den Unterschied erkennen zwischen der Kategorie der grammatischen Form, z. B. Imperativ, und dem Sprechhandlungstyp, z. B. Aufforderung. Aufforderungen *müssen* nicht im Imperativ stehen.

Lehrbücher sind noch immer gegründet auf einer grammatischen Progression im restriktiven Sinne. Wünschenswert wäre ein Vorgehen folgender Art:

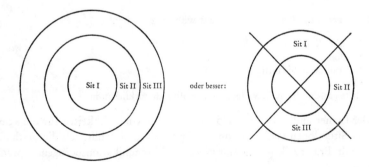

(Also zunächst ein Kernbereich von Sit I, dann von Sit II usw.)

Das Lernen in Situationen ist gewiß eine alte Forderung der Fernsprachenmethodik und der Lernpsychologie. Das Lernen in Situationen ist aber auch eine Forderung der Linguistik, eben einer pragma-orientierten Linguistik.

Damit haben sich hiermit die Standpunkte in mehreren Elementen des unterrichtsplanerischen Modells angenähert. Dieses Modell möge zum Schluß dazu dienen, unsere Thematik zu situieren, d. h. einen Kontextbezug für die Ausführungen herzustellen. Pragmalinguistik wird damit zur Teiltheorie der Theorie vom Fremdsprachenunterricht, die folgende Elemente aufweist:

Modell

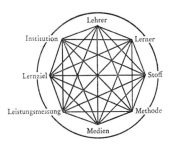

Hierbei wird deutlich, daß wir von einem Unterricht sprechen, in dem Kommunikationsfertigkeit Lernziel ist. Dazu gehört auch das Bewältigen von Kommunikationsschwierigkeiten, das Überwinden mißlungener kommunikativer Akte, die Emanzipation gegenüber sprachlicher Manipulation. Dabei haben wir uns vornehmlich an der Spracherlernungsstufe I orientiert. Spätestens in der Stufe II aber sollten diese kommunikativen Aspekte der Sprache wohl nicht nur bis zu einem gewissen Grad beherrscht, sondern auch erkannt und reflektiert werden können. Hierbei stellt sich die Aufgabe, Pragmatik nicht nur unterschwellig dem Fremdsprachenunterricht verfügbar zu machen, sondern explizit in den Fremdsprachenunterricht einzubeziehen, nicht um Linguistik um jeden Preis an der Schule zu betreiben, sondern um den Fremdsprachenunterricht zu optimieren.

Abschließend möchte ich zum Ausgangspunkt zurückkehren und einige Äußerungen tun, die, pragmalinguistisch gesehen, Stoff für eine Diskussion sein könnten, die aber den restriktiv-grammatischen Wohlgeformtheitsbedingungen unbestreitbar entsprechen.

8.1. Der Vortragende dort beendet jetzt seine Ausführungen. Endlich ist er fertig.
8.2. Ich hoffe, daß mein Vortrag nicht zu lang war.
8.3. Damit darf ich mich empfehlen, mich von Ihnen verabschieden und Ihnen noch einen angenehmen Abend wünschen.
N'Abend und tschüss og.

8.3. Konsequenzen didaktischer Art[1]

Von Hans-Eberhard Piepho

An dieser Stelle versuche ich, aus dem Vorhergehenden die wichtigsten Konsequenzen für moderne Unterrichtsplanung, Richtlinienerstellung und Curriculumarbeit abzuleiten und ohne den fachlichen Jargon zu formulieren, zu dem eine Präzisierung der spezifischen Voraussetzungen aus den Bezugsdisziplinen nötigt.

1. Moderne Richtlinien können nicht mehr mit der Auflistung einer syntaktischen, grammatischen und lexikalischen Progression beginnen. Vielmehr muß zunächst präzisiert werden, *was* die Schüler ausdrücken können sollen, damit sie aktiv am Unterricht teilnehmen, zu den Inhalten und Informationen sachbezogen und verständlich reden und für Kommunikationen außerhalb der Schule kompetent werden. Erst in *zweiter Linie* stellt sich die Frage nach der jeweils lernbaren und angemessenen linguistischen Realisierung. So wird beispielsweise zuerst festgelegt, daß die Schüler lernen sollen, einen Freund oder sich selbst vorzustellen. Erst dann wird das sprachliche Mittel »This is my friend« ... My name's ...« als Lernziel präzisiert. Ein anderes Beispiel: Erste Entscheidung: Der Schüler soll über einen Vorfall eine Aussage machen können. Zweite Entscheidung: Dazu benötigt er als linguistische Mittel: First, then, after, that, finally; saw, went, asked, picked up, placed, informed, phoned (past tense); oh the road, near the kerb, up to him, on the pavement; police; dialling 999.

Selbstverständlich ergibt sich auch daraus am Ende eine linguistische Progression, aber diese ist nicht primär und »unbezogen«, sondern sie ist auf bestimmte kommunikative Fertigkeiten gerichtet.

2. Die Möglichkeit, ein und dieselbe kommunikative Absicht mit unterschiedlichen Mitteln auszudrücken, bildet die Grundlage der Differenzierung. Der unterschiedliche Ertrag einer Unterrichtseinheit für verschiedene Schüler drückt sich nicht in mehr oder weniger Wortschatz oder grammatischer Einsicht aus, sondern in mehr oder weniger elementaren Formen der Versprachlichung derselben Absichten und Äußerungssorten. Die Differenzierung kann natürlich auch in der Übernahme von Rollen geschehen, indem etwa im Additum die Fragestellung gelernt wird, während die schwächeren Schüler im Fundamentum zunächst die Fragen lediglich verstehen und angemessen darauf antworten.

3. Mit fortschreitender Kenntnis der englischen Sprache trennen sich auch die Fertigkeitsbereiche des *kommunikativen Handelns* und der *Diskurstüchtigkeit*. Während bestimmte Schüler lediglich lernen, andere aufzufordern, zu bitten, zu kritisieren, zu loben, zu veranlassen, gewinnen andere die Kompetenz, diese Handlungen zu kommentieren, zu berichten, zusammenzufassen, zu legitimieren.

4. Es ist zu unterscheiden zwischen Fertigkeiten, die absolut kontrolliert und im Ergebnis sprachrichtig (orthoepisch und orthografisch) beherrscht werden, und solchen, die den Schülern Kommunikation ermöglichen, ohne daß sprachliche Fehlerlosigkeit erwartet und bei realistischer Einschätzung der Lernzeit und Speicherkapazität erzielt werden kann (état de dialecte). Dieses Prinzip ist für die Schule neu und ungewohnt, wenngleich jeder Lehrer weiß, daß die Fehlerhaftigkeit bei vielen Schülern einfach unüberwindlich ist. Neu ist die Forderung, die Rückstände und Ausfälle nicht negativ zu werten, sondern mit ihnen zu rechnen und sie im Rahmen klar gesteckter Grenzen zuzulassen. Voraussetzung eines derartigen Denkens ist einmal die Anerkennung des Englischen als Zweitsprache innerhalb unserer Gesellschaft (also als Dialektvariante der englischen Eigensprache) und die Abkehr von Normen der englischen »Hochsprache« – wenigstens für jenen Teil der Schüler, die diese Normen nie erreichen und auf der Stufe einer zwar korrekten, aber wenig verwendungsfähigen Kümmersprache bleiben würden, wenn man normative Maßstäbe an jede Äußerung legte. (Anm. Ich folge nicht den m. E. irrigen Annahmen einiger Didaktiker des Eigensprachenunterrichts, die grundsätzlich die Standardsprache der Mittelschicht als »elaborierte Hochsprache« und distanzierendes Mittel der sozialen Stufung verteufeln. Diese Deutung der soziolinguistischen Forschungen zum Sprachcode und zum sog. Soziolekt in bezug auf Lernziele im Sprachunterricht halte ich für wissenschaftlich unzulässig und für pädagogisch falsch. Es geht nicht darum, Normen aufzugeben und jede beliebige Äußerung ohne Bemühung um deren Verbesserung und Präzisierung als unveränderliches Ergebnis der sozialen Herkunft anzunehmen, sondern um die Bewertung von subjektiven oder schichtenspezifischen Äußerungsformen im jeweiligen Kontext der Kommunikation. Auch im Englischunterricht für alle ist eine Standardsprache in einer verständlichen grammatischen Struktur und Lautung das globale Lernziel. Sofern dieses globale Lernziel jedoch nur partiell erreicht werden kann, sind die Bereiche und Zwecke genau zu formulieren und einzugrenzen, in denen die Normen uneingeschränkt angelegt werden, und andere, in denen die Schüler zwangsläufig vorübergehend oder auf Dauer aus dem Normensystem entlassen werden müssen, damit ihre Ausdrucksfähigkeit entwickelt und erhalten werden kann.)

5. Zwangsläufig ist hier in erster Linie die Rede von kommunikativen Kompetenzen und notionalen Grundkategorien, also nicht von formaler Grammatik und linguistischen Mitteln. In der Praxis sind natürlich diese Faktoren laufend aufeinander bezogen. So werden die Schüler immer auch sprachliche Mittel und Formen lernen, die sie nicht unmittelbar in mündliche und schriftliche Kommunikation umsetzen. Häufig werden grammatische Formeln eingeübt, ohne daß die logische Notion oder eine soziale Absicht diese Mittel bedingen.

6. Allerdings ist zu fordern, daß jedes Grammatikbeispiel, jede Übungskette nur solche Sätze enthält, die irgendwann zu einer tatsächlichen und

wahrscheinlichen Äußerung verwendet werden kann. The man is buying potatoes. I am going to the window. The children have attented the school for two years. The professor is speaking. All diese Sätze sind kaum zu kontextualisieren und daher ungeeignet auch als Paradigmata für grammatische Kategorien. Auf die Frage: »Where did you go for a holiday last year?« ist die Antwort: »To...« Nicht aber: Last year I went to... for a holiday. Will der Lehrer den »ganzen« Satz auslösen, muß er einen anderen kommunikativen Zusammenhang wählen (z. B. Bob, Peter, Joan, go to the map and say where you spent your holiday last year).

7. Es ist äußerst schwierig und noch keineswegs wissenschaftlich abgesichert auszusagen, für welche Situationen und Kommunikationen ein junger Mensch durch den Englischunterricht vorbereitet werden soll. Welche Art von »encounters« stattfinden, welche Textsorten beherrscht werden müssen; in welchen Umständen psychologischer und sozialer Art ein Mensch seine kommunikative Kompetenz unter Beweis stellen muß, kann man nicht mit letzter Genauigkeit sagen und daher auch nicht in curricularen Planungen umfassend berücksichtigen. Selbst das hier dargestellte Fertigkeitsmodell von D. A. Wilkins ist nicht einfach umzusetzen in klare Lernziele und Fertigkeitsprofile, etwa als Ergebnis des Englischunterrichts auf der Sekundarstufe I. Überhaupt ist höchst fraglich, ob sich Sprache vollständig in Lernzielen fassen und in Lernprozessen operationalisieren läßt.

Dennoch: Zwei Dinge kann man tun. a) Es ist möglich, die kommunikativen Prozesse im Unterricht zu beschreiben und alle Notwendigkeiten mündlicher und schriftlicher Kommunikation über Inhalte und Vorgänge im Klassenzimmer so zu präzisieren, daß die notwendigen Fertigkeiten greifbar und lernbar werden. b) Man kann nach der Auflistung der Themen, Inhalte, Informationen (z. B. Short Story, Negro Problem, Home, Asking the way) eines Lehrwerks oder in Richtlinien sehr wohl nachweisen, welche sprachlichen Fähigkeiten die Schüler erworben haben müssen, um sie zu verstehen und sich verständig und verständlich dazu äußern zu können. c) Schließlich kann man gewisse Universalbereiche menschlicher Kommunikation beschreiben, die im Englischunterricht eingeübt werden können, damit der Schüler in seiner unmittelbaren oder einer wenigstens wahrscheinlichen Umwelt mit englischsprechenden Menschen in Kontakt treten, sie zu bestimmten Handlungen bewegen oder mit ihnen gemeinsam bestimmte Dinge besprechen kann.

8. Endlich lassen sich für diese Fertigkeiten fundamentale und additive Anwendungsbereiche und Sprachmittel angeben und damit unterschiedliche Register für ähnliche Zwecke und Anwendungen präzisieren.

9. Meine Ausführungen zu den theoretischen Grundlagen des pragmalinguistischen Ansatzes mußten in den Grenzen meiner Absicht, Gesichtspunkte für eine Neuorientierung der Lernziele für die Sekundarstufe I zu erörtern, zwangsläufig knapp und, teilweise unbillig, verkürzt sein. In der folgenden Literaturliste gebe ich diejenigen Werke an, auf die ich mich beziehe und die

ich gleichzeitig als Auswahl für die vertiefte Beschäftigung mit den Theorien und Grundlagen empfehlen möchte.

Wo ich die Namen der Verfasser durch Unterstreichung gekennzeichnet habe, möchte ich die Titel als Primärquellen vorschlagen, die besonders wichtig und in der Regel auch leicht lesbar sind.

(Folgenden Titeln kommt nach Piepho diese Wichtigkeit zu:)

Austin, J. L.: How to do Things with Words. Oxford 1963 (Übers. Reclam, Stuttgart).
Baacke, D.: Kommunikation als System und Kompetenz. Tl. I u. II. In: Neue Sammlung Heft 6/1971 und Heft 1/1972.
Beavin, J. H. / D. D. Jackson: Pragmatics of Human Communication. New York 1967.
Candlin, C. H.: The Communicative Teaching of English. In: ELT Documents (73/4), The British Council, London.
Coburn-Staege: Der Rollenbegriff. Heidelberg 1973.
Edelhoff, Ch. u. a.: Grundlagen für ein Curriculum (Englisch) 7–10 an Gesamtschulen. In: Gesamtschulinformation 2/3, 73 Päd. Zentrum Berlin.
Engel, U./O. Schwencke: Gegenwartssprachen und Gesellschaft. Düsseldorf 1972.
Giglioli, P. P.: Language and Social Context. London 1972.
Goffman, E.: Interaktionsrituale. Über Verhalten in direkter Kommunikation. Frankfurt/M. 1971.
Habermas, J. / N. Luhmann (Hrsg.): Theorie der Gesellschaft oder Sozialtechnologie. Frankfurt/M. 1971.
Hartig, M. / W. Kurz: Sprache als soziale Kontrolle. Neue Ansätze zur Soziolinguistik. Frankfurt/M. 1971.
Holzer, H. / K. Steinbacher (Hrsg.): Sprache und Gesellschaft. Hamburg 1972.
Hymes, D.: On Communicative Competence. In: Gumpertz/Hymes (Hrsg.): Directions in Sociolinguistics. New York 1970.
List, G.: Psycholinguistik. Stuttgart 1972.
Maas, U. / D. Wunderlich: Pragmatik und sprachliches Handeln. Frankfurt/M. 1972.
Mead, G. H.: Identität und Gesellschaft. Frankfurt/M. 1968.
Piepho, H.-E.: Linguistische, soziologische und didaktische Anmerkungen zum Begriff »Situation« im modernen Fremdsprachenunterricht. In: Zielsprache Französisch, Heft 1/1973.
Schaefer, H.-W.: Umweltbezogenes Sprechen. In: Zielsprache Deutsch 1/73.
Searle, J. L.: Speech Acts: an essay on the philosophy of language. Cambridge 1969.
Wunderlich, D.: Die Rolle der Pragmatik in der Linguistik. In: Der Deutschunterricht, Heft 4/1970.
Wunderlich, G. / W. Klein (Hrsg.): Aspekte der Soziolinguistik. Frankfurt/M. 1971.

8.4. Äußerungen als illokutive Handlungen[*]

Von Hans Weber

1962 wurden zwölf in Harvard gehaltene Vorlesungen des englischen Sprachphilosophen J. L. Austin postum unter dem programmatischen Titel *How to do things with words* in Buchform veröffentlicht. Sie sind inzwischen als Paperback leicht zugänglich.[1]

Je eingehender man sich mit Austins Ansatz und dessen Weiterführung z. B. bei Searle[2] oder in Untersuchungen zur pragmatischen Dimension sprachlicher Zeichen[3] beschäftigt, desto mehr gewinnt man den Eindruck, daß dort überaus bedenkenswerte Anregungen für Theorie und Praxis des Fremdsprachenunterrichts enthalten sind. Bestimmte Sachverhalte, die etwa bisher unter den Stichworten »situativer Unterricht« oder »Kontextualisierung« behandelt wurden,[4] erscheinen in neuem Licht und werden differenzierter benennbar.

Es ist zu erwarten, daß Erörterungen zu den *pragmatischen* Aspekten sprachlicher Kommunikation in zunehmendem Maße Eingang in die Fachdiskussion finden werden.[5] Zwangsläufig werden damit auch eine Reihe von terminologischen Neuprägungen in Umlauf kommen. Wesentlich ist dabei die Frage, ob solche Termini helfen, Phänomene abzugrenzen und zu beschreiben, an deren weiterer Aufhellung Praktikern wie Theoretikern des Fremdsprachenunterrichts gelegen sein muß. Bei Begriffen wie »illokutiv«, »propositional«, »performativ«, um einige dieser einstweilen noch unvertrauten Bezeichnungen vorab zu nennen, dürfte das der Fall sein. Wir hoffen, dies im folgenden nachweisen zu können.

Es soll versucht werden, einige wichtige Gedanken und Grundbegriffe dieser verhältnismäßig neuen sprachwissenschaftlichen Richtung zu skizzieren. Auswahl und Kommentierung erfolgen unter dem Gesichtspunkt ihrer Anwendbarkeit auf den Fremdsprachenunterricht. Diese Relevanz für die tägliche Praxis soll dann im zweiten Teil des Beitrags noch konkreter aufgezeigt werden.

1.1. Das Programmatische an dem Titel von Austins Vorlesungen liegt darin, daß sprachliche Äußerungen als *Handlungen* begriffen und analysiert werden. Wer spricht, vollzieht bestimmte Akte. Austin unterscheidet drei simultan ausgeführte Teilaktivitäten eines Sprechers.

Der Sprecher produziert einmal Laute, Wörter, syntaktische Strukturen, mit denen er auf Sachverhalte (Dinge, Personen, Vorgänge, Zustände etc.) verweist (reference) und darüber etwas aussagt (sense). Er drückt mit seiner Äußerung einen Inhalt (meaning) aus. Diese in sich wiederum geschichtete Dimension von Sprechakten heißt bei Austin locutionary acts (S. 92 ff.).

Die für die dialogische Beziehung zwischen dem Zeichengeber (Sprecher) und dem Zeichenempfänger (Hörer) entscheidende Komponente liegt jedoch darin, daß der Sprecher mit einer sprachlichen Äußerung im Normalfall nicht nur *meaning* ausdrückt, sondern auch eine bestimmte kommunikative Absicht in bezug auf den Hörer verfolgt. Er vollzieht gleichzeitig mit dem lokutiven Akt, wie Austin das nennt, einen illocutionary act (S. 98). »Immer dann, wenn wir einen lokutiven Akt vollziehen«, schreibt er, »verwenden wir gesprochene Sprache – nur: auf welche besondere Weise verwenden wir sie bei einer bestimmten Gelegenheit? [...] Es besteht doch ein erheblicher Unterschied, ob wir z. B. einen Rat erteilen oder nur einen Vorschlag machen oder ob wir einen strikten Befehl geben; es ist auch nicht das gleiche, ob wir etwas fest versprechen oder nur eine vage Absicht andeuten.« (S. 99) [6]

Ein Imperativ kann z. B. tatsächlich ein Befehl, dann aber auch wieder »a permission, a demand, a request, an entreaty, a suggestion, a recommendation, a warning« sein oder in anderen Zusammenhängen gar »a condition or a concession or a definition« ausdrücken (S. 76 f.). Mit der Benutzung des identischen sprachlichen Mittels (Imperativ) führt der Sprecher eine je verschiedene *illokutive Handlung* aus. Der Hörer muß die Funktion (force) der vom Sprecher gebrauchten sprachlichen Ausdrücke erfassen. Er muß verstehen, als was sie in einer konkreten Situation gemeint sind.

Die beim Hörer dann eintretende Wirkung hebt Austin unter der Bezeichnung perlocutionary act als dritten Teilaspekt von der lokutiven und illokutiven Dimension ab. Illokutive und perlokutive Handlungen lassen sich in den beiden Formeln kontrastieren (S. 108, 120):

In saying something we do something (*illocutionary act*).
By saying something we do something (*perlocutionary act*).

Um ein von Austin gewähltes Beispiel (S. 121) zu erläutern: Ein Sprecher berichtet: »In saying I would shoot him I was treatening him.« Diese Äußerung hat zunächst selbst eine pragmatische Funktion, nämlich die des Berichtens oder Erzählens. Der Sprecher berichtet einem Zuhörer, daß er in der Vergangenheit eine Handlung des Drohens vollzogen habe. Die von ihm einem seinerzeitigen Adressaten gegenüber gemachte Äußerung kann »I'll shoot you!« oder ähnlich gelautet haben (lokutiver Akt). Der Verwendungssinn jenes Satzes, also dessen *illocutionary force*, wird von ihm nun explizit als »threatening« gekennzeichnet. Mit dem Äußeren von »I'll shoot you!« vollzog er damals den Akt des Drohens.

Als Kontrastbeispiel gibt Austin: »By saying I would shoot him I alarmed him.« Die Drohung, so teilt der Sprecher nun mit, hat seinerzeit ihre Wirkung erzielt. Austins Überlegungen weiterführend, könnten wir sagen: »threaten« (als Bezeichnung einer illokutiven Handlung) verhält sich zu »alarm« oder »intimidate« (als Bezeichnungen für perlokutive Konsequenzen) wie z. B. »argue« zu »convince«, »order« zu »obey«, »warn« zu »upset«, »advise« zu »persuade«, »promise« (um aus einer praktisch unbegrenzten Fülle von Möglichkeiten einen denkbaren Fall herauszugreifen) zu »surprise«. Als Testformel für perlokutive Akte empfiehlt Austin: »I got him to« + perlokutives Verb

(S. 116) – in unseren Beispielen also: »I got him to be alarmed/intimidated/ convinced/upset/persuaded/surprised« bzw. »I got him to obey.«

1.2. Bei Austin stehen die illokutiven Akte im Mittelpunkt. Seine Untersuchungen gelten im besonderen dem Nachweis, daß *statements* keine privilegierte Klasse von Äußerungen sind: »Einen Sachverhalt feststellen, bedeutet zweifellos ebenso einen illokutiven Akt vollziehen wie, sagen wir, eine Warnung geben oder etwas (z. B. ein Urteil) verkünden.« (S. 133)

Für seinen methodischen Ansatz ist kennzeichnend, daß »nicht der Satz Gegenstand unserer Untersuchung ist, sondern das Hervorbringen einer Äußerung in einer Sprechsituation«, woraus eben folgt, daß auch das Hervorbringen deskriptiv-konstatierender Aussagen (stating) nur als ein Fall von *performing an act* erscheint (S. 138). Umgekehrt ergibt sich, daß Äußerungen, die von der traditionellen Grammatik als »Aussagesätze« klassifiziert werden, keineswegs immer der Feststellung von Tatsachen dienen, sondern, je nach dem situativen Zusammenhang, als Warnungen, Empfehlungen, Aufforderungen oder sonstige illokutive Handlungen eines Sprechers aufzufassen sind.

Daß der pragmatische Sinn einer Äußerung nicht ohne weiteres aus ihrer syntaktischen Form abgeleitet werden kann, gilt im übrigen nicht nur für sogenannte »Aussagesätze«. Auch mit einem *Imperativ* lassen sich, wie wir sahen, vielfältige kommunikative Absichten verfolgen. *Fragen* zielen durchaus nicht immer darauf ab, einen Partner zur Hergabe von Informationen zu veranlassen, sondern können als Vorwürfe, Ratschläge, Befehle gemeint sein. Ein und derselbe illokutive Akt kann auf sehr verschiedene Weise sprachlich vollzogen werden. »Did you leave the window open?«, »The window is open.« »Shut the window, will you?« können pragmatisch synonym sein: der Sprecher will den Empfänger seiner Äußerung dazu bringen, das Fenster zu schließen.

1.3. Der Erfolg einer illokutiven Handlung hängt unter anderem davon ab, ob der Sprecher den beabsichtigten Kommunikationseffekt deutlich macht. Eindeutigkeit wird oft schon durch Intonation oder begleitende Gesten erzielt. Auch aus dem Situationszusammenhang kann der Hörer entnehmen, welcher Absicht eine Äußerung dient, z. B. aus dem Umstand, von wem sie stammt (»Coming from *him*, I took it as an order, not as a request«) (S. 76). Unmißverständlich (wenn man die Möglichkeit der *Ironie* ausklammert)[6] sind Äußerungen dann, wenn, wie in den folgenden Beispielen, die mit ihnen ausgeführten illokutiven Handlungen ausdrücklich bezeichnet werden: »I *promise* that I shall be there«, »I *advise* you to turn right«, »I *bet* you sixpence that it will rain tomorrow«. Die hier in der 1. Person Singular Präsens Indikativ Aktiv stehenden Verben nennt Austin *explicit performatives*. Der Sprecher signalisiert mit ihrer Hilfe den pragmatischen Sinn seiner Äußerungen. Indem er zu seinem Dialogpartner sagt: »I promise ...«, »I advise you ...«, »I bet you ...«, berichtet er nicht über illokutive Handlungen des Versprechens, Ratgebens, Wettens, sondern er verspricht dem anderen etwas, gibt ihm einen Rat, schließt mit ihm eine Wette ab. Die Äußerungen sind unmittelbar die Handlungen, die in den performativen Verben präzisiert sind.

Im natürlichen Sprachgebrauch ist die explizit performative Form allerdings nicht die Regel. Ihre Verwendung kann umständlich, entbehrlich, nicht situationsgerecht sein. In seiner Theorie der Fehlschläge (infelicities) nennt Austin selbst als erste Bedingung für das Gelingen von Sprechakten, »daß es allgemein anerkannte, herkömmliche Gepflogenheiten geben muß, denen eine besondere konventionelle Wirkung eigen ist, wobei solche Gepflogenheiten das Äußern bestimmter Wörter durch bestimmte Personen in bestimmten äußeren Umständen einschließen« (S. 14). In diesem Sinne kann z. B. »I am sorry« die konventionell übliche Äußerung sein, »I apologize« (das explizit performative Verb) nicht.

Die pragmatische Bedeutung einer Formel wie »I am sorry« läßt sich jedoch metasprachlich mit Hilfe eines Verbs wie »apologize« sichtbar machen. Man benutzt dazu entweder die bereits erwähnte allgemeine Formel für illokutive Handlungen, in unserem Beispiel also »In saying ›I am sorry‹ I apologized (to him)«, oder man ersetzt die nicht-explizite Äußerung durch einen Ausdruck mit einem performativen Verb: »I apologize.« »I'll be there«, um noch ein Beispiel zu nennen, ist zwar nicht ohne weiteres synonym zu »I *promise* to be there«, aber eine solche Umformung würde sichtbar machen, als was die Äußerung »I'll be there« im gegebenen Zusammenhang zu verstehen ist. Es handelt sich demnach z. B. nicht um die (im Gegensatz zum Versprechen unverbindlichere) Äußerung einer bloßen Vermutung oder Absicht (S. 68, 77).

1.4. Austin befaßt sich in erster Linie mit der pragmatischen Interpretation sprachlicher Äußerungen, weniger mit der Realisierung kommunikativer Absichten im tatsächlichen Sprachgebrauch. Wenn er sagt, daß »es möglich sein müßte, jede Äußerung, die als sprachliche Handlung aufzufassen ist, durch Reduktion oder Erweiterung auf eine Form mit einem Verb in der 1. Person Singular Präsens Indikativ Aktiv zu bringen und in dieser Form dann zu analysieren« (S. 61 f.), oder wenn er das Adverb »hereby« als Indikator empfiehlt (S. 57), so hat er dabei Verfahren zur Ermittlung der Funktionen von Äußerungen im Auge. Die von ihm vorgeschlagenen Testmethoden operieren mit Sätzen, die keineswegs beliebig austauschbar sind. Performative Verben, das ist jedoch festzuhalten, eignen sich vorzüglich, »[to] signify the illocutionary force of the utterance« (S. 134), so daß etwa eine Äußerung wie »He did not do it« durch Paraphrasen wie »I [hereby] state/argue/suggest/bet that he did not do it« entsprechend ihrem pragmatischen Verwendungssinn interpretiert werden kann (S. 133 f.).

Austin versucht zum Abschluß seiner Vorlesungen eine Klassifizierung bestimmter »Familien bzw. Kategorien verwandter und sich überschneidender Sprachhandlungen« (S. 148 ff.). Der Katalog von performativen Verben vermittelt einen Überblick über die unvermutete Vielfalt illokutiver Handlungen, aber der Systematisierungsversuch als solcher wie auch Austins eigenwillige Bezeichnungen für die verschiedenen Funktionsklassen haben sich nicht durchgesetzt.

1.5. Begriff und Terminus des *illocutionary act* sind dagegen von späteren Autoren, etwa Searle und Wunderlich, übernommen worden. Searle greift auch Austins Unterscheidung von *meaning* und *force* auf. Für den von Austin aus dem mehrschichtigen Äußerungsvorgang abstrahierten Akt der Referenz und Prädikation (S. 95 ff.), für die Teilhandlung also, mit der der Sprecher *meaning* ausdrückt, benutzt Searle den Begriff *propositional act*. Als *propositional content* von Sprechakten wird dasjenige bestimmt, worüber gesprochen und was darüber gesagt wird.[7]

Die Bitte um Auskunft »Will John leave the room?« hat mit der Aufforderung »John, leave the room« oder mit der Vorhersage »John will leave the room« den propositionalen Gehalt »that John will leave the room« gemeinsam. Man kann den jeweils anderen illokutiven Charakter der drei Äußerungen wie auch ihren identischen propositionalen Gehalt in folgender Weise sichtbar machen:

I *ask* whether John will leave the room.
I *order* John to leave the room (= I *order* that John will leave the room).
I *predict* that John will leave the room.[8]

Wesentlich ist die Einsicht, daß propositionale Akte nicht selbständig vorkommen, sondern von übergeordneten illokutiven Handlungen abhängig sind.

Ein Beispiel: Die Äußerung »I've got the key« enthält die einfache Proposition, daß der Sprecher den (einen bestimmten) Schlüssel (bei sich) hat. Er kann jedoch, worauf Searle hinweist, »nicht einfach eine Proposition ausdrücken und – ohne gleichzeitig noch etwas anderes zu tun – damit einen vollständigen Sprechakt vollziehen«.[9] Mit der Äußerung »I've got the key« kann er etwa einen Partner beruhigen wollen (umgangssprachliche Paraphrase: »Don't worry, I've got the key«, oder in Austins Formel: »In saying ›I've got the key‹ I reassured him«). Die Bemerkung kann aber unter Umständen auch dazu dienen, den Adressaten unter Druck zu setzen (»It's no use your trying to open the door. I've got the key«). Diese partnerbezogene Komponente der Äußerung legt fest, in welchem Sinne ihr propositionaler Gehalt gemeint und aufzufassen ist.

Es gibt allerdings, das sei beiläufig bemerkt, auch illokutive Akte ohne propositionalen Gehalt, z. B. Ausrufe wie »Hurrah!« oder »Ouch!«, stereotype Wendungen wie »I see«, Höflichkeitsfloskeln wie »How do you do?«, »Nice to see you« oder »Good-bye«.

Unvollständig sind auch Äußerungen, wie sie in manchen monologischen Drillübungen erwartet werden. Ihr Mangel liegt darin, daß sie keinerlei *illocutionary force* besitzen. Sie bieten allenfalls Gelegenheit zur Bildung von

Lauten, Wörtern, Satzformen. Da sie nicht kommunikativ sind, wird auch ihr propositionaler Gehalt nicht eigentlich »ausgedrückt«, sondern höchstens mechanisch verlautbart. Das mag eine zu gymnastischen Zwecken gelegentlich brauchbare Übungsform sein, aber »diese Art von Sprechen« ist, wie Wunderlich feststellt, »linguistisch defizient«, denn »es wird zwar ein Äußerungsakt, aber kein propositionaler und auch kein illokutiver Akt vollzogen«.[10]

1.6. Die von Austin und Searle herausgearbeitete Unterscheidung von kommunikativ-pragmatischen und inhaltlich-referentiellen Bestandteilen eines Sprechaktes begegnet uns bei Habermas wieder unter dem Begriffspaar »performativ – propositional«.[11] Die eigentümliche Doppelstruktur der Rede stellt sich auch für ihn dar als die Verknüpfung einer, wie Austin sagen würde, illokutiven Komponente mit einem davon abhängigen Ausdruck propositionalen Gehalts. »Der dominierende Satz wird in der Äußerung verwendet, um einen Modus der Kommunikation zwischen Sprechern/Hörern herzustellen; der abhängige Satz wird in einer Äußerung verwendet, um über Gegenstände zu kommunizieren.«[12] Beide Gesprächsteilnehmer müssen, damit eine Verständigung zustande kommt, gleichzeitig zwei Ebenen betreten: die Ebene der Intersubjektivität, »auf der Personen Dialogbeziehungen eingehen und somit als sprach- und handlungsfähige Subjekte auftreten können«, und die Ebene der Gegenstände, »auf der Reales als Gegenstand möglicher Aussagen abgebildet werden kann.«[13]

Wie schon Austin, so versucht auch Habermas eine Systematisierung der für den pragmatischen Verwendungssinn sprachlicher Äußerungen ausschlaggebenden Komponenten.[14] Unter dem Gesichtspunkt, wozu sie »dienen«, gliedert er die Sprechakte in vier Klassen, die bei ihm »Kommunikativa (z. B. »sagen«, »fragen«, »antworten«, »zustimmen«, »widersprechen«), »Konstativa« (z. B. »behaupten«, »mitteilen«, »erzählen«), »Repräsentativa« (z. B. »offenbaren«, »gestehen«, »verheimlichen« – wobei die abhängigen Sätze Verben wie »wissen«, »meinen«, »lieben«, »wünschen« enthalten) und »Regulativa« (z. B. »befehlen«, »verbieten«, »erlauben«, »versprechen«) heißen.

Die performativen Elemente, darauf weist auch Habermas hin, brauchen in der Oberflächenstruktur nicht realisiert zu sein. Nicht-explizite Äußerungen sind, wie wir sahen, in umgangssprachlicher Kommunikation sogar die häufigere Form. Gleichwohl ist die oft nur in der Tiefenstruktur anzusetzende performative Konstituente derjenige Bestandteil einer sprachlichen Handlung, der ihren pragmatischen, d. h. partnerbezogenen, Sinn festlegt.[15]

1.7. Nun erschöpft sich aber die Beschreibung eines kommunikativen Kontaktes nicht in der Analyse der verwendeten sprachlichen Mittel. Die Wahl der Ausdrucksmittel wie auch bereits die Entscheidung über den mit einer Äußerung angestrebten Effekt hängen von außersprachlichen Umständen ab wie dem Ort und Zeitpunkt eines Redewechsels, den sozialen Beziehungen der

Gesprächspartner zueinander, den von ihnen im Kommunikationsvorgang eingenommenen Rollen. Einfluß auf das, was der Sprecher tatsächlich sagt und was er möglicherweise an begleitenden außersprachlichen Handlungen ausführt, haben auch konventionelle oder institutionelle Normen, ferner die wechselseitigen Annahmen und Erwartungen der Partner in bezug auf Wissen, Fähigkeiten, Interessen, Absichten, Beweggründe etc.[16]

Searle verdeutlicht das komplizierte Bedingungsgeflecht illokutiver Handlungen am Beispiel »How to promise«.[17] Das Gelingen eines ernsthaft geäußerten Versprechens ist an eine Reihe von Voraussetzungen geknüpft, etwa: »H would prefer S's doing A to his not doing A, and S believes H would prefer his doing A to his not doing A« (was ein Versprechen z. B. von einer Drohung unterscheidet), weiter: »It is not obvious to both S and H that S will do A in the normal course of events« (d.h. es wäre sinnlos, etwas ausdrücklich zu versprechen, was vom Sprecher ohnehin getan würde), oder: der Sprecher darf sich nicht bloß vornehmen, die im Versprechensakt gekennzeichnete zukünftige Handlung auszuführen, sondern er muß sich auch klar darüber sein, daß »the utterance [...] will place him under an obligation to do A« (d. h. ein Versprechen ist pragmatisch wesentlich dadurch charakterisiert, daß derjenige, der es gibt, damit eine von seinem Partner gewissermaßen »einklagbare« Verpflichtung eingeht).

Wunderlich, der vor einer »Semantisierung« der Pragmatik warnt,[18] analysiert in Anlehnung an Searle u.a. den Sprechakt des Ratgebens (»Ich rate dir, zum Arzt zu gehen«, »Es ist für dich besser, zum Arzt zu gehen«, »Ich an deiner Stelle würde zum Arzt gehen«). Um nur einige pragmatische Faktoren anzudeuten: die beiden Teilnehmer verstehen sich in einer gleichberechtigten Position; der Sprecher nimmt an, daß der andere in der Lage ist, A zu tun; er nimmt weiterhin an, daß die Interessen des anderen besser erfüllt werden, wenn dieser A tut, als wenn er das nicht täte; es ist für den Ratgeber noch nicht offensichtlich, daß der Empfänger von sich aus A tun wird; er will diesen überzeugen, daß es besser wäre, A zu tun; der Beratene seinerseits nimmt an, daß der Ratgeber bereit wäre, unter vergleichbaren Umständen ebenfalls A zu tun.[19]

1.8. Wir werfen mit solchen Illustrationen einen Blick auf das weite Feld, das die linguistische Pragmatik abzustecken begonnen hat.[20] Ihre Aufgabe besteht in der Beschreibung der außerordentlich komplexen Beziehungen von sprachlichen Zeichen und deren Benutzern. Wer eine Sprache kommunikativ benutzen will, das wird deutlich, muß auch lernen, was mit bestimmten Äußerungen in bestimmten Situationen bei einem jeweiligen Adressaten bewirkt, erreicht, veranlaßt werden kann.

Auf den Fremdsprachenunterricht bezogen, dessen Zielsetzung und Praxis die Richtpunkte bei unseren Skizzen waren, bedeutet das, daß es nicht genügen kann, die Schüler zur Produktion von bestenfalls wohlgeformten, im übrigen aber funktionslosen Sätzen zu bringen. Im Sinne des Buchtitels, von dem wir ausgingen, sollten sie vielmehr lernen, *how to do things with words*. Die Einübung fremdsprachlicher Ausdrucksmittel müßte demnach weitgehend als Vollzug illokutiver Handlungen vor sich gehen. Das phonologische, lexikalische, syntaktische Inventar müßte »instrumental«, nämlich zur sprachlichen Realisierung kommunikativer Absichten, verwendet werden.

Wie das im Englischunterricht durchaus unaufwendig geschehen kann, soll nun an einem Beispiel veranschaulicht werden.

2.1. Zu den im Sprachunterricht (wie im Unterricht überhaupt) am häufigsten vorkommenden Äußerungstypen gehört das Fragen. Bei der Vermittlung der erforderlichen Sprachmittel wird das Gewicht allerdings zumeist einseitig auf die »grammatischen« (syntaktischen) Aspekte gelegt. Die Beherrschung der Wortstellung und der Verwendung von Hilfsverben gelten als vorrangige Lernziele. Daß Frageäußerungen Kommunikationshandlungen sind, wird in der Regel außer acht gelassen.

In pragmatischer Sicht erscheint aber gerade die *kommunikative* Seite von Frageäußerungen als deren wesentliche Dimension. Fragen ist ein Spezialfall des Aufforderns. Ein Sprecher bittet einen Adressaten, ihm zu einem Wissen X zu verhelfen, von dem er annimmt, daß der andere darüber verfügt. Formelhaft ausgedrückt: S will H dazu bringen, ihm X zu sagen.[21]

Fragehandlungen, bei denen es dem Fragesteller im Ernst um die Antwort geht, sind von solchen zu unterscheiden, bei denen er die Antwort bereits weiß und den Befragten nur dazu veranlassen will, eine ihnen gemeinsam bekannte Information noch einmal zu formulieren. Dieser letztere Typ, das »Abfragen«, ist im Unterricht verbreitet und dort als methodische Maßnahme wohl auch schlecht zu entbehren. Im Englischunterricht läßt sich etwa die (Wieder-)Verwendung von lexikalischem Material und syntaktischen Strukturen oder die Rekonstruktion von Inhalten oft am ökonomischsten über Fragestimuli erreichen. Der didaktische Hauptzweck besteht darin, die erneute Verbalisierung von »Stoff« auszulösen. Wenn die Schüler selbst auch die Fragen stellen, bieten solche Abfragübungen zugleich eine Gelegenheit zum systematischen Gebrauch der zur Fragebildung erforderlichen formalen Mittel.

Versucht man, die pragmatische Funktion von Fragehandlungen dieser speziellen Art zu bestimmen, so ist zunächst festzustellen, daß hier mit Fragen wie Antworten gewiß auch illokutive Akte vollzogen werden. Aber der eigentliche Adressat ist der Lehrer, auch wenn die Hervorbringung der Frage-Antwort-Kette ganz den Schülern überlassen bleibt. Es wird hier nicht gefragt, um etwas Bestimmtes herauszubekommen, sondern um zu demonstrieren, daß man auf englisch Fragen bilden kann. Und mit ihren Antworten drücken die Sprecher zwar propositionale Gehalte aus, aber die übergeordnete performative Komponente könnte in der Austin'schen Formel häufig etwa so gekennzeichnet werden: »In saying X I was not really telling anybody anything, but only proving to the teacher that I knew X and was able to express it in English.«

Außerhalb der Schulsituation kommt dieses besondere Sprecher-/Hörer-Verhältnis kaum vor. Wer fragt, will im Normalfall Informationen erlangen, die er tatsächlich noch nicht hat. Der Gefragte teilt sie ihm daraufhin mit (oder sagt ihm, daß er X selber nicht weiß).

Es liegt auf der Hand, daß im Fremdsprachenunterricht zumindest alternativ auch Sprechanlässe geschaffen werden müssen, bei denen die von den Schülern produzierten Äußerungen diese eigentliche *illocutionary force* dialogischer Frage-Antwort-Handlungen besitzen. Wirklich »echte« Situationen, die zugleich einen nennenswerten Lerneffekt für möglichst viele Schüler abwerfen, sind zumindest in den ersten Lernjahren unter Standardbedingungen bekanntlich recht selten. In der alltäglichen Praxis des lehrbuchgesteuerten Elementarunterrichts werden deshalb Kommunikationshandlungen, also z. B. auch Fragehandlungen, in der Regel zu *simulieren* sein.

Lehrbücher hätten dafür die geeigneten Vorlagen zu liefern. Um zwei außerschulische Ausfragsituationen zu nennen, die von Lehrbuchautoren in sprachdidaktischer Absicht nachzubilden wären: *Verhöre* könnten vor einem thematisch schlüssigen Hintergrund, z. B. über einen Text mit kriminalistischem Einschlag, arrangiert werden.[22] *Interviews* stellen ein anderes ergiebiges Fragehandlungsmodell für die didaktische Adaptierung dar.[23]

Trotz ihrer Künstlichkeit könnte man solche Sprechübungen »realistisch« nennen – im Unterschied zu den üblichen Abfrage-Antwort-Ketten, denen ein begrenzter unterrichtsinterner Nutzen aber nicht abgesprochen werden soll. Die mit dem Abfragen verfolgten Ziele brauchen im übrigen bei »realistischen« Dialogübungen keineswegs vernachlässigt zu werden. Nur wird die Doppelstruktur von Sprechhandlungen dabei bewußter in Rechnung gestellt, d. h. der Ausdruck von *meaning* (Austin) bzw. *propositional content* (Searle) bleibt den für echte Fragehandlungen charakteristischen performativen Komponenten untergeordnet. Der Sprecher zielt also »ernstlich« darauf ab, zu den in seiner Frage gekennzeichneten Sachverhalten eine Auskunft zu erhalten, die noch nicht zu kennen er zumindest vorgibt. Der Hörer erfaßt diese pragmatische *force* der an ihn gerichteten Frageäußerung und vollzieht seinerseits eine der Frageabsicht entsprechende illokutive Handlung.

Natürlich darf auch hier die Analyse der pragmatischen Verhältnisse den Blick nicht von der Tatsache abwenden, daß derartige Simulationshandlungen während des Fremdsprachenunterrichts stattfinden. Der Lehrer ist als »Zeuge« anwesend, so daß ein (Schüler-)Sprecher mit seinen an einen Kommunikationspartner gerichteten Äußerungen mehr oder weniger bewußt immer auch ihn meint. Aber die Kriterien, nach denen fremdsprachliche Äußerungen als geglückt betrachtet werden, schließen neben den phonologisch-syntaktischen und semantisch-propositionalen Eigenschaften nun auch die pragmatisch-kommunikativen ausdrücklich ein. Lernzielbestimmungen dürften sich also nicht auf die Benennung des lexikalisch oder grammatisch zu Leistenden beschränken, sondern hätten auch die von den Schülern auszuführenden illokutiven Handlungen zu beschreiben.[24]

2.2. Der Unterschied der beiden Typen von Fragehandlungen soll im folgenden am Beispiel einer schlichten Übungsform verdeutlicht werden, die im landläufigen Englischunterricht bis heute einen hohen Stellenwert hat. Es handelt sich um die als »Auswertung« oder »Vertiefung« bekannte Beschäftigung mit narrativen Lehrbuchtexten.

Ausgangsbasis für unsere Gegenüberstellung ist ein Kurztext aus einer Sequenz von sieben derartigen Berichten über die Ferienerlebnisse der Lehrbuchfiguren Mary, Bob, Peter und Fred an der See:[25]

> They were very lucky with the weather. They had sunshine most of the time with hardly a cloud in the sky. Mary liked sunbathing in a deck-chair. One afternoon Peter put a crab down her neck while she was reading. She jumped up and screamed. He bought her an ice-cream. So she went back to her deck-chair. But she didn't talk to the boys for the rest of the day.

In einer Abfragekette würden den Schülern wahrscheinlich Fragen der folgenden Art gestellt:

Were they lucky with the weather?
What did Peter do one afternoon?
Was Mary sleeping at that moment?
etc.

Auch ein Wechsel des *point-of-view* würde den Charakter der auf Textwiedergabe abzielenden Abfragekette nicht ändern:

(zu Mary): What were you doing one afternoon?
What did Peter suddenly do?
etc.
(zu Peter): What did you do one afternoon?
Did Mary go home?
etc.

Selbst Fragen, die umfassendere Antworten stimulieren und die deshalb auf die Dauer vorzuziehen sind, bleiben an die auch bei kleinschrittigen Fragen implizierte Voraussetzung gebunden, daß der Sprecher längst alles weiß, wonach er sich dennoch erkundigt.

What happened one afternoon?

unterstellt ja, *daß* eines Nachmittags etwas Nennenswertes passierte, das dann um des Übungseffektes willen von einem Schüler im Zusammenhang wiedergegeben werden soll.

2.3. Ein »realistischer« Dialog würde hier dagegen auf der Verabredung beruhen, daß der Fragesteller sich nach Dingen erkundigt, die er noch nicht wissen kann. Von den zuvor genannten Fragen entspricht allenfalls die erste (»Were they lucky with the weather?«) dieser Bedingung, allerdings müßte sie kommunikativ an eines der von der See zurückgekehrten Kinder gerichtet sein.

Bevor wir den im Lehrbuch entworfenen Dialog im einzelnen nachzuzeichnen versuchen, seien einige pragmatische Faktoren erwähnt. Die Sprechszene ist fiktiv. Einzelne Schüler schlüpfen in die Rollen der Lehrbuchfiguren. Die in den Antworten mitzuteilenden Sachverhalte kennen sie aus der Vorlage. Aber nicht nur Mary und die drei Jungen sind fiktive Figuren, sondern auch diejenigen, die so tun, als träfen sie nun mit ihnen zusammen und befragten sie nach ihren Erlebnissen in einem englischen Seebad. Auch den Fragestellern sind diese Begebenheiten de facto bekannt, aber sie *simulieren* jene Unwissenheit und Neugier, wie sie in einer alltäglichen Unterhaltung zu beobachten wären. Ferner: die Gesprächspartner stehen sozial innerhalb wie außerhalb der Dialogszene auf gleicher Ebene. Sie kennen sich als Klassenkameraden und treten nun für die Dauer eines über wenige Sätze ausgedehnten fremdsprachlichen Redewechsels als Träger fiktiver Rollen miteinander in kommunikative Beziehung.

Der dabei zustande kommende Dialog ist in dem Sinne »realistisch«, daß der Fragesteller mit einer Fragehaltung an den Partner herantritt, wie er sie auch außerhalb der sprachdidaktisch motivierten Modellsituation einnehmen könnte. Und der Befragte antwortet mit entsprechender, wenn auch ebenfalls gespielter »Ernsthaftigkeit«.

2.4. Die konventionelle Frage nach dem Wetter eröffnet also den Dialog:

Were you lucky with the weather?
oder:
What was the weather like?

In der Vorlage gibt Fred hier die Antwort – offenbar weil Peter und Mary noch zu Wort kommen werden und Bob in den auf anderen Kurztexten fußenden Dialogen sich schon äußern durfte. Fred kann, bis auf das Personalpronomen, der gedruckten Vorlage folgen. Aber es bedeutet pragmatisch einen Unterschied, ob ein Schüler den Text in einer Abfragkette reproduziert, um zu zeigen, daß er eben dieses kann, oder ob er, in der Rolle des *Fred*, auf eine als Bitte um Aufklärung gemeinte Frage mit einem illokutiven Akt des Schilderns oder Beschreibens angemessen zu reagieren versucht. Der Wortlaut ist wahrscheinlich derselbe, aber nur diese letztere Äußerung verdient den Namen »kommunikativ«.

Damit Mary Peters bösen Streich zur Sprache bringen kann, bedarf es einer Frage, die das Gespräch in diese Richtung lenkt, ohne daß aber anklingt, der Fragesteller wisse bereits, was Mary im einzelnen widerfuhr. Sie lautet hier:

Were the boys nice to you?

Ihre Plausibilität leitet sich her aus der Erfahrung, daß ein völlig konfliktloses Zusammensein der vier Gleichaltrigen ziemlich ungewöhnlich gewesen wäre. Die Frage müßte wohl auch am ehesten von einem Mädchen gestellt werden, das zu verstehen gibt, daß eine negative Antwort denkbar erscheint. Der kommunikative Modus wäre mit »Aufforderung zu einer Auskunft« nicht hinreichend beschrieben. Impliziert ist hier der Zweifel, ob die Jungen auch wirklich stets nett zu Mary waren. Mary müßte diese Intention spüren und den Faden der Konversation entsprechend weiterspinnen.

Sie bedient sich einer Wendung, die in der narrativen Vorlage so nicht vorhanden sein kann, weil deren Modus ein anderer ist. Marys Antwort beginnt so::

Yes, most of the time, but one afternoon Peter ...

Den Satz »I jumped up and screamed« analog zum narrativen Text wird sie wohl nur dann anschließen können, wenn sie zunächst noch nach ihrem seinerzeitigen Verhalten gefragt worden ist:

And what did you do?
oder:
And did you put up with it?

Auch hier wären selbst bei gleichbleibendem Wortlaut die *Funktionen* von Frage und Antwort andere als im Zusammenhang einer Abfragekette. Zu bedenken ist, daß in der simulierten Szene der Missetäter neben Mary steht, was für die pragmatische Interpretation von Belang ist. Welchen illokutiven Akt führt Mary mit der Darstellung des Vorfalls aus? Berichtet sie sachlich oder versetzt sie in Wirklichkeit Peter einen Hieb? Um noch einmal Austins Formel zu benutzen: »In saying that one afternoon Peter put a grab down her neck she is only stating the facts/really reproaching Peter.« Welcher Fall liegt also vor?

Im Gang der Unterhaltung ist dann der Augenblick für Peters Stellungnahme gekommen, zu der er aber nicht unbedingt durch eine weitere Frage veranlaßt zu werden braucht. »Realistische« Dialoge unterscheiden sich auch darin von Abfrageketten, daß der strikte Stimulus-Response-Rhythmus zugunsten eines natürlichen Gesprächsablaufs unterbrochen werden kann. Es spielen dabei schwer zu fassende konventionelle Verhaltensnormen eine Rolle. Denkbar wäre in dieser Situation immerhin eine entrüstete Frage aus dem Munde eines Mädchens, etwa:

How could you be so mean to her?

Als Äußerung eines Erwachsenen klänge sie vielleicht noch überzeugender. Im vorliegenden Dialogmodell äußert Peter sich jedenfalls unmittelbar nach Marys Bericht. Er setzt aber den als Simulation eines echten Gesprächs konstruierten Redewechsel nicht sogleich mit dem Satz aus der Textvorlage »I bought her an ice-cream« fort. Rückblickend kommentiert er vielmehr zunächst sein Verhalten, und dann erst erzählt er den Fortgang der Begebenheit:

> I was very sorry and bought her an ice-cream. So she came back to her deck-chair, but she didn't talk to us for the rest of the day.

Der propositionale Gehalt der Äußerungen (»that he was sorry«, »that he bought her an ice-cream«, etc.) ist der jeweiligen performativen Komponente untergeordnet. Da es sich jedoch hier wie meistens nicht um explizite performative Äußerungen handelt, sind eben diese Komponenten nicht von vornherein klar zu greifen. Teilt Peter ohne Nebenabsichten nur mit, was damals passierte? Oder versucht er, sich zu entlasten? Oder deutet er mit dem letzten Satz womöglich an, daß er Mary für übertrieben empfindlich hält und daß er ihr übelnimmt, den Vorfall überhaupt erwähnt zu haben? Auf die Frage nach dem Benehmen der Jungen hätte sie es ja bei der Antwort belassen können:

> Yes, most of the time.

Daß die narrative Textvorlage jene Episode enthält, muß ja nicht heißen, daß sie auch im Dialog um jeden Preis vorzukommen hätte. Variationen des als Modell angebotenen Musters sind selbstverständlich zulässig. Bei mehreren Durchgängen mit wechselnden Besetzungen würden die Schüler vielleicht sogar davor bewahrt, doch wieder nur funktionslose Sätze mechanisch hervorzubringen, wenn sie den Dialog von Mal zu Mal in Nuancen zu verändern hätten.

2.5. Bis zu welchem Grade illokutive Handlungen in Spieldialogen der geschilderten Art von den Schülern bewußt vollzogen werden, ist natürlich kaum schlüssig beweisbar. Eine gewisse Tendenz zur »Ernsthaftigkeit« müßte jedoch zum Grundprinzip gemacht werden. Wichtig ist die Einsicht, daß jede Äußerung einen Gesprächspartner erreichen soll und daß der Sprecher mit dem, was er sagt, eine bestimmte Absicht in bezug auf den Adressaten verfolgt.

Wo die *illocutionary force* einer Äußerung den jeweiligen Dialogpartnern unklar bleibt, kann es unter Umständen nötig sein, ihnen kognitive Hilfen zu geben. Die Aufgabe des Lehrers bei solchen »realistischen« Sprechübungen ist derjenigen des Theaterregisseurs vergleichbar. Er spricht und agiert die Parts vor und kommentiert nötigenfalls ihren pragmatischen Sinn, wenn die Versuche der Schüler nicht zufriedenstellend gelingen. *Paraphrasierungen* stellen eine Erläuterungsmöglichkeit auf relativ niedrigem Abstraktionsniveau dar. Illokutive Handlungen können, wie erinnerlich, auch mit Hilfe *performativer Verben* verdeutlicht werden. Voraussetzung dafür ist allerdings, daß wichtige Verben dieser Klasse bereits im elementaren Wortschatz zumindest passiv vorhanden sind. Beispiele: »tell«, »point out«, »explain«, »describe«, »ask«, »answer«, »promise«, »advise«, »suggest«, »order«, »warn«, »admit«, »agree«, »disagree«, »thank«, »complain« etc.

Im Laufe des fremdsprachlichen Kurses wäre über das Lehrbuch ein Deskriptionsvokabular planmäßig aufzubauen, das es auch den Schülern in zunehmendem Maße erlaubt, sich über Dialoge wie über die pragmatischen Funktionen von Texten im allgemeinen zu äußern. Eine derartige Sensibilisierung für Möglichkeiten der Sprachverwendung würde die Schüler über den unmittelbaren Nutzen hinaus auf Literatur- wie auf Linguistikkurse der Sekundarstufe II vorbereiten.[26] Zu einfachen Benennungen oder Umschreibungen illokutiver Handlungen können sie aber auch schon im elementaren Englischunterricht angeleitet werden, obwohl die Hauptaufgabe dort selbstverständlich der *praktische* Vollzug solcher Handlungen bleibt.

8.5. La mort du manuel et le déclin de l'illusion méthodologique[1]

(Übersetzung s. S. 197, Anmerkung 1)

Von Francis Debyser

Le paradoxe que nous allons tenter de soutenir dans cet article qui se veut polémique est que, si l'on souhaite que l'enseignement des langues survive en l'an 2000, dans les écoles, il faut se débarrasser des manuels, de *tous* les manuels, anciens ou modernes qu'ils soient, et qu'il faut même reconsidérer d'un point de vue très critique des méthodes récentes, y compris les méthodes audiovisuelles qui semblent aujourd'hui le meilleur instrument d'apprentissage des langues étrangères en situation scolaire.

Nous soutiendrons également que le surinvestissement perfectionniste du côté de la méthodologie va finir par aboutir à un blocage de la pédagogie des langues, c'est-à-dire à un point d'arrêt devant lequel on risque de ne pouvoir que piétiner ou régresser.[2]

Nous sommes en effet actuellement en pleine inflation méthodologique; pour le français langue étrangère, et en nous limitant à la seule production française, on voit une quinzaine de méthodes se disputer le marché. Après *Voix et Images de France* et *Bonjour Line*, le C.R.E.D.I.F. lance *De Vive Voix* et achève l'expérimentation de son Niveau 2. Le B.E.L.C. sort *Frère Jacques 3* ainsi que les prolongements des séries méthodologiques à l'usage de l'Afrique francophone (*Sixième* et *Cinquième vivantes*) et de l'Afrique anglophone (*Pierre et Seydou III et IV* sont sous presse). L'équipe de Guy Capelle a complété étape par étape le volumineux ensemble de *La France en direct* dont le 4e degré vient de paraître. Le »Mauger bleu« a fait peau neuve et changé de couleur, ou plus exactement fait place à une nouvelle méthode de l'Alliance Française, *Le Français et la Vie* dont le deuxième niveau a été récemment publié. S. Moirand et R. Porquier proposent, pour les cours de perfectionnement, *Le Français actuel*; enfin G. Zask expérimente à Besançon, avant publication, *C'est le printemps*. Cette liste de productions méthodologiques, que l'on trouve actuellement sur le marché – et nous nous limitons strictement à des méthodes »modernes« –, serait incomplète si l'on n'y ajoutait *Vous avez la parole*, ainsi que la *Méthode audio-visuelle de français* de Gubérina/Rivenc qui est encore largement utilisée.

Nous ne tenterons pas de nous aventurer dans un inventaire de la production de manuels ou de méthodes de français à l'étranger; elle est tout aussi foisonnante bien qu'il ne soit pas évident que l'enseignement du français se développe en proportion. Quant aux bureaux pédagogiques français à l'étranger, il en est bien peu qui ne soient saisis dans l'engrenage d'interminables travaux de Pénélope consistant à adapter les méthodes, à en fabriquer de nouvelles, à les réadapter ensuite et à en mettre d'autres en chantier.

Ce développement du »marché« des méthodes ne s'explique pas uniquement par l'inventivité des pédagogues, ni par une mode (de beaux esprits parlent de »pédagogite«), ni par la spéculation commerciale, encore que l'interrelation de ces facteurs existe. *Ce phénomène est dû à l'opinion, dominante depuis une vingtaine d'années, selon laquelle c'est au niveau des méthodes que l'intervention pédagogique en faveur de l'amélioration des résultats dans l'enseignement du français langue étrangère peut être la plus efficace.* Il fallait, croyait-on, remplacer les mauvais manuels par de »bonnes méthodes«.

Notre propos est le suivant: si nous récusons l'attitude conservatrice ou sceptique qui consiste à ironiser sur le principe même de la réflexion ou de la recherche pédagogique, nous sommes de plus en plus perplexes à l'égard de ce qu'on pourrait appeler l'illusion méthodologique. En effet, l'intervention centrée sur la méthode nous semble aujourd'hui appeler certaines réflexions critiques:

a) quant au type même d'intervention pédagogique qu'elle constitue;
b) quant au bien-fondé du point d'application de l'intervention;
c) quant aux conceptions intrinsèques de la plupart des méthodes qui ont vu le jour depuis une quinzaine d'années,[3] et, en particulier, de celles qui semblent à la pointe du progrès, à savoir les méthodes audio-visuelles.

Changement pédagogique et méthodologie

Dans une situation d'enseignement donnée, l'action pédagogique peut revêtir différentes formes d'intervention que l'on peut différencier selon qu'elles s'opposent au changement, s'y adaptent et le facilitent, ou encore l'induisent.

L'intervention *conservatrice* cherche à »maintenir«, à »restaurer« ou à »rétablir« une situation dont on estime qu'elle se détériore, en empêchant ou en freinant le changement de certains paramètres. Ainsi parle-t-on de restaurer le pouvoir ou le prestige du professeur ou du chef d'établissement dans l'institution scolaire, lorsque l'on estime que la libéralisation de l'institution est un élément de chargement négatif; ainsi parle-t-on de maintenir ou de préserver les positions du français dans le monde par rapport à la montée d'autres langues internationales ou nationales; ou encore, quand on renforce les procédures de sélection d'un concours de recrutement de futurs professeurs de langues vivantes, afin de »maintenir« le niveau des élèves maîtres, et par suite, des enseignants,

L'intervention *évolutive* prend acte du changement manifeste de certaines données, et prévoit, au lieu de le réduire, de s'y *adapter*; par exemple, dans le cas de l'enseignement des langues, l'adaptation à des phénomènes nouveaux tels que le besoin accru de communication, l'augmentation de la population scolaire et sa diversification sociologique, ou encore l'apparition de moyens technologiques nouveaux (hier le magnétophone, demain les vidéo-cassettes). L'intervention d'adaptation, sous la pression de changements extérieurs, est en fait inéluctable; mais elle suit généralement l'apparition de difficultés graves plutôt qu'elle ne les précède, et, de ce fait, malgré des ajustements de surface, est le plus souvent, comme les états-majors, en retard d'une guerre. Toutefois l'intervention évolutive, dans la mesure où elle porte sur les brèches du système (points de crise ou de difficulté), les ouvre autant qu'elle les colmate, ce qui explique et, après tout, rend cohérentes les réactions conservatrices, qui considèrent même l'adaptation comme subversive.

L'intervention *novatrice* prend l'initiative du changement au lieu de le freiner ou de l'accompagner; elle organise le changement ou simplement le provoque. Dans le premier cas, l'intervention devient une programmation du changement qui vise à le *planifier* et à le *gérer* par rapport à des objectifs précis; c'est la situation où se trouvent en général les autorités ministérielles ou académiques, qui se trouvent confrontées à des problèmes de rénovation pédagogique (à condition bien sûr que leur orientation soit réellement novatrice et non simplement évolutive). Dans le deuxième cas, l'invervention se limitera à une dynamique *provocatrice*[4] qui induit le changement sans prendre en charge ses développements.

Comment situer le »boum« des nouvelles méthodes dans cette typologie du changement? Elles ne s'inscrivent évidemment pas dans une perspective conservatrice; toutefois il semble que la visée des méthodologues ait été davantage l'adaptation à des besoins et à des situations nouvelles que la rénovation proprement dite. La preuve en est qu'on a changé l'outil – la méthode – sans trop se soucier du reste, sinon pour assurer la bonne insertion d'une nouvelle instrumentation, exactement comme lorsqu'une entreprise industrielle modernise son équipement, en y adaptant le personnel; d'où les opérations non de formation véritable, mais de *recyclage*, du personnel destiné à utiliser les nouveaux outils, à savoir les enseignants. Aussi les changements méthodologiques sont-ils restés un problème de didactique coupé de la pédagogie générale dont les grands débats ont à peine effleuré l'enseignement des langues vivantes. Pendant que, en d'autres lieux, on s'interrogeait sur la finalité de l'école, la relation au savoir, la fonction pédagogique, la relation maître-élève et la dynamique du groupe-classe, les spécialistes de méthodologie des langues vivantes débattaient gravement de l'opportunité de placer le réemploi avant ou après les exercices des fixation dans les fameux moments de la classe de langue, ou encore si les figurines utilisées au tableau de feutre devaient être en blanc ou en couleur. Au moment où, de toutes parts, l'institution scolaire craquait et où la pédagogie centrée sur la méthode était dénoncée comme une des caractéristiques de l'enseignement traditionnel, c'est par le biais des méthodes que des centres tels que le B.E.L.C. et le C.R.E.D.I.F. croyaient opérer les changements les plus profonds, alors qu'ils mettaient en place, sans s'en rendre compte, une machinerie didactique, certes efficace, mais rigide, lourde ... compliquée et contraignante, qui risque au bout de quelques années de freiner le changement pédagogique au lieu de le stimuler. S'il en est ainsi, un infléchissement radical des orientations de la pédagogie des langues vivantes devra bientôt être envisagé par les méthodologues, s'ils ne veulent pas que cette révision de leurs conceptions ne leur soit imposée de l'extérieur, dans le cadre d'une évolution qu'ils ne pourraient pas contrôler et qu'ils ne pourraient faire profiter de leur compétence spécifique.

En d'autres termes, une véritable intervention de changement, en pédagogie, ne peut pas se concevoir aujourd'hui comme une simple modification technique didactique portant sur les instruments d'apprentissage d'une discipline particulière. De telles modifications, qui peuvent être nécessaires ou souhaitables, doivent être intégrées à des interventions novatrices d'une plus vaste portée, prenant en compte les élèves, les professeurs, l'institution scolaire et la société, définissant l'idéologie du changement et clarifiant ses finalités. Un changement limité à la méthodologie est condamné à n'être qu'évolutif, et, de ce fait, les modifications qu'il détermine masquent son caractère conservateur.

L'intervention au niveau des méthodes

Les hypothèses de base des grandes années de la linguistique appliquée étaient les suivantes:
a) la linguistique nous donne la clé du langage et des langues, de leur nature et de leur fonctionnement;
b) les thèmes de l'apprentissage nous donnent la clé de l'enseignement des langues vivantes;
c) nous avons donc la possibilité de mettre au point une méthodologie scientifique de l'enseignement des langues. Cette méthodologie étant unitaire et doctrinale (directement fondée sur une doctrine) aboutit à la mise au point d'instruments, c'est-à-dire *d'ensembles méthodologiques préréglant à l'avance pour le professeur et pour les élèves les contenus (choix des éléments), la progression (ordre des éléments) et les procédés didactiques (organisation de la classe et nature des exercices).*

Nous ne nous attarderons pas à rappeler – cela a été dit et redit depuis Chomsky – que les affirmations *a* et *b* étaient exagérées (a) ou inexactes (b) et ne permettaient pas de fonder une méthodologie scientifique. En revanche nous examinerons de plus près l'incidence de cette démarche sur l'acte pédagogique et la pratique de la classe. On s'apperçoit alors que le corps de méthodes, qui se recommandent d'une pédagogie »scientifique«, débouche sur une pratique – inconciliable avec une pédagogie de la découverte puisqu'il s'agit d'une pédagogie de dressage et de guidage, d'ailleurs fortement influencée par les techniques de la programmation linéaire;

— inconciliable avec de véritables méthodes actives, les activités demandées à l'avance et ne lui laissant pratiquement aucune initiative;
— incompatible avec une pédagogie de la créativité; fondées sur l'assimilation d'un corpus linguistique (le contenu de la méthode) et de sa combinatoire, les méthodes inspirées par la linguistique appliquée ne prévoient aucun »en plus« par rapport aux performances que prépare la programmation;
— incompatible avec l'individualisation de l'enseignement vers laquelle tend la pédagogie générale;
— interdisant toute dynamique du groupe-classe dans la mesure où la méthode structure à l'avance les contenus, la nature et les modalités des échanges. En fait, ce type de méthodes renforce un modèle de fonctionnement de la classe considéré aujourd'hui comme aberrant, le modèle centralisé ou »centré sur le professeur«; mais ce modèle classique est plus rigide que par le passé, le professeur lui-même n'étant plus libre de ses interventions; celles-ci lui sont imposées par le livre du maître.

On pourrait se demander pourquoi l'intervention centrée sur les méthodes a précisément débouché sur ce type de méthodes; ou encore pourquoi le doctrinalisme scentifique a-t-il impliqué le dirigisme didactique. La relation n'est pas fortuite; les méthodes sont aujourd'hui mises au point par des experts ou des groupes spécialisés. Or le doctrinalisme amène presque inéluctablement l'expert à réduire la responsabilité et l'autonomie de ses clients (au sens rogérien du terme, qu'il s'agisse de l'institution scolaire, des professeurs ou des élèves) en prenant tout en charge, diagnostic des difficultés, conseil, solution et application des solutions.

En quelque sorte, le passage des méthodes traditionnelles et des vieux manuels aux méthodes »nouvelles« et en particulier aux méthodes audio-visuelles actuelles, tout en faisant progresser les techniques didactiques de l'enseignement des langues, semble en avoir figé la pédagogie. Au lieu de mauvais manuels, nous avons maintenant de »bonnes« méthodes qui étouffent la classe. Ionesco avait inventé dans *la leçon* le doctorat total; nous avons mis au point les méthodes totales, à plusieurs étages, degrés ou niveaux, pourvues d'exercices complémentaires, de matériel pour le laboratoire de langues, de batteries de tests, de cahiers de lecture et d'écriture, de volumineux livres du maître, de lectures »faciles«, de films fixes, de diapositives, de cassettes, etc.; l'espace et le temps pédagogiques sont désormais remplis par la méthode qui a tout envahi et tout englouti, la matière à enseigner qu'elle a entièrement incorporée, le maître recyclé à cet effet, demain les élèves: heureusement il est peu probable qu'ils se laissent faire.

Cette mise en cause des méthodes serait incomplète si nous ne nous attardions sur l'ambiguité de la médiation proposée par les méthodologues en vue d'une meilleure approche de la matière enseignée.

A l'origine, les manuels ont eu surtout pour fonction de faciliter la tâche des professeurs en leur fournissant un matériel de travail sous forme de textes ou d'exercices, et de rapprocher la langue étrangère des élèves. Rapidement les manuels sont devenus des méthodes (par exemple les manuels de méthodes directes) qui proposaient non seulement un contact avec la langue étrangère, mais également un chemin tracé, facilité, progressif. De par ce double aspect de corpus et de programme, les manuels et méthodes sont des médiations. Mais toute médiation peut impliquer aussi bien l'éloignement que le rapprochement. L'entremise de la méthode peut également avoir pour effet de distancer l'élève de la matière enseignée et de différer voire d'empêcher le contact *immédiat* avec l'objet d'étude. En ce cas, la médiation devient écran, obstacle, escalier baroque qui cache la maison et empêche d'y entrer directement par la porte; la médiation se substitue à l'objet d'étude dont elle devient le simulacre.

Dans le renouvellement méthodologique, nous avons eu les deux aspects: les méthodes »nouvelles« ont tout d'abord joué un rôle très positif de médiations »rapprochantes« par exemple en proposant directement des modèles sonores de langue à la place d'énoncés écrits; mais on doit constater aussi que l'inflation quincaillière des média et l'accroissement démesuré de l'appareil méthodologique ont eu bien souvent l'effet contraire, encombrant l'itinéraire de l'élève, multipliant les activités intermédiaires et retardant la prise de contact avec la réalité authentique de la langue étrangère.

Pour une pédagogie de la simulation

D'un point de vue strictement méthodologique enfin, les formules actuelles nous semblent présenter un grave défaut: si elles ont limité ou même éliminé l'approche purement théorique de la langue étrangère, elles persistent à fonder l'apprentissage sur la manipulation d'énoncés dans des situations scolaires de production qui réduisent forcément les échanges et l'usage de la langue à des pratiques métalinguistiques.

Le seul remède que nous voyons actuellement à cette situation est qu'au lieu de continuer à renforcer et à perfectionner ces pratiques (un exemple type d'engouement pour la sophistication métalinguistique est le succès de la technique de la microconversation comme prolongement de l'exercice structural) on fasse une large part à un procédé pédagogique nouveau, la simulation, largement utilisé dans de nombreux modèles de formation mais encore très peu introduit dans l'enseignement des langues. Il est urgent que les méthodologues prennent l'initiative de rechercher dans cette direction s'ils ne veulent pas que les craquements qui font de toute part présager la faillite des méthodes des années 60 ne préparent une régression vers les à-peu-près des méthodes empiriques traditionnelles. La notion même de simulation est toutefois si peu familière aux enseignants, alors qu'elle s'est imposée dans toutes les formes d'apprentissage ou de formation non académiques qu'il n'est pas inutile de l'expliciter et de l'illuster.[5]

La simulation en formation est la reproduction, à des fins d'apprentissage, des situations dans lesquelles se trouvera réellement le sujet à l'issue de sa formation, situations dans lesquelles il devra utiliser la compétence et les savoir-faire qu'il cherche à acquérir. Toute formation qui n'utilise pas la simulation reste théorique ou, en tout cas, décrochée du réel. Enfin seule, la simulation fait apparaître, par l'expérience, au sujet, ses besoins, ses lacunes et ses progrès, et par là motivera chez lui la quête d'informations indispensables, l'autodiscipline nécessaire à des pratiques d'entraînement et à l'acquisition ou au perfectionnement des habiletés ou des savoir-faire nécessaires pour de meilleures performances.

Pour toutes ces raisons, la simulation est aujourd'hui largement utilisée dans des activités d'entraînement et de formation aussi variées que la préparation d'une expédition spatiale, la formation de pilotes de ligne, l'entraînement aux relations humaines, la préparation à la gestion des entreprises, etc.

En revanche on ne rencontre pratiquement pas de techniques de simulation dans l'enseignement de type scolaire ou universitaire. Dans l'enseignement des langues en particulier; les seules procédures authentiques de simulation ont été introduites dans certaines formes d'apprentissage professionnel spécialisé telles que les écoles d'interprétariat où, par exemple, l'entraînement en cabine à la traduction simultanée reproduit bien une situation dans laquelle l'élève se trouvera à l'issue de sa formation. Dans l'enseignement général, la simulation n'a été utilisée que pour établir de meilleurs modèles d'étude et non pas afin de construire des situations simulées qui aient une valeur expérientielle pour l'élève.

Dans une perspective pédagogique, en effet, la différence entre modèle et simulation est capitale.

Comme un modèle, une simulation est une représentation de la réalité; comme un modèle, une simulation est une représentation schématisée et à certains égards simplifiée; comme un modèle enfin, la simulation est opératoire, c'est-à-dire qu'elle est *construite* comme un instrument utilisable à des fins précises.

Toutefois, alors qu'un modèle en sciences exactes ou humaines est une représentation formalisée de la réalité (même en sciences humaines, ce peut être un modèle mathématique), la simulation est une reconstitution aussi fidèle que possible du réel, ou tout au moins des éléments du réel pertinents pour l'étudiant. La simulation est moins abstraite, et donc moins simplificatrice qu'un modèle théorique, en un mot elle est réaliste. Cette exigence de réalisme, qui n'exclut pas toute simplification et n'implique pas le »vérisme«, est soulignée par tous les spécialistes de la simulation en formation et notamment par tous les constructeurs de modèles de simulation.

D'autre part, les finalités opératoires du modèle et de la simulation sont différentes: le modèle théorique est construit pour l'observation et la *réflexion* spéculative beaucoup plus que pour l'application: s'il débouche sur l'expérimentation, ce n'est que sur l'expérimentation du modèle lui-même, c'est-à-dire sur le contrôle de sa validité et de sa puissance de représentation. En revanche, la simulation pédagogique a pour but de permettre l'action (simulée) et l'expérimentation (réelle).

Enfin, un modèle théorique est toujours plus ou moins déterministe et cherche à intégrer même l'aléatoire : si ses précisions ne se réalisent pas, c'est qu'il faut changer de modèle tandis que la simulation introduit dans le modèle un ou des sujets (les élèves) qui doivent prendre des décisions et des initiatives, c'est-à-dire agir de leur propre chef, même dans les cas où ils ont des consignes à exécuter. La simulation pédagogique est *impliquante* pour les participants.

Or il est évident que les méthodes actuelles, si elles se sont différenciées des manuels d'apprentissage théorique de la langue étrangère, par une orientation plus pratique, n'ont fait qu'un pas bien timide vers la simulation ainsi définie. La notion de situation a bien été introduite dans la présentation des éléments et les dialogues ou saynètes par lesquels commencent les leçons sont bien des simulations, mais uniquement aux fins de donner plus de vie à un modèle que l'on demande à l'élève de reproduire, puis d'imiter. Au mieux, peut-on dire qu'il s'agit de simulations contemplées et non de simulations impliquantes.

C'est donc également pour des raisons internes et cette fois strictement méthodologique que l'on peut sonner les glas des manuels et se préparer à des changements profonds qui rendront caduques même les méthodes actuelles ; mais, en fin de compte, cela ne devrait étonner personne : les méthodes nouvelles d'un jour sont les méthodes désuètes de demain. Sans attendre l'an 2000, les méthodologues peuvent donc se remettre au travail, avec toutefois un esprit un peur moins scientiste et beaucoup plus pédagogique.

8.6. Lernziel Kommunikation[1]*

Von Brigitte Schlieben-Lange

Die Entwicklung der linguistischen Pragmatik hat sicher einen entscheidenden Anstoß bekommen durch die Diskussion neuer Lehrpläne für das Fach Deutsch in den letzten fünf Jahren. Allerdings muß man wohl sagen, daß die Universitätslinguistik und die Bedürfnisse der Lehrplangestalter bislang kaum irgendwie vermittelt sind. Der Impetus bei der Gestaltung der neuen Curricula war, daß im Fach Deutsch der Sprachunterricht (gegenüber dem Literaturunterricht) ein größeres Gewicht und neue Akzente bekommen sollte: Verbesserung der Kommunikationsfähigkeit, Durchschauen von Manipulation, Verfassen und Verstehen von Gebrauchstexten usw. Die Linguistik konnte aber nur auf dem Gebiet der Sprachbeschreibung teilweise sehr komplexe Modelle anbieten, ohne sagen zu können, inwiefern diese Modelle zur Verbesserung von Kommunikationsfähigkeit beitragen könnten. Die Lehrplanverantwortlichen wollten weder auf eine Absicherung durch die zuständige Fachwissenschaft noch auf die eigenen Zielvorstellungen verzichten, und dieses Dilemma spiegelt sich in den meisten neuen Lehrplänen wider: Fast alle enthalten im Bereich des Sprachunterrichts zwei Beschäftigungsfelder:»Reflexion über Sprache« und »Verbesserung der Kommunikationsfähigkeit« (oder ähnlich).[2] Im Bereich »Reflexion über Sprache« werden Beschreibungsmodelle der Linguistik (teils sehr unkritisch und vereinfacht) verarbeitet; im anderen Bereich »Verbesserung der Kommunikationsfähigkeit«, der uns hier beschäftigen soll, werden Unterrichtsentwürfe über Kommunikationssituationen und -strategien erarbeitet, die sich nicht auf irgendwelche Ergebnisse der Linguistik beziehen können, da solche noch nicht vorliegen. Es bestand von Beginn der neuen Lehrplandiskussionen an fast überall darüber Einverständnis, daß »Verbesserung der Kommunikationsfähigkeit« nicht über eine »kompensatorische« Spracherziehung, die einzelne sprachliche Elemente und Regeln an sprachlich Benachteiligte vermitteln würde, anzustreben sei, da Projekte kompensatorischer Spracherziehung in den USA gescheitert waren. Allerdings darf wohl angenommen werden, daß wenig direkte Kenntnis dieser USA-Projekte vorhanden war, daß vielmehr unter dem Einfluß der Sprachbarrieren- und Normendiskussion[3] vermieden werden sollte, eine »elaborierte Mittelschichtsprache« als Ziel der Spracherziehung zu setzen. So bestimmte der Gegenbegriff der »emanzipatorischen Spracherziehung«[4] weithin die Lehrplandiskussion. Er beinhaltete, daß Sprache in direkt die Schüler betreffenden Lebenssituationen erfahren und praktiziert werden sollte.

Es würde im Rahmen der vorliegenden Skizze zu weit gehen, die Entwicklung dieses Bereichs und der didaktischen Diskussion darum nachzuzeichnen.[5] Es kann aber sicher festgestellt werden, daß die Formulierung von Interessen und praktischen Erfahrungen von seiten der Schule der Entwicklung der Linguistik voraus war, daß also von einem »schönen Gleichlauf mit Entwicklungen in der Fachwissenschaft selbst« (Wunderlich 1975, S. 263) eigentlich nicht die Rede sein kann.[6]

Neben zahlreichen Unterrichtsmodellen[7] sind nun auch zwei Schul-Sprachbücher erschienen, die vom »sprachlichen Handeln« als zentralem Begriff ausgehen:

»Sprache und Sprechen«[8] und
»Kaleidoskop: Sprechen, Sprache, Handeln«.[9]

Die Entwicklung von Unterrichtsmodellen und Lehrbüchern hinterläßt bei mir einen zweischneidigen Eindruck:

1. Erstaunlich und erfreulich ist ganz sicher die Ablösung erstarrter Unterrichtsformen und Gegenstände durch Beschäftigung mit und Simulation von Kommunikationsabläufen. Es wird viel sprachliche Phantasie freigesetzt, und Bereiche werden thematisiert, die aus dem Deutschunterricht bislang völlig ausgeklammert waren. Es liegen Unterrichtsentwürfe vor, die teilweise erstaunliche Qualitäten haben und die den Linguisten durchaus beschämen können, weil dort komplexe sprachliche Handlungen zum Thema gemacht werden, an die sich der Linguist selbst noch gar nicht herangewagt hat.

2. Andererseits enthält diese Entwicklung auch einige verwirrende und bedenkliche Momente:

a) *das Fehlen einer entsprechenden Fachwissenschaft.* Die vorliegende Skizze einer linguistischen Pragmatik hat vielleicht ein Bild von der ungeklärten Lage einer sprachwissenschaftlichen Teildisziplin »Linguistische Pragmatik« geben können. Es muß unter allen Umständen der Eindruck vermieden werden, als sei in der Wissenschaft »alles klar«. Im Gegenteil sind alle Unterrichtsentwürfe auf diesem Gebiet handgestrickt.[10] Daraus soll nicht der Hochmut des Fachwissenschaftlers sprechen, sondern lediglich klargestellt werden, daß alle Bezugnahmen auf »die« linguistische Pragmatik fragwürdig sind.[11] Die vorliegenden Unterrichtsentwürfe auf diesem Gebiet formulieren legitime Lernzielinteressen und versuchen, sie methodisch umzusetzen. Sie können sich aber nicht auf eine entsprechende Fachwissenschaft als Legitimation berufen.

b) *das Auseinanderklaffen von sprachlichen Handlungen und Elementen der Sprache.*[12] Oben haben wir erwähnt, daß die neuen Lehrpläne zwei Unterbereiche im Beschäftigungsfeld »Sprache« enthalten: »Reflexion über Sprache« und »Verbesserung der Kommunikationsfähigkeit«. Dazu kommen meist noch Grammatik- und Rechtschreibübungen, die verschämt angeboten werden, damit Schüler sich auch mit der »nun einmal geltenden« Norm zurechtfinden. Diese drei Bereiche sind bislang völlig unvermittelt. Man hat den Eindruck, als sei sprachliches Handeln im Mittelpunkt des Interesses (zu Recht!) und als sollten Beiträge »der« Linguistik und Forderungen »der« Gesellschaft in Pflichtübungen nebenher behandelt werden. Die Frage, ob und inwiefern alle drei Dinge: sprachliches Handeln, Elemente und Regeln der Sprache und wissenschaftliche Modellbildung, etwas miteinander zu tun haben könnten, scheint mir ein Tabu neuerer Lehrplandiskussion zu sein.

c) *die Situierung im luftleeren Lernzielraum.*[13] Was heißt nun eigentlich »Verbesserung der Kommunikationsfähigkeit«? Sicher ist es wichtig, die Vielfalt sprachlicher Handlungen, möglicher Strategien, Intentionen, Gestimmtheiten usw. etwa in Rollenspielen[14] kennenzulernen und für das Ablaufen von Kommunikation sensibilisiert zu werden. Dadurch nehmen sicher Verstehensmöglichkeiten in Alltagskommunikationen zu. Wie aber steht es mit der Fähigkeit zum eigenen sprachlichen Handeln? Was heißt eigentlich »erfolgreich kommunizieren«:

- den anderen möglichst gut verstehen?
- seine eigenen Interessen durchsetzen?
- den anderen schonen, ihn nicht kränken?
- eine tragfähige Basis für einen Konsens herstellen?
- den anderen überzeugen?
- nachgeben?
- sich einigen?
- durch Reden siegen?

Ich spiele mit diesem Katalog auf die Diskussion um die Hessischen Rahmenrichtlinien Deutsch an: ob es wichtiger sei, sprachlich Konflikte auszutragen oder eine Basis für gemeinsames Handeln auszuarbeiten. Mir scheint aber selbst diese Alternative verkürzt zu sein: es wird von beiden Seiten (»Konflikt« und »Konsens«) so getan, als sei letztes Ziel aller sprachlichen Handlungen, Interessen durchzusetzen, wobei nur über den erfolgversprechenden Weg diskutiert werden müßte. Damit stellt sich eine Pädagogik, die sich als »emanzipatorisch« versteht, unter das Prinzip von Erfolg und Leistung als ausschließliches Ziel unseres Handelns. Aber vielleicht tut man ja sprachlich noch viele andere Dinge als redend siegen: lernen, spielen, trösten ...? Und kann man überhaupt entscheiden, ob »erfolgreich kommunizieren« durch eine der oben genannten Fähigkeiten näher zu bestimmen wäre? Oder ist nicht in der einen Situation ein Verfahren falsch, das in einer anderen genau richtig wäre? Und wer entscheidet darüber, welche Verfahren und vor allen Dingen *Ziele* in der einen oder anderen Situation angemessen und vor allen Dingen *richtig* sind? Eine genauere Erörterung dessen, was es heißt, erfolgreich zu kommunizieren, fehlt, und dieser Mangel läßt den Eindruck entstehen, als hingen die Unterrichtsmodelle zur Verbesserung der Kommunikationsfähigkeit in der Luft.

d) *die Schwierigkeit, die Erreichung des Lernziels »Verbesserung der Kommunikationsfähigkeit« zu überprüfen.* Das Unbehagen über die Unüberprüfbarkeit von Lernerfolgen will ich als letztes formulieren. Es hängt eng zusammen mit dem vorhergehenden Bedenken: daß das Lernziel »Verbesserung der Kommunikationsfähigkeit« selbst nicht genau bestimmt und bestimmbar ist. Was ist das Kriterium dafür, daß das Lernziel erreicht ist:

- wenn jemand Sprechakte identifizieren und benennen kann?
- wenn jemand Sprecherintentionen erschließen kann?
- wenn jemand seine Meinung überzeugend vertreten kann?
- wenn jemand einem anderen etwas erklären kann? usw.

So lassen sich zwar untergeordnete Feinziele überprüfen. Wer aber kann sagen, ob jemand gelernt hat, erfolgreich zu kommunizieren? Und vor allen Dingen wiederum: Was heißt Erfolg?

9. Anmerkungen

Anmerkungen zu Kap. 0.

1 *Jedes Kind soll sich in der Schule wohlfühlen.* Empfehlungen der Expertenkommission Anwalt des Kindes. In: Unsere Jugend 27/1975, S. 414–430. Die Kommission arbeitete unter dem Vorsitz des Freiburger Humanbiologen Prof. Dr. Hassenstein.
2 Im Amtsblatt des Kultusministeriums Baden-Würtemberg »Kultus und Unterricht«. Sondernummer 1. 22. August 1975 / 24. Jahrgang, S. 383, wird der Stand der Lehrplanarbeiten folgendermaßen dargestellt: »Folgende Arbeitsanweisungen liegen nunmehr vor: Richtlinien für Sport, Mathematik für Klasse 1–4. Die Richtlinien für Sport sollen lernzielorientiert aufgearbeitet, die Arbeitsanweisungen für Mathematik aufgrund der Erprobung noch einmal im Gesamtzusammenhang überarbeitet werden. Vorläufige Arbeitsanweisungen, die in einer Erprobungsphase von allen Schulen eingeführt werden können bzw. müssen, sind erarbeitet worden für Kunstunterricht, Textiles Werken, Musik, Verkehrserziehung. Entwürfe Vorläufiger Arbeitsanweisungen werden in Schulversuchen an ausgewählten Schulen erprobt für Deutsch, Evangelische Religion. Ein entsprechender Entwurf für Katholische Religion ist in Vorbereitung. Unter diese Entwürfe sind auch die Vorlagen der Lehrplankommissionen zu rechnen, die den Schulversuchen mit Französisch und Englisch in der Grundschule zur Verfügung gestellt werden. Eine breitere Publikation dieser Vorlagen ist jedoch zunächst nicht beabsichtigt.«
3 Empfehlungen der Expertenkommission Anwalt des Kindes, a.a.O., S. 427.
4 Ebd., S. 427 f.
5 Begriffe nach Heimann/Otto/Schulz [6]1972.
6 Ebd.
7 Achtenhagen z. B. weist den »Kompendiencharakter« von bislang vorliegenden sog. »Fachdidaktiken« nach, wobei er Kompendienliteratur faßt als Ausdruck für Werke, in denen anerkannte Meinungen oder wissenschaftlich fundierte Erkenntnisse nebeneinandergestellt werden, ohne daß sie sich nach einem überprüfbaren Kategoriensystem organisieren. Solche Fachdidaktiken widmen sich nahezu ausschließlich der Methodik. Vgl. Achtenhagen [3]1973, S. 124 f.
8 Maschinenschriftliches Manuskript, Berlin, Mai 1974, 43 S. Daselbst Bezug auf Michel, H.: Einige Probleme der Lernmotivation bei der Schaffung relativ lebensrelevanter Sprachsituationen. In: Fremdsprachenunterricht 12/1968, S. 339–348.
9 Ebd., S. 6 f.
10 Ebd., S. 6.
11 Vgl. Heuer/Müller 1973.
12 Vgl. im Anhang die systematische Zusammenstellung solcher Faktoren unter 8.1.
13 Kloepfer, R.: 10 Thesen zum Sprachenlernen als Kommunikationsspiel, vorgetragen auf der 5. Arbeitstagung der Fremdsprachendidaktiker an Pädagogischen Hochschulen und Universitäten der Bundesrepublik Deutschland vom 4. – 7. 10. 1972 in Neuss. Zitiert nach Pelz 1975.
14 Ebd., S. 77 f.
15 Potthoff 1973. In diese Zusammenstellung wurden auch Aussagen weiterer Autoren einbezogen: Flechsig, K.-H. et al.: Probleme der Entscheidung über Lernziele. In: Achtenhagen, F. / Meyer, H. L. (Hrsg.): Curriculum-Revision – Möglichkeiten und Grenzen. München 1971 (vgl. S. 246 f.). – Huber, L.: Curriculumentwicklung und Lehrerfortbildung in der BRD, In: Stifterverband für die Deutsche Wissenschaft (Hrsg.): Schulreform durch Curriculum-Revision. Stuttgart 1972 (vgl. S. 17 f.). – Robinsohn, S. B.: Bildungsreform als Revision des Curriculum und ein Struktur-

konzept für Curriculumentwicklung. Neuwied/Berlin ³1972. – Spies, W.: Curriculum und didaktische Programme für Gesamtschulen. In: Frommberger, H. / Rolff, H. G. / Spies, W.: Gesamtschule – Wege zur Verwirklichung. Braunschweig ²1971.
16 Potthoff, W., a.a.O., S. 8 ff.
17 Messer/Schneider/Spiering 1974, S. 7.
18 Ebd., S. 7.
19 Piepho 1974 (a).
20 Ebd., S. 111 f.
21 Ebd., S. 111.
22 Ebd., S. 112.
23 Ebd., S. 112.
24 Lado 1969.
25 Ebd., S. 76.
26 Vgl. Coste 1970
27 C.R.E.D.I.F.: Centre de Recherche et d'Etudes pour la Diffusion du Français der Ecole Normale Supérieure de St.-Cloud.
28 Vgl. Firges/Pelz 1976.
29 Coste, D., a.a.O., S. 19 f.
30 Piepho, H.-E., a.a.O., S. 111.
31 Coste, D., a.a.O., S. 21.
32 Debyser 1970.

Anmerkungen zu Kap. 1.

1 Vgl. Pelz, H. 1975, S. 245.
2 Achtenhagen ³1973, S. 4.
3 Heimann 1962, S. 419.
4 Vgl. Denninghaus 1970 und 1971.
5 Delattre 1971. Darin: Delattre, P.: La notion de structure et son utilité, S. 6.
6 Genouvrier/Peytard 1970, S. 21.
7 Vgl. Dubois 1975 ff. – Csécsy 1968. – Rigault 1971.
8 Pelz, H., a.a.O., S. 244.
9 de Saussure 1969, S. 173 ff.
10 So wie E. Coseriu ihn definiert. Vgl. Coseriu 1970, S. 37 f.
11 Beispiel nach Mounin 1968, S. 110.
12 Galisson 1970 (a) und 1970 (b).
13 Nach Galisson 1970 (a), S. 13.
14 Zum Beispiel Leisi ⁴1971. – Wittgenstein 1970, etc.
15 Leisi, E., a.a.O., S. 117.
16 Ebd., S. 117.
17 Vgl. Arnold 1975, S. 59 f.
18 Piepho 1975, S. 8.
19 Anm. 4 bei Piepho, H.-E., a.a.O., S. 8: »Die Papiere zum ›common core of a European unit credit system on the threshold level« sind beim Europarat, Straßburg (Maison de l'Europe) teils als Sammelband (van Ek, Wilkins, Richterich), teils als Arbeitspapiere (Bung, Trim) erschienen.«
20 Piepho, H.-E., a.a.O., S. 7.
21 Dietrich 1974, S. 169 f.
22 Arnold, W., a.a.O., S. 61.
23 Zum Beispiel Schäfer/Schaller ²1973.
24 v. Hentig 1973, S. 130.

[25] Vgl. Piepho 1974 (a), S. 113.
[26] Vgl. Weber 1973, S. 155.
[27] Brekle 1972, S. 101.
[28] Piepho, H.-E., a.a.O., S. 113.
[29] Reisener 1972, S. 201.
[30] Ebd., S. 198.
[31] Ebd., S. 199.
[32] Ebd., S. 200.
[33] Piepho, H.-E., a.a.O., S. 117.
[34] Möhle 1975, S. 6.
[35] Ebd., S. 8.
[36] Piepho 1975, S. 16.
[37] Vgl. Firges 1976, S. 9–39.
[38] Beispiele nach Piepho, H.-E., a.a.O., S. 13.
[39] Dieser Standpunkt zum *classroom discourse* ist grundlegend anders als der z. B. von V. W. Littlewood 1975 (a), S. 13–21, der gerade die ›Künstlichkeit‹ der Klassensituation feststellt und sie durch eine Art ›Selbstversunkenheit‹ (»the willing suspension of disbelief«, S. 19) – vergleichbar dem Theater – beseitigen möchte: »What is important is not the *objective* reality or unreality of the communication, but its subjective reality as perceived by the participants, for which a certain ›suspension of disbelief‹ is required in order to eliminate inconsistencies« (S. 19).
[40] Vgl. Lübke 1975, S. 291–301.
[41] Köhring 1975, S. 31.

Anmerkungen zu Kap. 2.

[1] Heuer 1974, S. 10–21.
[2] Vgl. Heimann/Otto/Schulz [6]1972.
[3] Habermas [5]1971, S. 155 ff.
[4] Dietrich 1974, S. 167 ff.
[5] Habermas, J., a.a.O., S. 157.
[6] Habermas, J., a.a.O., S. 158.
[7] Habermas, J., a.a.O., S. 164.
[8] Zimmermann 1973, S. 3–14.
[9] Schwerdtfeger 1975, S. 9.
[10] Vgl. Gardner 1972.
[11] Bouton 1972, S. 89.
[12] Bouton 1969.
[13] Zimmermann, Gl., a.a.O., S. 10.
[14] Besuden 1975, S. 22.
[15] Zimmermann 1970, S. 62–74.
[16] Ebd., S. 64.
[17] Dietrich, I., a.a.O., S. 190 ff. (Berücksichtigung affektiver Komponenten im fremdsprachlichen Lernprozeß).
[18] Rogers 1973.
[19] Zur Unterscheidung von Inhalts- und Beziehungsaspekten der Kommunikation vgl. Watzlawik/Beavin/Jackson [4]1974, S. 53 ff.
[20] Beispiele nach Dietrich, I., a.a.O., S. 193 ff.
[21] Dieses Prinzip wurde von I. C. Schwerdtfeger (1973) für die deutsche Fremdsprachendidaktik adaptiert, und zwar in Anlehnung z. B. an Gumperz/Hymes 1972.

²² Schwerdtfeger, I. C., a.a.O., S. 244.
²³ Vgl. Schwerdtfeger 1975, S. 10 ff.
²⁴ Köhring 1975, S. 43.
²⁵ Schwerdtfeger 1975, S. 11.
²⁶ Begriff nach Hüllen 1976, S. 41.
²⁷ In Anlehnung an ein (unveröffentlichtes) ›Curriculumkonzept Englisch für die Orientierungsstufe (5. und 6. Schuljahr)‹ der Gesamtschule Freiburg-Haslach. Freiburg 1972.
²⁸ Mengler 1972, S. 398–409.
²⁹ Bahrdt/Krauch/Rittel 1960, S. 32.
³⁰ Mengler, K., a.a.O., S. 408.
³¹ Köhring, K., a.a.O., S. 40 ff.
³² Ebd., S. 40.
³³ Ulshöfer 1971, S. 40.
³⁴ Vgl. dazu Dietrich, I., a.a.O., S. 188 ff. – Zum Teamteaching im allgemeinen vgl. Brinkmann 1973.
³⁵ Arnold, W. (Einleitung) in: Arnold/Pasch 1971, S. 28.
³⁶ Vgl. Arnold, W., a.a.O., S. 9–29; S. 29.
³⁷ Arnold 1971, S. 30–42; S. 30.
³⁸ Vgl. dazu Heuer 1972, S. 13.
³⁹ van Parreren 1963, S. 2–10; S. 5.
⁴⁰ Ebd., S. 9.
⁴¹ Thévenin 1973, S. 29–43.
⁴² Thévenin, A., a.a.O., S. 34 f.
⁴³ Ebd., S. 40.
⁴⁴ Ebd., S. 42.
⁴⁵ Dietrich 1973, S. 349–358.
⁴⁶ Ebd.
⁴⁷ Vgl. Hüllen 1976, S. 33 ff.
⁴⁸ Ebd., S. 33.
⁴⁹ Ebd., S. 37.
⁵⁰ Ebd., S. 40.
⁵¹ Hartmann 1973, S. 85–101.
⁵² Hüllen, W., a.a.O., S. 45.
⁵³ Ebd., S. 46 f.
⁵⁴ Piepho 1974 (c), S. 12.
⁵⁵ Vgl. Piepho 1974 (b), S. 23.
⁵⁶ Ebd., S. 24.
⁵⁷ Obendiek 1972, S. 119–142.
⁵⁸ Ebd., S. 128.
⁵⁹ Dietrich 1974, S. 175 f.
⁶⁰ Ebd., S. 175 f.
⁶¹ Piepho, a.a.O., S. 12.
⁶² Piepho 1974 (b), S. 25.
⁶³ Baacke 1971 und 1972. Zitiert nach Piepho 1974 (c), S. 13 ff.
⁶⁴ In: Habermas/Luhmann 1971, S. 101–141.
⁶⁵ Piepho 1974 (c), S. 13 ff.

Anmerkungen zu Kap. 3.

1 Piepho 1974 (a), S. 112.
2 Firges/Tymister 1972, S. 266.
3 Z. B. die audio-visuell, global-strukturell angelegten Werke des C.R.E.D.I.F.
4 Raasch 1972, S. 239 f.
5 Ebd.
6 Galisson 1971. – Galisson möchte durch die Gruppierung der Wortlisten zu Kollokationen Lehrern und Lehrwerkautoren eine Möglichkeit an die Hand geben, schneller zu »Äußerungen« und »Texten« zu kommen.
7 Rüde 1973, S. 62. – Ein Beispiel: ›grands-parents ist mit ›enterrer‹ kollokiert oder ist in der Kollokation ›garder (amener, promener) – petits-enfants – gais‹ impliziert.
8 Vorläufige Arbeitsanweisungen für den Französischunterricht an den Grundschulen Baden-Württembergs (unveröffentlicht). Dieser Lehrplan wurde im Rahmen der zwischen 1972 und 1976 in Grundschulen von Freiburg, Heidelberg und Karlsruhe durchgeführten Schulversuche mit Französisch erarbeitet und wird in den Schulen verwendet, in denen auch nach Beendigung der offiziellen Versuchsarbeit Französisch gelehrt wird. Das ist in vollem Umfang in den genannten Städten der Fall.
9 Ebd., S. 3–5.
10 Arbeitsanweisungen für die Grundschule: Englisch (im gleichen Zusammenhang erstellt wie der Lehrplan für Französisch).
11 Ebd., S. 12–14.
12 Ebd., S. 14.
13 Vgl. Punkt 7. im Text 8.3. im Anhang, S. 152.
14 Lehrplanentwurf: ›Inhaltliche Grundlagen für das Fach Französisch. Jahrgangsstufe 9 und 10 (Stand: 1. 8. 1975)‹. Hrsg.: Der Senator für Schulwesen Berlin, S. 7 ff.
15 Während letztere sich als denkbare Situationen, Redeanlässe, Rollen und Handlungsbereiche relativ leicht ermitteln und mit Redemitteln besetzen lassen, (vgl. z. B. Erdmenger, M. / Istel H. W.: Didaktik der Landeskunde. München 1973, vor allem S. 37 ff.), ist der Bereich der Redemittel für den *internen* Gebrauch nicht ohne weiteres in allen Komponenten darstellbar. Hierzu bedürfte es umfangreicher Forschungen und langfristiger Beobachtungen des Schülerverhaltens. Warum werden Lerner abgehalten, kommunikative Akte im Unterricht zu vollziehen? Mögliche Störquellen sind nur unter Berücksichtigung der in Kap. 2. dargestellten personalen Faktoren zu beseitigen; solche Störquellen sind z. B.: Lehrerdominanz, soziales Klima in der Klasse, undurchsichtige Lehreranweisungen. Zum Forschungsstand in bezug auf die ›domains of communicative competence in classroom or instructional discourse‹ vgl. Piepho 1974 (c), S. 103–109.
16 Piepho 1974 (c), S. 44 ff.
17 Wilkins 1972.
18 Piepho 1974 (c), S. 44.
19 Ebd., S. 62.
20 Piepho sieht sehr wohl die Vorläufigkeit der vorgelegten Systematik: »Die hier diskutierten Kategorien sind theoretisch und empirisch nur bedingt und partiell abgesichert und sind trotz ihrer großen didaktischen und praktischen Relevanz eher als Prinzipien der Selektion und der Lernzielbestimmung denn als kategoriale Regeln zu berücksichtigen. Wir haben es mit dem Versuch zu tun, gewisse als gesichert geltende linguistische Erkenntnisse im Sinne der Pragmatik für didaktische Planungen umzusetzen« (S. 62).
21 Piepho 1974 (c), S. 47 ff.
22 Ebd., S. 66 ff.
23 Auch hier gilt die in Anm. 20 gemachte Einschränkung.

24 Siehe Piepho 1974 (c), S. 87, der sich wiederum auf die in Niedersachsen und in anderen Bundesländern vereinbarten Auszeichnungsverfahren stützt.
25 Vgl. Guberina 1965, S. 6.
26 Wunderlich 1969, S. 271. – 1970, S. 20.
27 Zitiert nach Weber 1973, S. 153 f.
28 Piepho 1974 (a), S. 115. In vereinfachter Form in Piepho 1974 (b), S. 27.
29 Aus Piepho 1974 (b), S. 26 f.
30 Ebd., S. 28.
31 Ebd., S. 30 ff.
32 Lehrtext aus *Etudes Françaises*. Neue Ausgabe B. Band 1. Stuttgart o. J., S. 17 f.
33 Entnommen aus Göllner 1976, S. 48 ff.
34 Aus Beilharz, R. / Blank, H. / Pelz, M. / Rattunde, E.: Voila. Französisch in der Grundschule. Frankfurt/M. 1975, S. 39.
35 Göllner, U., a.a.O., S. 50.
36 Köhring 1975, S. 34 ff.
37 Entworfen von E. Pelz für den Französischunterricht in einer Realschulklasse R7. Der hier vorliegende Bildgebrauch (Testen) gilt nach wie vor für Teilbereiche des Fremdsprachenunterrichts und kann auch durch den komplementären pragmatischen Bildeinsatz im Sinne der Schulung visueller Kommunikation nicht ersetzt werden.
38 Entnommen aus Byrne, D.: Progressive Picture Composition. London 1967, S. 18.
39 Köhring, K., a.a.O., S. 36.
40 Ebd., S. 32 f.
41 Maas/Wunderlich ³1974. Zitiert bei Köhring, K., a.a.O., S. 33 f.
42 Köhring, K., a.a.O., S. 43 f. Daselbst weitere umfangreiche Kataloge zum methodischen Vorgehen bei den unterschiedlichen Kategorien von ›social events‹, beim Signalverstehen und beim Intentionsverstehen.
43 A.a.O., S. 265–272.
44 Ebd., S. 269.
45 Ebd., S. 270.
46 Brecht, B.: Schriften zum Theater 1. Gesammelte Werke 15. Werkausgabe Edition Suhrkamp. Frankfurt 1967, S. 355: »Der V-Effekt besteht darin, daß das Ding, das zum Verständnis gebracht, auf welches das Augenmerk gelenkt werden soll, aus einem gewöhnlichen, bekannten, unmittelbar vorliegenden Ding zum einem besonderen, auffälligen, unerwarteten Ding gemacht wird. Das Selbstverständliche wird in gewisser Weise unverständlich gemacht, das geschieht aber nur, um es dann um so verständlicher zu machen. Damit aus dem Bekannten etwas Erkanntes werden kann, muß es aus seiner Unauffälligkeit herauskommen; es muß mit der Gewohnheit gebrochen werden, das betreffende Ding bedürfe keiner Erläuterung.«
47 Vgl. Debyser 1975, S. 11–30.
48 Callamand/Trouto/Calvet/Rouvière 1969. – B.E.L.C. 1971, S. 29–34.
49 Siehe Text 8.2. im Anhang, S. 145.
50 Bertrand 1972. – Bertrand 1974, S. 181–189.
51 A.a.O., S. 21 ff.
52 Ebd., S. 21.
53 Ebd., S. 23: »Dans des exercices de simulation destinés à l'apprentissage des langues vivantes, on préfère donc des situations à la fois structuralement précontraintes afin de permettre aux élèves de travailler sur des régularité de construction, mais sémantiquement ouvertes afin d'encourager la créativité.«
54 Aufgaben a) bis c) nach Debyser, F., a.a.O., S. 26–28.
55 Piepho 1974 (b), S. 32 f.

Anmerkungen zu Kap. 4.

[1] Vgl. Escarpit 1958.
[2] Vgl. die für die Vorurteilsforschung richtungweisende Arbeit von Klemperer 1927/28, S. 395–400.
[3] Heuer 1973, S. 7.
[4] Beneke 1975, S. 351 f.
[5] Vgl. Heuer/Müller/Schrey 1970, S. 1–6.
[6] Ebd., S. 2.
[7] Ebd., S. 2.
[8] Ebd., S. 2.
[9] Beneke, J., a.a.O., S. 351. Daselbst auch Kritik an dieser vom emanzipatorischen Interesse getragenen Position einer Lehrwerkkritik.
[10] Schüle 1973, S. 409.
[11] Vgl. Berg 1975.
[12] Quasthoff 1973. – Keller 1969 (a), S. 261–281. – Keller 1969 (b), S. 175–186. – Keller 1970, S. 353–374. – Keller 1972, S. 47–72. – Keller 1973, S. 387–398.
[13] Vgl. Rüde 1973.
[14] Heuer 1970, S. 42–58. Vgl. die Kritik von van Parreren an dieser Position: Parreren 1972, S. 94–104.
[15] Heuer 1973, S. 20 ff.
[16] Heuer, H., a.a.O., S. 18.
[17] Ebd., S. 18.
[18] Ebd., S. 18.
[19] Piepho 1974 (c), geht bei seiner Einteilung der Redemittel für den *internen* Gebrauch und solche für die externe Verwendung (S. 103 ff.) implizit auf Heuers Problematik ein: Bei Beobachtung und Befragung von Schülern im Unterricht hatten mehr als 90 % »sich tatsächlich irgendwie aufgerufen und gedrängt gefühlt, die betreffende ›kommunikative Nötigung‹ zu beantworten« (S. 105), es dann jedoch unterlassen. Eine Antwort ließe sich jedoch wohl nur geben, wenn man die Struktur der Lehrerfragen und -anweisungen, der Redeakte, etc. genauer analysieren würde. Das bleibt eine Aufgabe der Unterrichtsforschung.
[20] Müller 1973, S. 31–45.
[21] Müller 1971, S. 233.
[22] Köhring 1975, S. 37. – Vgl. auch Schwerdtfeger 1973, S. 239.
[23] Vgl. stellvertretend Kochan, B. 1975.
[24] Heuer/Müller 1973, S. 7, Einleitung.
[25] Vgl. Kochan, B. 1975. – Dazu: Dahrendorf 1964. – Kuchartz 1974, S. 7. – Haug 1972. – Krappmann 1971.
[26] Vgl. Kochan, B. 1975. – Dazu: Scheuerl 1968. – Oerter 1973 (vor allem S. 195 ff.). – Daublebsky 1973. – Wygotski 1973, S. 33 ff. – Flitner 1973.
[27] Aus der Fülle der Literatur sei stellvertretend genannt: *Le Français dans le Monde* 123/1976: Jeux et enseignement du français. Paris: Hachette/Larousse. – Littlewood 1975 (b), S. 199–208.
[28] Im folgenden wird wieder aus der von Göllner 1976 vorgelegten Zulassungsarbeit zitiert.
[29] Shaftel/Shaftel 1973, S. 49.
[30] Krappmann, L., a.a.O., S. 165 f.
[31] Innerhalb der integrierten Lehrerstudiengänge werden allerdings laufend (Zulassungs- und Diplom-)Arbeiten geliefert, die ein solches Zusammenbringen von grundwissenschaftlichen und fachwissenschaftlichen Fragestellungen sowie schul-

politisch-empirischen Problemen leisten. Es ist bedauerlich, daß solche Arbeiten nicht stärker zugänglich gemacht werden. Vgl. oben die zitierten Arbeiten von B. Rüde, R. Berg, F. Besuden, U. Göllner.

32 Piepho 1974, S. 112.
33 Ebd., S. 115.
34 Weber 1973, S. 157.
35 R. Kloepfer, zitiert bei Pelz 1975 (a), S. 77 f.
36 Piepho 1974 (b), S. 29 f.
37 Ebd., S. 91.
38 Nach Piepho 1974 (c), S. 96. Die Zahlen hinter den Sprechitems beziehen sich auf die Kommentare und Bewertungen.
39 Weber, H., a.a.O., S. 152.
40 Dabei geht Weber über das von R. M. Müller entwickelte Werkzeug der didaktischen Analyse ›Kontextualisierbarkeitsprobe‹ hinaus, nach dem von Kontextualisiertheit schon die Rede sein kann, wenn (1) eine kausale Bindung eines ›Textes‹ an eine auch außerhalb des didaktischen Zusammenhangs sinnvolle Situation möglich ist und (2) ein zureichender, nicht didaktischer Grund für eine Äußerung vorliegt. Vgl. Müller 1973, S. 31–45. Müllers Ansatz kann heute neubewertet und im Begründungszusammenhang einer linguistischen Pragmatik gewürdigt werden.
41 Weber, H., a.a.O., S. 158.
42 Ebd., S. 158. – Vgl. dazu auch Maas/Wunderlich 1972, S. 279 ff.
43 Beneke, J., a.a.O., S. 352.
44 Ebd., S. 355.
45 Ebd., S. 355.
46 Für das Gelingen von Sprechhandlungen vom Standpunkt der Pragmatik hat D. Wunderlich (›Zur Konventionalität von Sprechhandlungen‹. In: Wunderlich 1972, S. 20) folgenden Katalog von Bedingungen erstellt: »Der Sprecher muß, um Gewähr zu haben, daß er überhaupt verstanden wird, in der Konstruktion seiner Äußerungen den Regeln der Grammatik folgen in der Weise, wie er deren Verfügbarkeit beim Hörer voraussetzt, er muß die Voraussetzungen der gemeinsamen Kommunikationsgeschichte und der vorliegenden Situation und ihrer institutionellen Gebundenheit berücksichtigen sowie Wissen, Fähigkeit, Interessen, Motivation, Handlungsmöglichkeiten und Erwartungen des Hörers geeignet antizipieren. Er muß auch gewisse Kooperationsbedingungen erfüllen: konsistent handeln, Relevantes äußern, keine wissentlich falschen Voraussetzungen oder Informationen verwenden.«
47 Beneke, J., a.a.O., S. 357 ff.
48 Beneke, J., a.a.O., S. 352, S. 358, verwahrt sich allerdings ausdrücklich gegen Piephos Forderung nach Registerdisponibilität, die zu einer nicht mehr vertretbaren Lernbelastung führe.
49 Badura 1973, S. 17.
50 Thesenpapier zum Vortrag »Neue verfeinerte Methoden der Lernzielbestimmung als Grundlage objektiver lernzielorientierter Leistungsmessung und besserer Kontrolle des Unterrichtsgeschehens im Fremdsprachenunterricht« auf der 6. Arbeitstagung der Fremdsprachendidaktiker der Bundesrepublik Deutschland in Freiburg (Oktober 1974). Abgedruckt unter dem Titel »Methoden der expliziten Lernzielbestimmung. Die Voraussetzungen für eine objektive Leistungsmessung und Erfolgskontrolle im Fremdsprachenunterricht«. In: PRAXIS 2/1975, S. 127–141.
51 Denninghaus 1975, S. 129.
52 Denninghaus 1975, S. 129 f.

Anmerkungen zu Kap. 5.

1 Schlieben-Lange 1975.
2 Ebd., S. 112 ff.
3 Ebd., S. 20.
4 Ebd., S. 65.
5 Ebd., S. 65.
6 Coste, D.: Quel français enseigner? In: Le Français dans le Monde 65/1969, S. 14.
7 Siehe Pelz 1975, S. 26 ff.
8 Arndt 1969, S. 72.
9 Vgl. Arndt, H., a.a.O., S. 73 f.
10 Vgl. die bei Pelz, M., a.a.O., S. 128 f., zitierten Beispiele.
11 Schlieben-Lange, B., a.a.O., S. 67.
12 Schlieben-Lange, B., a.a.O., S. 70 f.
13 Schlieben-Lange, B., a.a.O., S. 67.
14 Schlieben-Lange, B., a.a.O., S. 68.
15 Zum Beispiel Ferrière 1920.
16 Wie sie z. B. von C. Freinet (1896–1966) seit der Zeit der Reformbewegung ausgebildet wurde. Die *méthode active* erfreut sich innerhalb und außerhalb Frankreichs einer steigenden Popularität. Hauptbestandteile dieser Konzeption: Aufwertung der praktischen Arbeit, Verwirklichung der Schüler*mitarbeit* in allen Unterrichtsbereichen, Offenheit für Experimente (Unterrichtsformen und Arbeitsmaterial).
17 Gouin 1880.
18 Palmer 1959.
19 Zur Kritik an dieser Konzeption siehe Firges/Pelz 1976 (passim).
20 Vgl. die Zeitschrift *Voix et Images du C.R.E.D.I.F.* No. 9/1971: L'animation grammaticale dans la phase d'exploitation; und No. 10/1971: La transposition dans la phase d'exploitation.
21 Vgl. dazu Oerter 1973, S. 195 ff.
22 Göllner 1976, S. 21: »Der Ansicht Heckhausens, daß das Kind seine Anregungen beim Spiel aus dem Neuen, dem Ungewissen und Überraschenden gewinnt, kann entgegengehalten werden, daß Kinder teilweise Spiele erst richtig interessant finden, wenn alles redundant geworden ist. Diese Tatsache ist besonders für den Anfangsunterricht in Französisch bedeutsam, da redundante Tätigkeiten von den Schülern beim Spielen von ›Szenen mit Übungscharakter und zu erbringender Gedächtnisleistung verlangt werden‹.« (Daselbst Bezug auf Oerter, R., a.a.O., S. 195.)
23 Schlieben-Lange, B., a.a.O., S. 71.
24 Ebd., S. 71.
25 Ebd., S. 72.
26 Ebd., S. 72.
27 Habermas 1971, S. 115.
28 Ministère de l'Education Nationale. Direction de la Coopération: Le Français Fondamental 1er Degré / 2er Degré. Paris o. J.
29 Galisson 1969, S. 6.
30 Die folgenden Kriterien sind Galisson entnommen.
31 Vgl. dazu Firges/Pelz, a.a.O., passim. – Guberina 1965, S. 1–15.
32 Guberina, P. / Rivenc, P.: Voix et Images de France. Méthode rapide de français. Cours premier degré. Livre du maître. Paris 1962, S. IX.
33 Abmildernd muß hinzugefügt werden, daß diese illusionistische Haltung der Anfangseuphorie der audio-visuellen, global-strukturellen Methode entstammt, die heute bereits größer Nüchternheit gewichen ist. Vgl. Pelz 1975 (b), S. 16–30.

³⁴ Piepho verwirft die in solchen Dialogen verwendete »idealisierte und unwahrscheinliche Sprache« und den mit der audio-visuellen Methodik verbundenen »Anpassungsdrill«. Das ist keine grundsätzliche Option gegen den Dialog, sondern nur eine gegen eine Methode. Piephos Forderung geht gerade dahin, den Schüler im *classroom discourse* und im Sprechen über und mit Texten (auch Dialogen) *als er selbst* sprechen zu lassen.
³⁵ Vgl. dazu Rattunde 1972, S. 261–270.
³⁶ Die Fragestellungen in beiden Diskussionsbereichen sind gegenläufig: Während im ersten Bereich aus dem Umfeld der Erziehungswissenschaft und der Institution Schule herausgefragt wird, wie in einem Fach das Lernziel (z. B. Dialogisieren) operationalisiert werden kann (Antwort z. B.: durch den ›*social event*‹ als Ziel und Methode des Fremdsprachenunterrichts), wird im zweiten Bereich primär vom Fach her argumentiert, ... »als Lerninhalte Situationen zu konstruieren und zu organisieren ..., die die Elemente der Sprechakte Schülern erfahrbar machen«. (Kochan 1974, S. 17.)
³⁷ Bludau 1975, S. 251–264; S. 251. – Ebenso lesenswert ist der Aufsatz von Walter 1976, S. 276–291.
³⁸ Bludau, M., a.a.O., S. 253 ff.
³⁹ Ebd., vgl. die graphischen Schemata S. 260, S. 262.
⁴⁰ Ebd., S. 264.
⁴¹ Walter, H., a.a.O., S. 276–291.
⁴² Bludau, M., a.a.O., S. 256.
⁴³ Schlieben-Lange, B., a.a.O., S. 76 f.
⁴⁴ Habermas, J., a.a.O., S. 109.
⁴⁵ Gros/Portine 1976, S. 7.
⁴⁶ Müller 1973, S. 33.
⁴⁷ Ebd., S. 33.
⁴⁸ Ebd., S. 33.
⁴⁹ Schlieben-Lange, B., a.a.O., S. 78.
⁵⁰ Müller 1971, S. 239.
⁵¹ Hüllen 1973, S. 90.
⁵² Ebd., S. 91.
⁵³ Ebd., S. 91.
⁵⁴ Piepho 1974 (c), S. 17.
⁵⁵ Piepho, H.-E., a.a.O., S. 17.
⁵⁶ Hüllen 1976, S. 40.
⁵⁷ Dietrich 1974, S. 225.
⁵⁸ Ebd., S. 226 f.
⁵⁹ Ebd., S. 229.
⁶⁰ Ebd., S. 229.
⁶¹ Schlieben-Lange, B., a.a.O., S. 80 ff.
⁶² Wunderlich 1972, S. 16.
⁶³ Schlieben-Lange, B., a.a.O., S. 82.
⁶⁴ Nach Austin 1972, S. 91–94.
⁶⁵ Schlieben-Lange, B., a.a.O., S. 82.
⁶⁶ Hüllen 1973, S. 91.
⁶⁷ Schlieben-Lange, B., a.a.O., S. 81.
⁶⁸ Pelz 1971, S. 17.
⁶⁹ Birdswhistell 1961, S. 60.
⁷⁰ Goffman 1963, S. 33 f.
⁷¹ Birdswhistell 1959, S. 10 ff.
⁷² Fleming 1971, S. 15 ff.

73 Pelz 1971, S. 18.
74 Etudes Françaises. Cours de base, 2e Degré. (Lektion 4). Stuttgart o. J., S. 22.
75 Ebd., S. 40, Lektion 8.
76 Hüllen 1973, S. 93.
77 Ebd., S. 93 f.
78 Dabei ist auch ihre Verwendung als Übungs- oder Regieanweisung bzw. als bloße Imperativformen etc. mitberücksichtigt.
79 Weber 1973, S. 154.
80 Weber, H., a.a.O., S. 159, der hier ein Beispiel aus ENGLISCH FOR TODAY 2, S. 16, analysiert.

Anmerkungen zu Kap. 6.

1 Heimann 1962, S. 414.
2 Weber 1969, S. 4.
3 Weber, H., a.a.O., S. 4 f.
4 Robinsohn 1967, S. 49.
5 Schlieben-Lange 1975, S. 66 ff.; S. 80 ff.
6 Homberger 1975, S. 232.
7 Rahmenrichtlinien Deutsch, Sekundarstufe I. Der Hessische Kultusminister. Wiesbaden 1972, S. 68.
8 Humann 1975, S. 218.
9 von Ziegesar 1976, S. 245.
10 von Ziegesar, D., a.a.O., S. 245.
11 von Ziegesar, D., a.a.O., S. 245 f. (Daselbst die zitierten Beispiele.)
12 von Ziegesar, D., a.a.O., S. 247
13 Watzlawik/Beavin/Jackson 1969, S. 53 ff.; S. 79 ff.
14 Humann, P., a.a.O., S. 216.
15 Beispiele nach Humann, P., a.a.O., S. 221.
16 Homberger, D., a.a.O., S. 234.
17 Habermas 1971, S. 140.
18 Wunderlich 1970, S. 30.
19 Homberger, D., a.a.O., S. 243.
20 Mit ›älter‹ sind *auch* solche Richtlinien gemeint, die sich nicht ausdrücklich auf die Pragmatik berufen.
21 Vgl. Dietrich/Ramge/Rigol/Vahle/Weber 1975, S. 342–368.
22 Vgl. Krumm 1974, S. 30–38.
23 Wunderlich 1975, S. 263.
24 Schlieben-Lange, B., a.a.O., S. 120.
25 Wunderlich, D., a.a.O., baut seine (negative) Bilanz auf der Analyse des Sprachlehrwerks ›Sprache und Sprechen‹ auf.
26 Wunderlich, D., a.a.O., S. 270.
27 Ebd., S. 275.
28 Ebd., S. 275.
29 Ebd., S. 276.
30 Ebd., S. 277.
31 Ebd., S. 277.
32 Z. B. ›Anyway ... Lehrwerk für den differenzierenden Englischunterricht der Sekundarstufe I‹. Frankfurt/Berlin/München 1974 ff.
33 Richtlinien für den Unterricht in der Realschule. Teil c. Englisch und Französisch. Ratingen 1967, S. III f.

³⁴ Ebd., S. V ff.
³⁵ Ebd., S. VII.
³⁶ Ebd., S. 1.
³⁷ Bildungsplan für die Realschulen Baden-Württembergs (Französisch), herausgegeben vom Kultusministerium Baden-Württemberg. Villingen 1963, S. 101.
³⁸ Ebd., S. 153.
³⁹ Ebd., S. 154.
⁴⁰ Schlieben-Lange, B., a.a.O., S. 10 ff.
⁴¹ Vgl. Wunderlich 1972, S. 11–58; S. 25, S. 27 f., wo auf der Basis des Abfolgeschemas Frage–Antwort die Konventionalisiertheit anderer Sprechhandlungen nachgewiesen wird, z. B. Vorwerfen – Sich Rechtfertigen; Eine Autorität Befragen – Versichern; Bitten – Versprechen; Behaupten – Zustimmen; Beschuldigen – Entschuldigen; Grüßen – Gegengrüßen; etc.
⁴² Schlieben-Lange 1973, Anhang S. 145–151.
⁴³ Ebd., S. 148 f.
⁴⁴ Ebd., S. 149.
⁴⁵ Der niedersächsische Kultusminister: Vorläufige Handreichungen für die Orientierungsstufe. Hannover o. J., S. 5.
⁴⁶ Vgl. Piazolo, P. H.: Grundschulreform – Chance für unsere Kinder. Abschlußbericht vor der Leitgruppe ›Arbeitsanweisungen für die Grundschule‹ am 1. Juli 1975. In: Kultus und Unterricht. Amtsblatt des Kultusministeriums Baden-Württemberg. 22. August 1975 / 24. Jahrgang, S. 383 f.

Anmerkungen zu Kap. 7.

¹ Dietrich/Schumann 1974.
² Ebd., S. 6 ff.
³ Dietrich, R. / Schumann, A., a.a.O., S. 15–27.
⁴ Günther 1968, S. 107–114 (zitiert nach Dietrich, R. / Schumann, A., a.a.O., S. 15 f.).
⁵ Krumm 1973.
⁶ Diese Forderung wird – so die Erfahrung des Verf. in zwei Seminaren: »Die Rolle der Pragmatik bei der Abfassung von Lehrwerktexten« und »Pragmatik und Kommunikative Kompetenz. Zur Neudefinition von Lernzielen« (SS 1975 bzw. SS 1976) – von den Veranstaltungsteilnehmern lehrerbildender Studiengänge logischerweise immer dann erhoben, wenn es sich bei den Veranstaltungsinhalten um Fragen der Pragmatik handelt.
⁷ Vgl. Schlieben-Lange 1975, S. 107.
⁸ B. Schlieben-Lange, a.a.O., S. 135, verweist z. B. auf den Projektbericht von Gloy, K. / Presch, G.: Sprachgewohnheiten von Akademikern. Konstanz 1972, an dem vor allem der Forschungsansatz von Bedeutung ist: »Das kommunikative Verhalten insbesondere der Studenten soll in seiner Abhängigkeit von spezifischen Wirkfaktoren aus ihrer Soziogenese und aus dem didaktischen Arrangement des Seminars untersucht werden« (S. 1). Auch der Fragenkatalog des Projektes dürfte interessant sein: »Die uns vorliegenden Äußerungen können anhand folgender Fragestellungen auf kommunikative Funktionen für das Seminargespräch untersucht werden:
1. Bringen sie neue, d. h. bisher nicht berücksichtigte Aspekte in das Seminargespräch ein und wenn ja, mit welchen Konsequenzen?
2. Wird Widerspruch gegen die bisher geäußerten Meinungen angemeldet?
3. Versuchen Studenten steuernd in den Seminarverlauf einzugreifen?
4. Hat manipulatives Sprachverhalten z. B. des Dozenten die Funktion, seine überlegene Position zu festigen?« (S. 6 f.)

⁹ Schlieben-Lange, B., a.a.O., S. 107 ff.
¹⁰ Vgl. Sader/Clemens-Lodde/Keil-Specht/Weingarten 1970. Untertitel: Überlegungen, Ratschläge, Modelle.
¹¹ So hat beispielsweise das Kultusministerium Baden-Württemberg seit Beginn des WS 1976/77 eine Begleitübung zum sog. Wochentagspraktikum der Lehrerstudenten für Grund- und Hauptschulen verbindlich gemacht. Eine solche Veranstaltungsart stellt nicht nur den notwendigen Theorie-Praxis-Bezug her, sondern zwingt auch zu unterschiedlichen Formen der Projektarbeit.
¹² Politzer 1966. Zitiert nach Krumm, H.-J., a.a.O., S. 216 ff.
¹³ Politzer, R. L., a.a.O., S. 217.
¹⁴ Krumm, H.-J., a.a.O., S. 102 ff. – Vgl. auch Allen/Ryan 1969.
¹⁵ Krumm, H.-J., a.a.O., S. 103.
¹⁶ Dieses Ausbildungskonzept liegt beispielsweise der Schulpraktischen Ausbildung an der Pädagogischen Hochschule Freiburg zugrunde.
¹⁷ Laitenberger 1973, S. 75 f.
¹⁸ Vgl. als Beispiel die »Beiträge und Materialien zur Ausbildung von Fremdsprachenlehrern«. Bochum 1975. 2 Bde. (Hrsg. v. Zentralen Fremdspracheninstitut der Ruhr-Universität Bochum).
¹⁹ Das sind die Beobachtungskriterien der Schulpraktischen Abteilung der Pädagogischen Hochschule Freiburg für das Fachpraktikum I, das mit einem Dozentengutachten abgeschlossen wird. Sie werden zwischen den Zahlenwerten +2, +1, 0, −1, −2 nach den Gesichtspunkten »sehr klar – sehr diffus«, »sehr umfangreich – sehr gering«, »sehr gut – sehr mangelhaft«, »sehr intensiv – sehr schwach«, »sehr differenziert – sehr global« für einzelne Lehrversuche festgemacht und erlauben durch graphische Entwicklungsprofile die Beschreibung des *Lern*fortschritts des Praktikanten in einzelnen Bereichen und insgesamt.
²⁰ Zu den Begrifflichkeiten der Berliner Schule siehe Heimann/Otto/Schulz ⁶1972. – Achtenhagen ³1973. – Pelz 1975.
²¹ Debyser 1973, S. 16 f.
²² Zum Begriff der Simulation – in Anhebung gegen »Modell« und »Spiel« – siehe Ripota 1973, S. 128–133, hier allerdings bezogen auf die Naturwissenschaften Biologie und Medizin und im besonderen auf den Computer-unterstützten Unterricht an der Universität.
²³ Debyser, F., a.a.O., S. 16. – Vgl. auch die Sondernummer von *Le Français dans le Monde* 113/1975: La formation des professeurs.
²⁴ Vgl. Malandain 1966. – Pelz, M.: Frühfranzösisch im Methodenstreit: audio-visueller vs. aktioneller Unterricht. In: Firges/Pelz 1976, S. 57.
²⁵ Köhring 1975, S. 48.

Anmerkungen zu Kap. 8.1.

¹ Aus: Pelz, H.: Linguistik für Anfänger, Kap. 11. Pragmatik. Hamburg 1975, S. 209–241.
² Nach Habermas/Luhmann 1971, S. 101.
³ Beispiele aus: Schlieben-Lange: Akademiebericht (o. J.)
⁴ Habermas/Luhmann 1971, S. 101 ff.
⁵ Ebd., S. 102.
⁶ Habermas, zitiert bei Leist in: Wunderlich 1972, S. 65.
⁷ Vgl. Kap. 8.1 bei Pelz, H., a.a.O. (Syntax. Der Untersuchungsgegenstand der Syntax. Zum Begriff ›Satz‹. Satz, Äußerung. Grammatikalität, Akzeptabilität).
⁸ Peirce 1932.
⁹ Morris 1938.

10 Wiederaufgenommen von Ogden und Richards im sog. *semiotischen Dreieck* (siehe Kap. 3 bei Pelz, H., a.a.O.).
11 Nach: Habermas/Luhmann 1971, S. 106–108 (vereinfacht).
12 Badura 1971, S. 39.
13 In diesen Fällen wird im schriftlichen Sprachgebrauch, z. B. in Briefen, häufig statt eines Fragezeichens ein Punkt, evtl. ein Ausrufezeichen gesetzt. Mittels der Interpunktion wird so unterstrichen, daß es sich nicht um ›echte‹ Fragen handelt.
14 Das folgende Beispiel ist entnommen aus: Funkkolleg Sprache II 1973, S. 113 f.; s. auch: Schmidt 1963, S. 30 ff., und Große 1974, S. 19 f.
15 Wunderlich 1972, S. 13 ff.
16 Ebd., S. 32.
17 Ebd.
18 Ebd.
19 Ebd.
20 Nach: Steger 1973.
21 Ebd.
22 Wunderlich 1970, S. 29. Die vorliegenden Ausführungen stützen sich im wesentlichen auf Wunderlich. Auf die Sprechakttheorie Austins und Searles soll hier nicht eingegangen werden, da in den Unterscheidungen zwischen lokutiv, illokutiv, perlokutiv bei Austin, Searle, Strawson, Cohen u. a. leichte Differenzen in den Abgrenzungen vorkommen, die in einer Darstellung für Anfänger eher verwirren würden.
23 Austin 1962, S. 94: »The act of ›saying something‹ in this full normal sense I call ... the performance of a locutionary act ...«
24 Zu Senderintention vs. Textfunktion s. Große 1974, S. 20 f.
25 Maas/Wunderlich ³1974.
26 Austin 1962, S. 109.
27 Ehrich/Saile, in: Wunderlich 1972, S. 274.
28 Wunderlich 1970, S. 29.
29 Wunderlich 1972, S. 16.
30 Zu den Begriffen *elaboriert/restringiert* s. Kap. 10 bei Pelz, H. (a.a.O.): Soziolinguistik.
31 Hypotaxe = Satzunterordnung, Anknüpfen von Nebensätzen an einen Hauptsatz mittels Konjunktion(en). Gegenteil: Parataxe = Beiordnung.
32 Habermas/Luhmann 1971, S. 109 ff.
33 Systematisierungen für sprachliche Handlungen gehen zurück auf die Sprechhandlungstheorie von Austin (1962) und Searle (1969) und auf die Ordinary Language Philosophy im Gefolge von Wittgenstein (1960).
34 Habermas/Luhmann 1971, S. 111 ff.
35 Ebd., S. 113.
36 Ebd., S. 112.
37 Ebd., S. 131 ff.
38 Austin 1962, S. 147–163; dt. Übersetzung S. 163–180. Hauptunterschiede zwischen Austins und Habermas' Einteilung der Sprechakte (was Austin mit seinen Termini meint, braucht uns dabei hier nicht zu interessieren):

Austin	Habermas
Verdictives	Institutionelle Sprechakte
Behabitives	(nicht zu den pragmatischen Universalien gezählt)
Exercitives	Regulativa
Commissives	Repräsentativa
Expositives	Konstativa
	Kommunikativa
–	(Operativa)

Nur bei einer einzigen Klasse, den Repräsentativa, besteht also volle Übereinstimmung. Austin wie Habermas rechnen *wollen, beabsichtigen, versprechen, sich verpflichten* usw. zur gleichen Klasse. Aber ihre Definitionen dieser Klasse weichen bereits wieder voneinander ab.

[39] Siehe Kap. 8.
[40] Habermas/Luhmann 1971, S. 114.
[41] Wunderlich 1970.
[42] *Paralinguistisch* sind nach Wunderlich »alle Phänomene der Intonation, besonders Tonhöhen- und Lautstärkenverlauf, Sprechrhythmus, Pausengliederung, Akzentuierung, die Bestandteile der lautlichen Form der Äußerung sind und als solche etwa auf einem Tonband festgehalten werden können«. (Wunderlich 1970, S. 14).
[43] Als *außerverbale Ausdrucksmittel* bezeichnet Wunderlich »begleitende Gesten, Gesichts- und Körpermimik, Körperhaltung..., Tränen usw....« (Wunderlich 1970, S. 15).
[44] Nach: Wunderlich 1970, S. 14 und S. 20.
[45] Watzlawick et al. [4]1974, S. 68 ff.
[46] Ebd.; Steger 1973, S. 249.
[47] Schmidt, S. J. 1973, S. 235.
[48] Nach: Steger 1973, S. 249.
[49] Zu erweitern um »Annahmen über die Annahmen des Angesprochenen« (und Annahmen wieder über diese – usw.). A fragt sich nicht nur: »Was denkt, weiß, will... B?« A fragt sich auch: »Was denkt B, daß ich denke, weiß, will...?« Und A fragt sich: »Was denke ich nach Bs Ansicht über *dessen* Denken, Wissen, Wollen...?«) usw. Mit anderen Worten: Ein sehr wichtiger Faktor ist die *Sprecherkalkulation der Hörererwartung* (bzw. Lesererwartung) und des *Hörer-* (bzw. Leser-) *Vorwissens* und der wechselseitigen Annahmen (davon hängt die Art und Weise des Sagens, die mitgeteilte Informationsmenge u. a. ab). Wichtig ist ebenfalls, wie der *Hörer* bzw. *Leser* den Sprecher bzw. Autor *einschätzt* und von welchen Erwartungen er sich, ihm selbst vielleicht gar nicht bewußt, von vornherein beim Hören oder bei der Lektüre steuern läßt. Davon hängt besonders die Aufnahmefähigkeit des Hörers bzw. Lesers und damit dessen *Interpretation* ab, die u. a. stark von der Reizfilterwirkung bestimmt wird. Ein Beispiel hierfür: Große 1974, S. 149–152. Zur grundlegenden Bedeutung der wechselseitigen ›Antizipation von Erwartungen‹ für den Verstehensprozeß, genauer: die intersubjektive Sinnkonstitution, s. Habermas 1971, bes. S. 192. Hier eröffnet sich ein weiteres, auch für den Linguisten interessantes Gebiet: Die ›Verben und Adverbien der Erwartung‹ im Deutschen, Französischen und Englischen sind bisher noch nicht zusammenhängend untersucht worden, obgleich sie für die Kommunikation eine große Bedeutung haben und daher z. B. in ihrem Auftreten hochfrequent sind.
[50] Wunderlich 1970, S. 20.
[51] Sie werden als Gegenstand der *Referenzsemantik* in der Fachliteratur auch gelegentlich im Rahmen der Semantik behandelt (so z. B. in: Funkkolleg Sprache II 1973, S. 102–112).
[52] Funkkolleg Sprache II 1973, S. 110. Aussprache ['daiksis]; das zugehörige Adjektiv *deiktisch* kann sowohl ['daiktiʃ] als auch [de'iktiʃ] ausgesprochen werden.
[53] Funkkolleg Sprache II 1973, S. 110.
[54] Funkkolleg Sprache II 1973, S. 104. Zu den Pro-Formen s. Dressler 1972, S. 22–42.
[55] Habermas/Luhmann 1971, S. 104.
[56] Subjekt kann hier auch *ich* oder *du* sein (Anmerkungen von mir).
[57] Habermas 1971, S. 104 f. Weiteres hierzu s. Große 1974, bes. S. 52–88. Während Habermas die dominierenden Sätze gemäß seiner Konzeption der Pragmatik gruppiert, unterscheidet Große semantisch zwischen Ausdrücken der Tatsächlichkeit, der

Möglichkeit, der positiv oder negativ werdenden Stellungnahme, des Willens, des Verpflichtetseins und der Notwendigkeit. Davon werden die durch eine besondere Semantik und Syntax ausgezeichneten institutionellen Akte wie *taufen, ernennen zu, bezeichnen als* getrennt.

58 Watzlawick et al. ⁴1974, S. 55.
59 Ebd.
60 Habermas 1971, S. 105.
61 Ebd., S. 105; S. 110: »Der pragmatisch wichtigste Teil des Sprechakts ist der performative Satz.«
62 Die Abhängigkeit läßt sich auch syntaktisch zeigen (s. hierzu: Große 1974, S. 91 Anm.; in der letzten Zeile ist *me* zu ergänzen).
63 Habermas 1971, S. 105 f.
64 Englische Beispiele s. Seuren 1969, S. 117 (zitiert nach: Große 1974, S. 53).
65 Habermas 1971, S. 106.
66 Bally ²1944.
67 Seuren 1969.
68 Ross, J.: On Declarative Sentences. In: Jacobs/Rosenbaum 1970.
69 Grewendorf 1972.
70 Der auf Vorhergehendes und zugleich auf Sichanschließendes verweisende Charakter sprachlicher Handlungen wird bereits im amerikanischen Strukturalismus (Bloomfield) betont, allerdings hat dort Sprache – ganz im Widerspruch zur Sprechhandlungstheorie – lediglich mediative Funktion: nicht handelnd, sondern nur handlungsvermittelnd; nicht Sprechen als Handeln, sondern Sprechen als Ersatz für unmittelbares Handeln, d. h. als Vermittler eines durch Sprechen herbeigeführten nonverbalen Handelns.
71 Wunderlich 1972, S. 25.
72 Nach: Große 1974.
73 Ebd., S. 217.
74 Dialogbeispiel aus: Wunderlich 1972, S. 27.
75 Nicht bei Utz Maas; dessen Definition von *probeweisem Akzeptieren* s. in: Wunderlich 1972, S. 23 Anm.
76 Wunderlich 1972, S. 27 f.
77 Ebd., S. 28.
78 Ebd., S. 36 f.
79 Ebd., S. 37 ff.
80 Ebd., S. 40 ff.
81 Habermas 1971, S. 116.
82 Maas/Wunderlich ³1974, S. 192.
83 Habermas 1971, S. 213.
84 Ebd., S. 115.
85 Vgl. hierzu den von Rath (1973, S. 169–195) und von Große (1974, S. 517–528) untersuchten Meinungsaustausch zum Thema Ehe.
86 Habermas 1971, S. 138.
87 Ebd., S. 139.
88 Ebd., S. 137.
89 Ebd., S. 138.
90 Ebd., S. 138 f.
91 Ebd., S. 139.
92 Duhm ¹⁰1974, passim.
93 Luther 1970, S. 339. Habermas' Charakterisierung der idealen Sprechsituation (Habermas 1971, bes. S. 138 f.) scheint nur auf den ersten Blick eine völlig andere zu sein. Das liegt daran, daß er a) *handlungsbezogen* und b) ohne Scheu vor Fremd-

wörtern seine Konzeption formuliert. Doch dem Sinne nach ergeben sich überraschend viele Übereinstimmungen, auch wenn bei Luther der Akzent mehr auf der persönlichen Begegnung, bei Habermas mehr auf einer weitgehend inexistenten, erst zu realisierenden und dann allgemeinen Kommunikations- und Lebensform liegt.

[94] Ähnlich äußert sich Habermas selbst: 1971, S. 140.
[95] Auch Wunderlich (1970) gibt als Einwand gegen die ideale Sprechsituation zu bedenken, daß sie nicht realisierbar ist.
[96] Habermas 1971, S. 141, letzte drei Sätze.

Anmerkungen zu Kap. 8.2.

[1] Aus: Unterrichtswissenschaft (früher Pl) 4/1974, S. 5–10. (Dieser Aufsatz ist bereits erschienen in »Beiträgen zu den Sommerkursen des Goethe-Instituts 1973«. München, Goethe-Institut (1974), S. 16–29).

Anmerkungen zu Kap. 8.3.

[1] Aus: Piepho, H.-E.: Kommunikative Kompetenz als übergeordnetes Lernziel im Englischunterricht. Dornburg-Frickhofen 1974, S. 78–85.

Anmerkungen zu Kap. 8.4.

[*] Aus: PRAXIS 1/1973, S. 22–32.
[1] Austin, J. L.: How to do things with words. London 1962, Paperbacks 234, 1971. Vgl. Savigny, E. v.: Die Philosophie der normalen Sprache. Frankfurt 1969. Das 3. Kapitel (S. 127–166) enthält eine z. T. kritische Auseinandersetzung mit Austins Theorie der Sprechakte.
[2] Searle, J. R.: »What is a speech act?« – Erstmals in: Black, M. (Hrsg.): Philosophy in America. New York 1965, S. 221–239. Wiederabgedruckt in: Giglioli, P. B.: Language and social context. Harmondsworth 1972, S. 136–154.
Searle, J. R.: Sprechakte – ein sprachphilosophischer Essay. Frankfurt 1971.
[3] Als einführende Lektüre zu empfehlen.
Wunderlich, D.: Die Rolle der Pragmatik in der Linguistik. In: Der Deutschunterricht 4/1970, S. 5–41.
Maas, U. / D. Wunderlich: Pragmatik und sprachliches Handeln. Frankfurt 1972.
Habermas, J.: Vorbereitende Bemerkungen zu einer Theorie der kommunikativen Kompetenz. In: Habermas, J. / N. Luhmann: Theorie der Gesellschaft oder Sozialtechnologie. Frankfurt 1971, S. 101–141.
[4] Exemplarisch sei hier auf die Arbeiten von R. M. Müller verwiesen: »Situation und Lehrbuchtexte – Die Kontextualisierbarkeitsprobe. In: PRAXIS 3/1970, S. 229–242; Was ist ›Situational Teaching‹? In: PRAXIS 3/1971, S. 229–239.
[5] Vgl. Raasch, A.: Neue Wege zu einem Grundwortschatz. In: PRAXIS 3/1972, insbes. S. 239–242. Hüllen, W.: Pragmatik – die dritte linguistische Dimension. In: Neußer Vorträge zur Fremdsprachendidaktik. Berlin 1973, S. 84–98.
Weber, H.: Pragmatische Gesichtspunkte bei der Abfassung von Lehrbuchtexten. In: Neußer Vorträge zur Fremdsprachendidaktik, S. 152–160.
[6] Die Übertragung einzelner Zitate ins Deutsche erfolgte, um die Aussagen einem größeren Leserkreis zugänglich zu machen.
[7] Searle, J. R.: What is a speech act?, S. 140 ff.

8 Searle, J. R.: What is ...?, S. 141.
9 Searle, J. R.: Sprechakte, S. 48 f.
10 Wunderlich, D.: Pragmatik und sprachliches Handeln, S. 121.
11 Habermas, J.: »Vorbereitende Bemerkungen«, S. 104.
12 Habermas, J.: »Vorbereitende Bemerkungen«, S. 105.
13 Habermas, J.: »Vorbereitende Bemerkungen«, S. 110.
14 Habermas, J.: »Vorbereitende Bemerkungen«, S. 111 f.
15 Vgl. dazu auch Brekle, H. E.: Semantik, München 1971. UTB 102, S. 128 f.
16 Vgl. das Modell des kommunikativen Kontaktes bei Wunderlich: Die Rolle der Pragmatik, S. 20 f. Wunderlich unterscheidet neun Elemente:
1. Sprecher – 2. Hörer – 3. Zeit der Äußerung – 4. Ort und Wahrnehmungsraum des Sprechers – 5. phonologisch-syntaktische Eigenschaften der Äußerung – 6. kognitiver Inhalt der Äußerung – 7. mit der Äußerung notwendig verbundene Voraussetzungen des Sprechers – 8. mit der Äußerung verbundene Intentionen des Sprechers – 9. mit der Äußerung etablierte Interrelation von Sprecher und Hörer.
17 Searle, J. R.: What is a speech act?, S. 146 ff.
18 Wunderlich, D.: Pragmatik und sprachliches Handeln, S. 280.
19 Wunderlich, D.: Pragmatik und sprachliches Handeln, S. 146 ff.
20 Zum Aufgabenbereich der Pragmatik vgl. auch: Brekle: Semantik, passim.
21 Vgl. Maas, U.: Pragmatik und sprachliches Handeln, S. 213 ff. – Searle J. R.: Sprechakte, S. 102/100.
22 Vgl. Weber, H. / Denninghaus, F. / Piepho, H. F.: ENGLISH FOR TODAY Bd. 2 neu. Dortmund, Hannover 1972, S. 18 f.
23 Vgl. ENGLISH FOR TODAY, Bd. 1 neu. 1971, S. 57; Bd. 2 neu, S. 11.
24 Vgl. Lernzielbestimmungen wie die folgenden aus dem von K. Hartmann verfaßten Lehrerbegleitheft zu ENGLISH FOR TODAY, Bd. 2 neu: Fähigkeit, genaue Auskunft in bezug auf die zeitliche Relation vergangener Ereignisse einzuholen. Fähigkeit, Erstaunen oder Unwillen auszudrücken (Reaktion auf offensichtlich überflüssige Fragen) (S. 20). Fähigkeit, Ungeduld ... auszudrücken (S. 23). Fähigkeit, über Ratschläge zu sprechen, die einem von dritter Seite erteilt wurden. Fähigkeit, anderen beizupflichten (S. 28). Fähigkeit, über Zukunftspläne zu sprechen (S. 29). Fähigkeit, in einer Stadt nach dem Weg zu fragen. Fähigkeit, entsprechende Auskunft zu erteilen (S. 30). Fähigkeit, Vorliebe auszudrücken. Fähigkeit (...), eine Gegenmeinung zu äußern (S. 42). Fähigkeit, einfache Definitionen zu geben (S. 49). Fähigkeit, nach dem Verwendungszweck von Gegenständen zu fragen und über diesen Verwendungszweck Auskunft zu geben (S. 54). Fähigkeit, über ein Gespräch zu berichten (S. 61).
25 Entnommen aus: ENGLISH FOR TODAY. Bd. 2 neu, S. 2.
26 Vgl. Hüllen, W.: Linguistik als Unterrichtsfach? In: FOCUS '80. Berlin 1972, S.. 58–68.

Anmerkungen zu Kap. 8.5.

1 Aus: Debyser, F.,: Nouvelles orientations en didactique du français langue étrangère. Paris: B.E.L.C. 1973, S. 1–11. Wiederabgedruckt in Le Français dans le monde 100/1973, S. 63–68.

Der Tod des Lehrwerks und das Abklingen der Methodenillusion
Von Francis Debyser

Das Paradox, das wir in diesem absichtlich polemischen Artikel stützen wollen, liegt darin, daß, wenn man das Überleben des Fremdsprachenunterrichts über das

Jahr 2000 in den Schulen wünscht, man sich der Lehrbücher, *aller* Lehrbücher, älteren wie neueren Zuschnitts, entledigen, und daß man auch Methoden ganz jungen Datums einer sehr kritischen Sicht unterziehen muß – einschließlich der audiovisuellen Methoden, die heute das beste Medium zum Erlernen fremder Sprachen in schulischer Situation zu sein scheinen.

In gleichem Maße behaupten wir, daß das überstarke, auf Perfektionierung gerichtete Investieren seitens der Methodik letztendlich die Sprachpädagogik blockieren, d. h. an einen Punkt führen wird, an dem sie nur noch auf der Stelle treten oder rückwärtsschreiten kann.[1]

Im Augenblick sind wir in der Tat mitten in einer methodischen Inflation; was das Französische als Fremdsprache betrifft – und wir beschränken uns dabei ausschließlich auf die französische Produktion –, machen sich sichtlich etwa 15 Methoden den Markt streitig. Nach VOIX ET IMAGES DE FRANCE und BONJOUR LINE bringt das C.R.E.D.I.F. DE VIVE VOIX heraus und schließt das Experimentierstadium seines *Niveau 2* ab. Das BELC bringt gerade FRERE JACQUES 3 auf den Markt ebenso wie die Fortsetzungen für den Unterricht im frankophonen Afrika (*Lebende Fremdsprachen für die Sexta und Quinta*) und im anglophonen Afrika (*Pierre et Seydoux III und IV* sind gerade im Druck). Die Arbeitsgruppe um Guy Capelle hat Stufe um Stufe das umfangreiche Werk *La France en direct* vervollständigt, dessen 4. Stufe soeben erschienen ist. Der »*Blaue Mauger*« wurde neu eingekleidet und hat die Farbe gewechselt oder genauer gesagt: ist einer neuen Methode der Alliance Française gewichen, *Le Français et la Vie* (Der Franzose und das Leben), von dem gerade die zweite Stufe veröffentlicht wurde. S. Moirand und R. Porquier bieten für höhere Kurse *Le Français actuel* (Das heutige Französisch) an; in Besançon schließlich experimentiert G. Zask, vor der Publikation, mit *C'est le Printemps* (Das ist der Frühling). Diese Liste von Methoden, die man gegenwärtig auf dem Markt findet – und wir beschränken uns ausschließlich auf »moderne« Methoden –, wäre unvollständig, fügte man ihr nicht *Vous avez la parole* (Sie/Ihr haben/habt das Wort) ebenso wie die *Méthode audio-visuelle de français* von Guberina/Rovenc an, die noch immer weithin in Gebrauch ist.

Wir wagen nicht, die Handbücher und Methoden für Französisch im Ausland zu inventarisieren; sie gedeihen in gleichem Maße, wenngleich der Unterricht in Französisch sich keineswegs proportional dazu entwickelte. Was die Arbeit der französischen Außenstellen betrifft, so gibt es wenige, die nicht vom Räderwerk unendlicher Penelopearbeit erfaßt sind, die darin besteht, Methoden zu adaptieren, neue zu schaffen, sie dann abermals zu adaptieren und andere auf den Weg zu bringen.

Diese Entwicklung des »Marktes« erklärt sich keineswegs durch den Erfindungsreichtum der Pädagogen, noch durch eine Mode (Schöngeister sprechen von »Pädagogitis«), noch durch geschäftstüchtige Spekulation, wenngleich eine Verbindung solcher Faktoren untereinander besteht. Dieses Phänomen rührt von der seit etwa 20 Jahren vorherrschenden Meinung her, nach der sich das pädagogische Einwirken im Blick auf eine Verbesserung der Unterrichtsresultate bei Französisch als Fremdsprache am effektivsten auf der Ebene der Methoden erweise. Man müßte, so glaubte man, schlechte Lehrwerke durch »gute Methoden« ersetzen.

Unsere Meinung ist die: Wenn wir die konservative und skeptische Haltung zurückweisen, die darin besteht, daß man sich über das Prinzip der pädagogischen Reflexion und Forschung selbst ironisch ausläßt, so sind wir immer ratloser angesichts dessen, was man die methodische Illusion nennen könnte. In der Tat scheint das auf die Methode zentrierte Unterrichtstun heute einige kritische Überlegungen zu verlangen:

a) in bezug auf die Art des pädagogischen Tuns, das sie begründet;
b) in bezug auf die Begründung vom Standpunkt der Anwendung dieses Tuns;

c) in bezug auf die Konzeptionen, die den meisten der seit etwa 15 Jahren erscheinenden Methoden[2] zugrunde liegen, vor allem den scheinbar fortschrittlichsten, nämlich audio-visuellen Methoden.

Pädagogischer Wandel und Methodik

In einer gegebenen Erziehungssituation kann das pädagogische Tun unterschiedliche Formen des Einwirkens annehmen, die man danach unterscheiden kann, ob sie sich dem Wandel entgegensetzen, sich ihm anpassen und ihn erleichtern oder ihn auch herbeiführen.

Die *konservative* Einwirkung will eine Situation, von der man annimmt, daß sie sich verschlimmert, »aufrechterhalten«, »restaurieren« oder »wiederherstellen«, indem sie die Veränderung bestimmter Parameter verhindert oder bremst. So spricht man davon, daß man die Stellung und die Autorität des Lehrers oder des Leiters einer Erziehungseinrichtung wiederherstellen wolle, wenn man der Meinung ist, die Liberalisierung der Einrichtung sei ein Element negativen Wandels; so spricht man davon, daß man die Position des Französischen in der Welt aufrechterhalten oder bewahren wolle im Vergleich zum Auftauchen anderer nationaler oder internationaler Sprachen; oder man verschärft noch die Auswahlkriterien bei der Ausschreibung zur Auswahl zukünftiger Fremdsprachenlehrer, um das Niveau der Lehramtsanwärter und folglich der Lehrenden »aufrechtzuerhalten«.

Die *evolutive* Einwirkung zieht den offensichtlichen Wandel bestimmter Gegebenheiten in Rechnung und legt es darauf an, sich ihm anzupassen, statt ihn zurückzuweisen; z. B. im Falle des Sprachunterrichts die Adaptierung an neue Faktoren wie das verstärkte Bedürfnis nach Kommunikation, der Anstieg der Schülerzahlen und ihre soziologische Verzweigung oder auch das Auftauchen neuer technologischer Medien (gestern das Tonbandgerät, morgen die Videokassette). Die Einwirkung im Blick auf Adaptierung ist unter dem Druck äußerer Wandlungen unausweichlich; aber sie folgt in der Regel eher dem Auftauchen tiefgreifender Schwierigkeiten als daß sie ihnen vorausgeht und hinkt infolgedessen, trotz Korrekturen an der Oberfläche, meist wie die Generalstäbe dem Krieg hinterher. In jedem Falle legt die evolutive Einwirkung in dem Maße, wie sie sich darauf bezieht, die Lücken des Systems (Krisenpunkte und Schwierigkeiten) frei und schließt sie zugleich, was die konservativen Reaktionen, die selbst die Adaptierung als subversiv ansehen, erklärt und letztlich auch verständlich macht.

Die *innovative* Einwirkung ergreift die Initiative zum Wandel, anstatt ihn zu bremsen oder zu begleiten; sie organisiert den Wandel oder provoziert ihn einfach. Im ersten Falle läuft das Einwirken auf eine Programmierung des Wandels hinaus, die darauf abzielt, ihn zu planen und im Hinblick auf präzise Ziele zu lenken; in dieser Situation befindet sich im allgemeinen die Ministerial- und Akademieverwaltung, die mit den Problemen pädagogischer Neuerung konfrontiert ist (vorausgesetzt, ihre Orientierung ist wirklich innovativ und nicht bloß evolutiv). Im zweiten Falle beschränkt sich das Einwirken auf eine »provozierende« Dynamik,[3] die den Wandel herbeiführt, ohne seine Entwicklung weiter im Auge zu behalten.

Welchen Platz soll man dem »Boom« neuer Methoden in dieser Typologie des Wandels geben? Offensichtlich passen sich diese Methoden nicht in eine konservative Perspektive ein; nach allem scheint sicher, daß die Methodiker mehr die Adaptierung an neue Bedürfnisse und Situationen als eine Neuerung im eigentlichen Sinne im Auge hatten. Der Beweis liegt auf der Hand: Man hat das Werkzeug – die Methode – geändert, ohne sich allzu sehr um den Rest zu kümmern, es sei denn, um die reibungslose Einfügung eines neuen Instrumentariums sicherzustellen, genau wie ein Industrieunternehmen, das seine Ausrüstung modernisiert und dann sein Personal dieser Situation anpaßt; daher die Unternehmungen nicht eigentlicher Ausbildung, sondern *Weiterbildung* eines auf die Bedienung neuer Geräte ausgerichteten Personals, sprich: die Lehrer. Deshalb sind die methodischen Veränderungen ein Problem der Didaktik geblieben, abgeschnitten von der allgemeinen Pädagogik, deren große Streitfragen den Fremdsprachenunterricht kaum gestreift haben. Während man sich anderenorts Fragen stellte bezüglich der letztendlichen Zielsetzung der Schule, der Beziehung zum Wissen, der pädagogischen Funktion, der Beziehung Schüler–Lehrer und der Dynamik der Gruppe/Klasse, debattierten die Spezialisten der Fremdsprachenmethodik ernsthaft darüber, ob es opportun sei, die Anwendung vor oder nach den Fixationsübungen innerhalb der berühmten Unterrichtsschritte anzusetzen oder auch darüber, ob die an der Filztafel verwendeten Figurinen weiß oder farbig sein sollten. In dem Augenblick, wo allenthalben die Institution Schule erschüttert und die auf die Methode zentrierte Pädagogik als eines der Charakteristika des traditionellen Unterrichts kritisiert wurden, glaubten Institute wie das BELC und das C.R.E.D.I.F., über die Methoden tiefgreifende Veränderungen zu bewirken, während sie, ohne sich dessen bewußt zu sein, eine zwar wirksame, aber rigide, schwerfällige, komplizierte und einzwängende didaktische Maschinerie errichteten, die dazu angtan ist, nach ein paar Jahren den pädagogischen Wandel zu bremsen, statt ihn zu stimulieren. Wenn dem so ist, dann wird eine radikale Umorientierung der Sprachpädagogik von den Methodiker sehr bald ins Auge gefaßt werden müssen, wenn sie nicht wollen, daß diese Revision ihrer Konzeption ihnen nicht von außen aufoktroyiert wird, im Rahmen einer Entwicklung, die sie nicht mehr kontrollieren und in die sie ihre spezifische Kompetenz nicht einbringen könnten.

Mit anderen Worten, eine wirkliche, auf Wandel ausgerichtete Einwirkung ist heute in der Pädagogik nicht mehr als einfache technisch-didaktische Modifizierung zu konzipieren, die sich auf die Lerninstrumente einer Einzeldisziplin beziehen. Solche Modifizierungen, die notwendig oder wünschenswert sein können, müssen in Einwirkungen von viel größerer, auf Innovation ausgerichteter Reichweite eingebettet sein, die die Schüler, die Lehrer, die Institution Schule und die Gesellschaft in Betracht ziehen, die Ideologie des Wandels definieren und seine Zielrichtungen klar darlegen. Ein auf die Methodik beschränkter Wandel ist dazu verurteilt, nur *evolutiv* zu sein, und daher verschleiern die Modifizierungen, die er bestimmt, seinen konservativen Charakter.

Einwirkung auf der Ebene der Methoden

Die Grundhypothesen der großen Jahre der Angewandten Sprachwissenschaft waren folgende:
a) Die Linguistik gibt uns den Schlüssel zur Sprache, zu den Sprachen, zu ihrem Wesen und ihrem Funktionieren.
b) Die zu lernenden Themen geben uns den Schlüssel zum Unterricht in den Fremdsprachen.
c) Folglich haben wir die Möglichkeit, eine wissenschaftliche Methodik des Sprachunterrichts zu begründen. Da diese Methodik in sich geschlossen und doktrinär (d. h. direkt auf eine Doktrin gestützt) ist, führt sie zur Erstellung von Instrumenten, d. h. Methodenkonzeptionen, die für den Lehrer wie für den Schüler die Inhalte (Auswahl der Elemente), die Progression (Reihenfolge der Elemente) und die didaktischen Verfahrensweisen (Organisation der Klasse und Art der Übungen) von vornherein festlegen.

Wir wollen auch gleich daran erinnern – das wurde seit Chomsky immer wieder gesagt –, daß die Behauptungen a) und b) übertrieben (a) oder ungenau (b) waren und nicht erlaubten, eine wissenschaftliche Methodik zu begründen. Dafür wollen wir die Auswirkung dieses Vorgehens auf das pädagogische Tun und die

Praxis in der Klasse näher untersuchen. Dann merkt man, daß das Gros der Methoden, die sich auf eine »wissenschaftliche« Pädagogik berufen, hinausläuft auf eine Praxis,
- die unvereinbar ist mit einer Pädagogik der Entdeckung, da es sich um eine Pädagogik des Dressierens und Führens handelt, die im übrigen stark von den Techniken der linearen Programmierung beeinflußt ist;
- die unvereinbar ist mit wirklich aktiven Methoden, da Aktivitäten von vornherein gefordert werden und ihr praktisch keine Initiativen läßt;
- die unvereinbar ist mit einer Pädagogik der Kreativität; da sie auf die Assimilierung eines linguistischen Corpus (den Inhalt der Methode) und seiner Kombinationsregeln begründet ist, sehen die von der Angewandten Sprachwissenschaft beeinflußten Methoden kein »Darüberhinaus« in bezug auf die von der Programmierung vorgesehenen Sprachvollzüge vor;
- die unvereinbar ist mit der Individualisierung des Unterrichts, auf die die allgemeine Pädagogik abzielt;
- die jede Dynamik der Gruppe/Klasse in dem Maße unterbindet, wie die Methode von vornherein Inhalte, Art und Modalitäten der (sprachlichen) Interaktion festlegt. In der Tat bestärkt die Art von Methoden ein Funktionsmodell der Klasse, das heute als unüblich angesehen wird – das auf den Lehrer zentralisierte oder »zentrierte« Modell; aber dieses klassische Modell ist rigider als das der Vergangenheit, da der Lehrer hinsichtlich seines Einwirkens nicht mehr frei ist; dieses wird ihm durch das Lehrerhandbuch aufoktroyiert.

Man könnte sich fragen, warum die auf die Methoden zentrierte Einwirkung gerade zu dieser Art von Methoden geführt hat; oder auch, warum die doktrinäre Wissenschaftsorientierung den didaktischen Dirigismus eingeschlossen hat. Die Verbindung ist nicht zufällig; die Methoden werden heute von Experten und Spezialistenteams hergestellt. Nun verleitet die Ausrichtung an einer Doktrin den Experten unausweichlich dazu, die Verantwortlichkeit und die Autonomie seiner Klienten (im Roger'schen Sinne des Wortes, handele es sich nun um die Institution Schule, die Lehrer oder die Schüler) einzuschränken, indem er alles in seine Verantwortung nimmt, Diagnose der Schwierigkeiten, Beratung, Lösungen und Umsetzung der Lösungen.

In gewissem Sinne scheint der Übergang von den traditionellen Methoden und den älteren Lehrwerken zu den »neuen« Methoden und insbesondere zu den gegenwärtigen audio-visuellen Methoden die Pädagogik zum Erstarren gebracht zu haben – bei allem Fortschritt der didaktischen Techniken für den Sprachunterricht. Anstelle der schlechten Lehrwerke haben wir nun »gute« Methoden, die die Klasse ersticken. Ionesco hatte in »Die Unterrichtsstunde« das totale Doktorat erfunden; wir haben totale Methoden geschaffen mit jeweils mehreren Etagen, Stufen oder Niveaus, ausgestattet mit Ergänzungsübungen, mit Material für das Sprachlabor, mit Testbatterien, Lektüre- und Schreibheften, umfangreichen Lehrerhandbüchern, mit »leichten« Leseheften, Standbildserien, Diapositiven, Cassetten, etc.; Raum und Zeit in der Pädagogik sind von nun an ausgefüllt durch die Methode, die alles erobert und alles verschlungen hat, den zu diesem Zweck fortgebildeten Lehrer, morgen die Schüler: glücklicherweise ist es sehr wenig wahrscheinlich, daß sie das mit sich machen lassen.

Dieses Infragestellen der Methoden wäre unvollständig, wenn wir uns nicht auch über die Doppeldeutigkeit der von den Methodikern vorgeschlagenen Vermittlung im Blick auf einen besseren Zugriff auf die Lernmaterie ausließen.

Ursprünglich hatten die Lehrwerke vor allem die Funktion, dem Lehrer seine Aufgabe zu erleichtern, indem sie ihm ein Arbeitsmaterial in Form von Texten oder

Übungen bereitstellten, und den Schülern die Fremdsprache näherzubringen. Die Lehrwerke entwickelten sich rasch zu Methoden (z. B. die Handbücher zur direkten Methode), die nicht nur den Kontakt mit der Fremdsprache ermöglichten, sondern auch den rechten, begradigten, gestuften Weg dahin vorschlugen. Durch diesen doppelten Aspekt als Corpus und Programm stellen Lehrwerke und Methoden Vermittler dar. Aber jede Vermittlung schließt sowohl Entfernung wie Annäherung ein. Das Dazwischentreten der Methode kann gleicherweise darauf hinauslaufen, den Schüler vom Lernstoff zu entfernen und den *unmittelbaren* Kontakt mit dem Lerngegenstand hinauszuzögern, wenn nicht gar zu verhindern. In diesem Falle wird die Methode Schirm, Hindernis, Barocktreppe, die das Haus verbirgt und verhindert, daß man direkt durch die Tür eintritt; die Vermittlung setzt sich an die Stelle des Lerngegenstandes und wird zu dessen Ersatz.

Bei der methodischen Erneuerung gab es die beiden Aspekte: die »neuen« Methoden spielten zunächst eine sehr positive Rolle als »verbindende« Mittler, z. B. dadurch, daß sie direkt lautliche Sprachmodelle anstelle geschriebener Äußerungen vorschlagen; man muß aber auch feststellen, daß die Haushaltswareninflation der Medien und das unmäßige Anwachsen des methodischen Apparats sehr oft die gegenteilige Wirkung hatten, indem sie dem Schüler seinen Weg beschwerlicher machten, die zwischengeschalteten Tätigkeiten vervielfachten und die Kontaktnahme mit der authentischen Wirklichkeit der Fremdsprache verzögerten.

Für eine Pädagogik der Simulation

Von einem streng methodischen Standpunkt aus beinhalten unserer Meinung nach die gegenwärtigen Positionen einen schwerwiegenden Nachteil: Wenn sie den rein theoretischen Zugriff auf die Fremdsprache eingeschränkt oder gar beseitigt haben, so führen sie doch weiterhin Lernen durch Manipulation von Sprachäußerungen herbei, die in der Schulsituation produziert werden und notwendigerweise den Austausch und den Gebrauch der fremden Sprache auf metalinguistische Praktiken reduzieren.

Das einzige Mittel, das wir gegenwärtig in dieser Situation sehen, besteht darin, daß man, anstatt diese Praktiken weiterhin zu verstärken und zu perfektionieren (ein typisches Beispiel der Begeisterung für die metalinguistische Sophistizierung ist der Erfolg der Technik der Micro-Conversation als Weiterentwicklung der Strukturübung), einem neuen pädagogischen Vorgehen breiten Raum gibt, nämlich der Simulation, die in zahlreichen Ausbildungsmodellen weit verbreitet ist, aber im Fremdsprachenunterricht noch kaum Eingang gefunden hat. Es ist dringend erforderlich, daß die Methodiker in dieser Richtung forschend initiativ werden, wenn sie nicht wollen, daß die Risse und Brüche, die allenthalben ein Scheitern der Methoden aus den 60er Jahren ankündigen, eine Rückkehr zu dem Ungefähr der traditionellen Erfahrungsmethoden vorbereiten. Der Begriff Simulation selbst jedenfalls ist den Lehrenden so wenig geläufig, während er sich in allen Formen nichtakademischen Lernens und Ausbildens durchgesetzt hat, daß es nicht unnötig ist, ihn zu verdeutlichen und zu illustrieren.[4]

Simulation in der Ausbildung ist – zum Zwecke des Lernens – die Wiedergabe von Situationen, in die der Lernende am Ende seiner Ausbildung sich wirklich gestellt sieht, Situationen, in denen er die Kompetenz und die Fertigkeiten, die er erwerben will, anwenden muß. Jede Ausbildung, die die Simulation nicht verwendet, bleibt theoretisch oder auf jeden Fall vom Wirklichen abgetrennt. Schließlich macht allein die Simulation durch Erfahrung dem Lernenden seine Bedürfnisse, seine Lücken und seine Fortschritte deutlich und motiviert dadurch bei ihm das Bemühen um wichtige Informationen sowie die nötige Selbstdisziplin für die Trainingspraxis und für den Erwerb oder die Perfektionierung von Fähigkeiten oder Fertigkeiten, die für bessere Leistungen erforderlich sind.

Aus all diesen Gründen ist die Simulation heutzutage weitverbreitet bei so unterschiedlichen Trainings- und Ausbildungsaktivitäten wie die Vorbereitung einer Weltraumexpedition, die Ausbildung von Flugpiloten, Interaktionstraining, die Vorbereitung auf das Management von Betrieben.

Umgekehrt findet man praktisch keine Simulationstechniken im Unterricht vom Typ Schule oder Hochschule. Vor allem im Sprachunterricht; die einzigen wirklichen Simulationsverfahren wurden in bestimmten Formen spezialisierter beruflicher Ausbildung wie die Dolmetscherschulen eingeführt, in denen beispielsweise das Training der Simultanübersetzung in der Kabine genau eine Situation darstellt, in der der Schüler sich am Ende seiner Ausbildung befindet. Im allgemeinen Unterricht wurde die Simulation nur verwendet, um bessere Lernmodelle zu begründen, und nicht, um simulierte Situationen zu konstruieren, die für den Schüler einen experimentellen Wert hätten.

In pädagogischer Sicht ist in der Tat die Unterscheidung zwischen Modell und Simulation von ausschlaggebender Bedeutung.

Wie das Modell ist die Simulation eine Darstellung der Realität; wie das Modell ist die Simulation eine schematisierte und in bestimmten Hinsichten vereinfachte Darstellung; wie das Modell ist die Simulation schließlich operational, d. h. sie ist als ein zu präzisen Zwecken brauchbares Instrument konstruiert.

Dennoch – während das Modell in den exakten und Humanwissenschaften eine formalisierte Darstellung der Realität ist (selbst in den Humanwissenschaften kann es ein mathematisches Modell sein), ist die Simulation eine genauestmögliche Rekonstruktion des Wirklichen oder zumindest von Elementen des Wirklichen, die für den Lerner von ausschlaggebender Bedeutung sind. Die Simulation ist weniger abstrakt und folglich weniger vereinfachend als ein theoretisches Modell, mit einem Wort – sie ist realistisch. Dieses Erfordernis des Realismus, das nicht jede Vereinfachung ausschließt und »Verismus« nicht einschließt, wird von allen Spezialisten der Simulation in der Ausbildung unterstrichen und vor allem von denen, die Simulationsmodelle herstellen.

Andererseits sind die operationalen Zielsetzungen des Modells und der Simulation unterschiedlich: das theoretische Modell gilt sehr viel eher für die Beobachtung und die spekulative *Reflexion* als für die Anwendung: wenn es auf Experimentierung ausgerichtet wird, dann nur auf die Experimentierung des Modells selbst, d. h. auf die Kontrolle seiner Validität und seiner Darstellungskraft. Umgekehrt hat die pädagogische Simulation das Ziel, die (simulierte) Aktion und das (wirkliche) Experimentieren zu ermöglichen.

Das theoretische Modell ist schließlich immer mehr oder weniger deterministisch und will selbst das Zufällige erfassen: wenn seine Präzisierungen sich nicht realisieren, muß man das Modell ändern; wohingegen die Simulation in das Modell eines oder mehrere Subjekte (= die Schüler) einführt, die Entscheidungen fällen und Initiativen ergreifen, d. h. aus eigener Verantwortung handeln müssen, selbst in den Fällen, wo sie Anweisungen auszuführen haben. Die pädagogische Simulation ist für die Teilnehmer *implizierend*.

Nun liegt es wohl auf der Hand, daß die gegenwärtigen Methoden, auch wenn sie sich durch eine praktischere Orientierung von den theoretischen Lehrwerken abgesetzt haben, nur einen sehr schüchternen Schritt in Richtung auf die solcherart definierte Simulation getan haben. Der Begriff Situation wurde wohl für die Darbietung der Elemente eingeführt, und Dialoge und Sketches als Ausgangspunkt der Lektionen sind Simulationen – aber einzig mit dem Ziel, ein (Sprach)Modell, das der Schüler reproduzieren, dann imitieren soll, lebendiger darzustellen. Im günstigsten Falle kann man sagen, daß es sich um Simulationen in der Betrachtung, nicht um implizierende Simulationen handelt.

Folglich kann man aus interner und diesmal streng methodischer Begründung heraus für die Lehrwerke die Totenglocke läuten und sich auf tiefgreifende Veränderungen gefaßt machen, angesichts derer selbst moderne Methoden veraltet erscheinen; das sollte schließlich niemand in Erstaunen versetzen: die modernen Methoden von heute sind die unmodernen von morgen. Ohne das Jahr 2000 abzuwarten, können sich die Methodiker an die Arbeit machen – allerdings in einem weniger szientistischen als vielmehr pädagogischen Geist.

[1] Indem man die Technologie oder sogar die Methode als begriffliche Vorstellung ablehnt.

[2] Unsere Aggressivität gegen die Methoden ist, wie die Mutterliebe im Munde des Dichters (»jeder hat seinen Teil von ihr und alle haben sie ganz«), global, vereinfacht, unnüanciert und folglich da und dort ungerecht; um so schlimmer.

[3] Bei dieser Darlegung der Einwirkungsmodelle, im psychologischen Sinne des Begriffs, sind die Adjektive »konservativ«, »provozierend«, etc. weder mit konnotativen noch mit wertenden Komponenten versehen, selbst wenn die hier herausgearbeiteten Unterscheidungen vom Standpunkt der Institution oder dem der Politik nicht unbelastet sind; in der Tat tragen diese Unterscheidungen sehr genau zu einer institutionellen Lektüre bestimmter Entscheidungen oder bestimmter Veränderungen im Erziehungswesen bei. So ist die letzte Reform des französischen Erziehungsministers für die breite Öffentlichkeit unlesbar (einschließlich der Lehrenden, die noch in linkshumanistischen Debatten über de vergleichsweisen Vor- und Nachteile des Reformismus oder der Revolution geteilt sind – ein schönes unverändertes Abiturthema für das Jahr 2000) in dem Maße, wie sie sie direkt von nordamerikanischen Modellen für den geplanten Wandel (planned change) beeinflußt ist; diese sind in Frankreich nur den Technokraten in Betriebsführung und einigen Verwaltungsspezialisten bekannt.

[4] Für weitere Angaben s. Debyser, F.: Simulation et réalité dans l'enseignement des langues vivantes. Paris: B.E.L.C. 1973.

[2] Par exemple en refusant la technologie ou la notion même de méthode.

[3] Notre agressivité à l'égard des méthodes, comme l'amour maternel selon le poète (»chacun en a sa part et tout l'ont tout entier«), est globale, simplifiée, sans nuance et donc nécessairement injuste çà et là; tant pis.

[4] Dans cette présentation des modèles d'intervention, au sens psychosociologique du terme, les adjectifs »conservatrice« »provocatrice«, etc., ne sont ni connotés ni valorisés, même si les distinctions ainsi établies ne sont pas innocentes d'un point de vue institutionnel ou politique; en fait ces distinctions contribuent précisément à une lecture institutionnelle de certaines décisions ou de certains changements en éducation. Ainsi la récente réforme du ministère de l'Education Nationale en France est-elle illisible pour le grand public (y compris les enseignants, encore partagés dans des débats de gauche humaniste sur les vertus et les vices comparés du réformisme ou de la révolution – un beau sujet de baccalauréat inchangé pour l'an 2000!) dans la mesure où elle s'inspire directement de modèles nord-américains de gestion du changement (planned change), encore inconnus en France si ce n'est des techniciens des affaires et de quelques spécialistes de l'administration.

[5] Pour des indications plus détaillées, voir Debyser, F.: Simulation et réalité dans l'enseignement des langues vivantes. In: Debyser, F.: Nouvelles orientations en didactique du français langue étrangère. Paris: B.E.L.C. 1973, S. 11–30.

Anmerkungen zu Kap. 8.6.

* Aus: Schlieben-Lange, B.: Linguistische Pragmatik. Stuttgart/Berlin/Köln/Mainz 1975, S. 119–122.
1 Das Schlagwort vom Lern-(Lehr-)ziel Kommunikation ist zuerst bei Schlotthaus 1971 aufgetaucht; es ist aufgegriffen worden von Beyer/Kreuder 1975 und schließlich neuerdings in einem polemischen Artikel von Wunderlich 1975.
  Über die Diskussion kann man sich am besten in den Zeitschriften »Linguistik und Didaktik« und »Diskussion Deutsch« informieren.
2 Ich wähle hier absichtlich nicht den Ausdruck »kommunikative Kompetenz«, da er mir durch wissenschaftliche Prämissen überbelastet (Kompetenz als idealisierende Abstraktion bei Chomsky; kommunikative Kompetenz als universelle Bedingung von Kommunikation bei Habermas) und insofern nicht als Benennung eines Lernziels geeignet erscheint. Man kann weder ein theoretisches Konstrukt noch eine transzendentale Bedingung von Kommunikation »lernen«.
3 Schlieben-Lange 1973.
4 Vgl. Gutt/Salffner 1971 und Switalla 1973 a.
5 Vgl. dazu vor allen Dingen die neuen Lehrpläne der einzelnen Länder, die in Anm. 1 genannten Zeitschriften, weiterhin »Perspektiven der Deutschdidaktik« 1975.
6 Wunderlich selbst hat allerdings sehr früh den Zusammenhang von Pädagogik und linguistischer Pragmatik thematisiert (Wunderlich 1969 b).
7 Zum Beispiel Schödel 1971, Wunderlich 1972 a, Kochan 1973, Kochan/Wallrabenstein 1974, weiterhin die folgenden Zeitschriftenhefte: Praxis Deutsch 3 (1974), Diskussion Deutsch 23 (1975). Ein Band zu Unterrichtsprojekten im Bereich »Sprachliches Handeln« von Lutz Huth ist in Vorbereitung.
8 Das ist Kochan 1971 ff.; Erläuterung eines Unterrichtsentwurfs: Ader u. a. 1974; zur Kritik: Wunderlich 1975.
9 Das ist Heringer 1974 e; zur Erläuterung: Heringer 1974 c und 1974 d. AKU 1974 und Wimmer 1974.
10 Vgl. Heringer 1974 d, wo er beklagt, daß es an sprachwissenschaftlichem Grundlagenwissen in diesem Bereich fehlt; Wunderlich 1975.
11 Ein Indiz für die Problematik einer vorschnellen Verbindung zur Fachwissenschaft ist etwa auch die Übernahme des Terminus »kommunikative Kompetenz«.
12 Vgl. Göttert 1975.
13 Zur Diskussion: Kochan/Wallrabenstein 1974 und »Perspektiven der Deutschdidaktik« 1975.
14 Vgl. Kochan 1974.

Literaturverzeichnis

Im folgenden wird nur die verwendete Literatur zusammengestellt. Vgl. auch die im Anschluß an den Text von H.-E. Piepho, S. 153, als ›wichtig‹ für die anstehende Problematik ausgewiesenen Titel. Zu den verwendeten und erwähnten Lehrwerken, Lehrplänen und Unterrichtsentwürfen s. Anmerkungen und Kap. 7.

Achtenhagen, F.: Didaktik des fremdsprachlichen Unterrichts. Grundlagen und Probleme einer Fachdidaktik. Weinheim/Berlin/Basel ³1973.

Allen, D. W. / Ryan, K.: Microteaching. Reading/Mass. 1969.

Arndt, H.: Wissenschaftliche und pädagogische Grammatik. In: Neusprachliche Mitteilungen aus Wissenschaft und Praxis 2/1969.

Arnold, I.: Französischer Anfangsunterricht ohne Buch in Klasse 7. In: Arnold, W. / Pasch, P. (Hrsg.): Kooperativer Unterricht. Bd. II/3: Neue Sprachen. Stuttgart 1971.

Arnold, W.: Sprachpraktische Lernziele im Französischunterricht. In: Der fremdsprachliche Unterricht 4/1975.

Arnold, W. / Pasch, P., a.a.O.

Austin, J. L.: How to Do Things with Words. Cambridge/Mass. 1962 (dt. Übersetzung: Zur Theorie der Sprechakte; dt. Bearbeitung von E. von Savigny. Stuttgart 1972).

Baacke, D.: Kommunikation als System und Kompetenz. In: Neue Sammlung, Heft 6/1971 und Heft 1/1972.

Badura, B.: Sprachbarrieren. Zur Soziologie der Kommunikation. Stuttgart 1971.

Bahrdt, H. P. / Krauch, H. / Rittel, H.: Die wissenschaftliche Arbeit in Gruppen. In: Kölner Zeitschrift für Soziologie und Sozialpsychologie 1960.

Bally, Ch.: Linguistique générale et linguistique française. Bern ²1944.

B.E.L.C.: Les microconversation. In: Le Français dans le Monde 78/1971.

Beneke, J.: Verstehen und Mißverstehen im Englischunterricht. Multilaterale Kommunikation und Lehrwerkkritik. In: Praxis 4/1975.

Bertrand, Y.: La liaison entre la situation et l'expression dans l'enseignement scolaire des langues vivantes (problèmes de simulation). Thèse de Doctorat d'Etat. Paris (Sorbonne) 1972.

Ders.: Simulation et enseignement des langues. In: Praxis 2/1974.

Berg, R.: Stereotype in einigen Französischlehrwerken deutscher und französischer Provenienz. Zulassungsarbeit zur Ersten Dienstprüfung für das Lehramt an Grund- und Hauptschulen. Pädagogische Hochschule Freiburg 1975 (unveröffentlicht).

Besuden, F.: Die Bedeutung psychologischer Aspekte für die kommunikative Kompetenz im Fremdsprachenunterricht. Zulassungsarbeit zur Ersten Dienstprüfung für das Lehramt an Realschulen. Pädagogische Hochschule Freiburg 1975 (unveröffentlicht).

Birdswhistell, R. L.: Paralanguage: 50 years after Sapir. University of Pittsburg Press 1961.

Ders.: The Frames in the Communication Process. Paper to the U.S. Society of Clinical Hypnosis, Oct. 1959.

Bludau, M.: Didaktische Dialoge. Ein Beitrag zur Operationalisierung kommunikativer Lernziele im Englischunterricht. In: Praxis 3/1975.

Bouton, C. P.: Les mécanismes d'acquisition du français langue étrangère chez l'adulte. Paris 1969.

Ders.: Le rôle psychologique et pédagogique de la motivation dans l'acquisition du français comme langue étrangère chez des sujets adultes. In: Etudes de linguistique appliquée. Paris 1972.

Brekle, H. E.: Semantik. München 1972.
Brinkmann, G.: Team-Teaching. Ratingen 1973.
Callamand, M. / Trouto, M. / Calvet, L.-J. / Rouvière, D.: Les microconversations (avec application à quelques points du français). Paris: B.E.L.C. 1969.
Coseriu, E.: Sprache – Strukturen und Funktionen. Tübingen/Stuttgart 1970.
Coste, D.: Le renouvellement méthodologique dans l'enseignement du français langue étrangère. Remarques sur les années 1955–1970. In: Langue Française 8/1970. Wiederabgedruckt in: Le Français dans le Monde 87/1972.
Csécsy, M.: De la linguistique à la pédagogie. Paris 1968.
Darendorf, R.: Homo sociologicus. Köln/Oplanden 1964.
Daublebsky, B. (Hrsg.): Spielen in der Schule. Stuttgart 1973.
Debyser, F.: L'enseignement du français langue étrangère au niveau 2. In: Le Français dans le Monde 73/1970.
Ders.: Simulation et réalité dans l'enseignement des langues vivantes. In: Debyser, F.: Nouvelles orientations en didactique du français langue étrangère. Paris: B.E.L.C. 1973.
Delattre, P. (Hrsg.): Les exercices structuraux – pourquoi faire? Paris 1971.
Denninghaus, F.: Die wechselseitigen Einflüsse zwischen der Linguistik und dem Fremdsprachenunterricht. 2 Teile. In: PRAXIS 4/1970 und PRAXIS 1/1971.
Ders.: Methoden der expliziten Lernzielbestimmung. Die Voraussetzungen für eine objektive Leistungsmessung und Erfolgskontrolle im Fremdsprachenunterricht. In: PRAXIS 2/1975.
Dietrich, I.: Pädagogische Implikationen der Einsprachigkeit im Fremdsprachenunterricht. In: PRAXIS 4/1973.
Dies.: Kommunikation und Mitbestimmung im Fremdsprachenunterricht. Kronberg Ts. 1974.
Dietrich, W. / Ramge, H. / Rigol, R. / Vahle, F. / Weber, R.: Strukturierung einer Kommunikationssituation. Beobachtungen der Organisation von Beziehungen bei Schulanfängern in einer Wartesituation. In: Diskussion Deutsch 24/1975.
Dietrich, R. / Schumann, A.: ›Lernen in Situationen‹. Pragmalinguistische Überlegungen zur didaktisch-methodischen Konzeption der Ferienprogramme für junge Berufstätige mit Einführung in die Sprache des Nachbarlandes. (Arbeitspapier, 43 S.) Berlin, Mai 1974.
Dressler, W.: Einführung in die Textlinguistik. Tübingen ²1973.
Dubois, J.: Grammaire structurale du français. Paris 1965 ff. 3 Bände.
Duhm, D.: Angst im Kapitalismus. Lampertheim ¹⁰ 1974.
Escarpit, R.: Sociologie de la littérature. Paris 1958.
Ferrière, A.: L'Ecole active. Paris 1920.
Firges, J. / Pelz, M. (Hrsg.): Innovationen des audio-visuellen Fremdsprachenunterrichts. Bestandsaufnahme und Kritik. Frankfurt 1976.
Firges, J. / Tymister, H. J.: Die Funktion des Bildes in der Sprachvermittlung. In: Die Grundschule 4/1972.
Fleming, G.: Gesture and Body Movement as Mediators of Meaning in Our New Language Teaching Systems. In: CONTACT (Jan. 1971). Revue officielle de la Fédération Internationale des Professeurs de Langues Vivantes.
Flitner, A. (Hrsg.): Das Kinderspiel. München 1973.
Le Français dans le Monde 113/1975: La formation des professeurs.
Le Français dans le Monde 123/1976: Jeux et enseignement du français.
Funkkolleg ›Sprache‹. Eine Einführung in die moderne Linguistik. 2 Bde. Frankfurt 1973.
Galisson, R.: Le dialogue dans l'apprentissage d'une langue étrangère. In: Le Français dans le Monde 63/1969.

Ders.: Analyse sémique, actualisation sémique et approche du sens en méthodologie. Paris: B.E.L.C. 1970 (a).
Ders.: L'Apprentissage systématique du vocabulaire. 2 Bde. Paris 1970 (b).
Ders.: Inventaire thématique et syntagmatique du français fondamental. Paris 1971.
Gardener, R. C. / Lambert, W. E.: Attitudes and Motivation in Second Language Learning. Rowley/Mass. 1972.
Genouvrier, E. / Peytard, J.: Linguistique et enseignement du français. Paris 1970.
Göllner, U.: Kommunikationsspiele im frühen Französischunterricht. Zulassungsarbeit zur Ersten Dienstprüfung für das Lehramt an Grund- und Hauptschulen. Pädagogische Hochschule Freiburg 1976 (unveröffentlicht).
Göttert, K.-H.: Kritisches zur Alternative von ›formalen‹ und ›kommunikativen‹ Lernzielen im Sprachunterricht. In: Linguistik und Didaktik 22/1975.
Goffmann, E.: Behavior in Public Places. New York: The Free Press of Glencoe 1963.
Gouin, F.: L'Art d'enseigner et d'étudier les langues. Paris 1880.
Guberina, P.: Die audio-visuelle, global-strukturelle Methode. In: Libbish, B. (Hrsg.): Neue Wege im Sprachunterricht. Frankfurt/Berlin/Bonn 1965.
Günther, K.: Zur Problematik eines Situationsminimums für den Fremdsprachenunterricht. In: Fremdsprachenunterricht 4/1968.
Gumperz, J. J. / Hymes, D. H. (eds.): Directions in Sociolinguistics. The Ethnography of Communication. New York 1972.
Gutt, A. / Salffner, R.: Sozialisation und Sprache. Frankfurt 1971.
Grewendorf, G.: Sprache ohne Kontext. Zur Kritik der performativen Analyse. In: Wunderlich 1972.
Gros, N. / Portine, H.: Le concept de situation dans l'enseignement du français. In: Le Français dans le Monde 124/1976.
Große, E. U.: Texttypen. Linguistik gegenwärtiger Kommunikationsakte. Stuttgart/Berlin/Köln/Mainz 1974.
Ders.: Text und Kommunikation. Eine linguistische Einführung in die Funktionen der Texte. Stuttgart/Berlin/Köln/Mainz 1976.
Habermas, J.: Erkenntnis und Interesse. In: Technik und Wissenschaft als ›Ideologie‹. Frankfurt ⁵1974.
Ders.: Vorbereitende Bemerkungen zu einer Theorie der kommunikativen Kompetenz. In: Habermas/Luhmann: Theorie der Gesellschaft oder Sozialtechnologie. Frankfurt 1971.
Hartmann, P.: Linguistik und Lehrerausbildung. In: Studia Leibnitiana, Sonderheft 3, 1973.
Haug, F.: Kritik der Rollentheorie. Frankfurt 1972.
Hayakawa, S. I.: Language in Thought and Action. New York ⁶1964. Dt. Übers.: Semantik – Sprache im Denken und Handeln. Darmstadt o. J.
Heimann, P.: Didaktik als Theorie und Lehre. In: Die deutsche Schule 1962.
Heimann, P. / Otto, G. / Schulz, W.: Unterricht. Analyse und Planung. Hannover/Berlin/Darmstadt/Dortmund ⁶1972.
Hentig, H. v.: Die Wiederherstellung der Politik – Cuernavaca revisited. Stuttgart/München 1973.
Heringer, H. J.: Linguistik und Didaktik. In: Linguistik und Didaktik 18/1974.
Ders.: Kommunikativer Unterricht – Ein Programm. In: Linguistik und Didaktik 19/1974.
Ders.: Kaleidoskop: Sprechen, Sprache, Handeln. Stuttgart 1974.
Heuer, H.: Zur Struktur der Fremdsprachen-Lernpsychologie. In: Der fremdsprachliche Unterricht 4/1970.
Heuer, H.: Curriculum: Englisch. Dortmund 1972.

Ders.: Psychologische Aspekte der Lehrwerkkritik. In: Heuer/Müller (Hrsg.) 1973.
Ders.: Einführung in die Didaktik der neueren Sprachen. In: Institut für Film und Bild in Wissenschaft und Unterricht (Hrsg.): Audio-visuelle Medien im Fremdsprachenunterricht. Stuttgart 1974.
Heuer, H. / Müller, R. M.: Lehrwerkkritik – ein Neuansatz. Dortmund 1973.
Heuer, H. / Müller, R. M. / Schrey, H.: Möglichkeiten der Lehrwerkforschung und Lehrwerkkritik. Vorläufiges Programm eines Arbeitskreises. In: Heuer/Müller (Hrsg.) 1973.
Homberger, D.: Aspekte eines pragmatisch orientierten Sprachunterrichts. In: Diskussion Deutsch 23/1975.
Hüllen, W.: Linguistik als Unterrichtsfach. In: Freudenstein, R. (Hrsg.): Focus '80. Berlin 1972.
Ders.: Linguistik und Englischunterricht 2. Heidelberg 1976.
Ders.: Pragmatik – die dritte linguistische Dimension. In: Hüllen, W. (Hrsg.): Neusser Vorträge zur Fremdsprachendidaktik. Berlin 1973.
Humann, P.: Pragmatik und Sprachunterricht. In: Diskussion Deutsch 23/1975.
Jedes Kind soll sich in der Schule wohlfühlen. Empfehlungen der Expertenkommission Anwalt des Kindes. In: Unsere Jugend 27/1973.
Keller, G.: Erkenntnisse der Sozialpsychologie als Grundlage einer kulturkundlichen Didaktik. In: PRAXIS 16/1969 (a).
Ders.: Die Funktion von Stereotypen beim Erkenntnisprozeß im kulturkundlichen Unterricht. In: Die Neueren Sprachen 18/1969 (b).
Ders.: Die Änderung kognitiver Urteilsstrukturen durch einen Auslandsaufenthalt. In: PRAXIS 17/1970.
Ders.: Autostereotype und Heterostereotype britischer, deutscher und französischer Schüler in einer neuen Kulturkunde. In: Die Schulwarte 25/1972.
Ders.: Die Funktion numerischer Urteilsstrukturen des britischen Autostereotyps in einer kulturkundlichen Didaktik. In: PRAXIS 20/1973.
Kern, P. Chr.: Textproduktionen. Zitat und Ritual als Sprachhandlungen. In: Schecker, M. / Wunderli, P. (Hrsg.): Textgrammatik. Tübingen 1975.
Klemperer, V.: Einige Schulbücher und Übersetzungen zum Frankreichstudium. Idealistische Philologie. In: Jahrbuch für Philologie, Bd. III, 1927/28.
Köhring, K.: Visuelle Kommunikation im Fremdsprachenunterricht. In: Der fremdsprachliche Unterricht 3/1975.
Krappmann, L.: Neuere Rollenkonzepte als Erklärungsmöglichkeit für Sozialisationsprozesse. In: Familienerziehung. Sozialschicht und Schulerfolg. Weinheim 1971.
Krumm, H.-J.: Fremdsprachenunterricht: Der Unterrichtsprozeß als Kommunikationssituation. In: Unterrichtswissenschaft 4/1974.
Ders.: Analyse und Training fremdsprachlichen Lehrverhaltens. Weinheim/Basel 1973.
Kochan, B. (Hrsg.): Rollenspiel als Methode sprachlichen und sozialen Lernens. Kronberg Ts. 1975.
Kochan, D. C. et al: Sprache und Sprechen. Hannover 1971 ff.
Ders.: Sprache als soziales Handeln. In: Praxis Deutsch 3/1974.
Ders.: Sprache und kommunikative Kompetenz. Stuttgart 1973.
Kochan, D. C. / Wallrabenstein, W. (Hrsg.): Ansichten eines kommunikationsbezogenen Deutschunterrichts. Kronberg Ts. 1974.
Kopperschmidt, J.: Rhetorik. Einführung in die persuasive Kommunikation. Stuttgart 1972.
Kuchartz. W.: Rollentheorie und Rollenspiel. In: Die deutsche Schule 1/1974.
Lado, R.: Moderner Sprachunterricht. Eine Einführung auf wissenschaftlicher Grundlage. München ²1969.

Laitenberger, H.: Fachdidaktik an der Universität – Versuch einer inhaltlichen Bestimmung von Übungen zur Didaktik des Fremdsprachenunterrichts und Vorschlag eines Studiengangs. In: Neusprachliche Mitteilungen aus Wissenschaft und Praxis 2/1973.

Leisi, E.: Der Wortinhalt. Seine Struktur im Deutschen und im Englischen. Heidelberg [4]1971.

Littlewood, W. T.: The Acquisition of Communicative Competence in an Artificial Environment. In: PRAXIS 1/1975 (a).

Ders.: Role Performance and Language Teaching. In: IRAL XIII/3–1975 (b).

Lübke, D.: Lernziel ›Kommunikationsfertigkeit‹. In: PRAXIS 3/1975.

Maas, U. / Wunderlich, D.: Pragmatik und sprachliches Handeln. Mit einer Kritik am Funkkolleg ›Sprache‹. Frankfurt 1972.

Malandain, C.: Utilisation des films fixes pour l'enseignement des langues vivantes aux enfants. Paris 1966.

Mengler, K.: Gruppenarbeit im fremdsprachlichen Anfangsunterricht. Zur Arbeit mit Haftelementen in der Anwendungsphase. In: PRAXIS 4/1972.

Messer, A. / Schneider, J. / Spiering, T.: Planungsaufgabe Unterricht. Ravensburg 1974.

✕ Möhle, D.: Zur Beschreibung von Stufen der Kommunikationsfähigkeit im neusprachlichen Unterricht. In: PRAXIS 1/1975.

Morris, C. W.: Foundations of the Theory of Signs. Chicago/London/Toronto [12]1966.

Mounin, G.: Clefs pour la linguistique. Paris 1968.

Müller, R. M.: Was ist ›Situational Teaching‹? In: PRAXIS 3/1971.

Ders.: Situation und Lehrbuchtexte. Die Kontextualisierbarkeitsprobe. In: Heuer/ Müller 1973.

Obendiek, E.: Lernziele des Sprachunterrichts. In: Beiträge zum Lernzielproblem (Strukturförderung im Bildungswesen des Landes Nordrhein-Westfalen – Eine Schriftenreihe des Kultusministeriums, Heft 16, 1972).

Oerter, R.: Moderne Entwicklungspsychologie. Donauwörth 1973.

Palmer, H. E.: Englisch through Actions. London 1959.

Parreren, C. F. van: ›Reine‹ Lernpsychologie und Fremdsprachenlernpsychologie. In: Freudenstein, R. (Hrsg.): Focus '80. Berlin 1972.

Ders.: Psychologie und Fremdsprachenunterricht. In: PRAXIS 1/1963.

Peirce, C. S.: Collected Papers. 8 vol. Ed. by C. Hartshorne and P. Weiss. Cambridge 1932–1958 (dt. Ausgabe: Schriften. Mit einer Einführung hrsg. von K. O. Apel – aus dem Amerikanischen von G. Wartenberg. Frankfurt/M. 1967).

Pelz, H.: Linguistik für Anfänger. Hamburg 1975.

Pelz, H.: Medientheoretische Erörterungen zum modernen Fremdsprachenunterricht. In: Der fremdsprachliche Unterricht 4/1971.

Ders. (Hrsg.): Freiburger Beiträge zur Fremdsprachendidaktik. Berlin 1974.

Ders.: Einführung in die Didaktik des Französischen. Heidelberg 1975 (a).

Ders.: Audiovision in der zweiten Generation. Zur gegenwärtigen Situation des audio-visuellen Unterrichts in Theorie und Praxis. In: Der Fremdsprachliche Unterricht 3/1975 (b).

Piepho, H. E.: Pragmalinguistische Grundlagen der Lernzielbestimmung für den Englischunterricht auf der Sekundarstufe I. In: Pelz, M. (Hrsg.): Freiburger Beiträge zur Fremdsprachendidaktik. Berlin 1974 (a).

Ders.: Kommunikative Kompetenz, Pragmalinguistik und Ansätze zur Neubesinnung in der Lernzielbestimmung im Fremdsprachenunterricht. Pädagogisches Institut der Landeshauptstadt Düsseldorf. Schriftenreihe Heft 12, Mai 1974 (b).

Ders.: Kommunikative Kompetenz als übergeordnetes Lernziel im Englischunterricht. Dornburg-Frickhofen 1974 (c).

Ders.: Kommunikative Kompetenz durch Englischunterricht. In: Der fremdsprachliche Unterricht 4/1975.

Politzer, R. L.: Practice-Centered Teacher Training: French (= Technical Report No. 1), Stanford 1966.

Posner, R.: Theorie des Kommentierens. Eine Grundlagenstudie zu Semantik und Pragmatik. Frankfurt 1972.

Potthoff, W.: Curriculum-Entwicklung. Modelle und Strategien. Ravensburg 1973.

Quasthoff, U.: Soziales Vorurteil und Kommunikation – Eine sprachwissenschaftliche Analyse des Stereotyps. Frankfurt 1973.

Raasch, A.: Neue Wege zu einem Grundwortschatz. In: PRAXIS 3/1972.

Rath, R.: Zur linguistischen Beschreibung kommunikativer Einheiten in gesprochener Sprache. In: Linguistik und Didaktik 4/1973.

Rattunde, E.: Dialog- und Kommentarhaltung im audio-visuellen Französischunterricht. In: Die Neueren Sprachen 10/1972.

Reisener, H.: Zur Definition von Kommunikation als Lernziel für den Fremdsprachenunterricht. In: Die Neueren Sprachen 1972.

Rigault, A. (ed.): La grammaire du français parlé. Paris 1971.

Ripota, P.: Modell, Simulation, Spiel. In: Unterrichtswissenschaft 2/3 1973.

Robinsohn, S. B.: Bildungsreform als Revision des Curriculum. Berlin 1967.

Rogers, C. R.: Entwicklung der Persönlichkeit. Stuttgart 1973.

Rüde, B.: Gesellschaftlich-politische Vorstellungen in Französisch-Grundkursen für die Sekundarstufe I und in Galissons ›Inventaire thématique et syntagmatique du français fondamental‹. Zulassungsarbeit zur Zweiten Dienstprüfung für das Lehramt an Realschulen. Pädagogische Hochschule Freiburg 1973 (unveröffentlicht).

Sader, M. / Clemens-Lodde, B. / Keil-Specht, H. / Weingarten, A.: Kleine Fibel zum Hochschulunterricht. München 1970.

Saussure, F. de: Cours de linguistique générale. Paris 1969.

Savigny, E. v.: Die Philosophie der normalen Sprache. Frankfurt 1969.

Schäfer, K.-H. / Schaller, K.: Kritische Erziehungswissenschaft und kommunikative Didaktik. Heidelberg ²1973.

Scheuerl, H.: Das Spiel. Weinheim 1968.

Schüle, K.: Zur Inhaltsproblematik in fremdsprachlichen Lehrwerken. In: PRAXIS 4/1973.

Schwerdtfeger, I.: Medien und Fremdsprachenunterricht – Eine Analyse unter pragmatischem Aspekt. Hamburg 1973.

Dies.: Medien im neusprachlichen Unterricht: wozu? Ein Beitrag zur Legitimation des Medieneinsatzes. In: Der fremdsprachliche Unterricht 3/1975.

Schlieben-Lange, B.: Soziolinguistik und linguistische Pragmatik. In: Akademieberichte Nr. 13, Akademie für Lehrerfortbildung. Dillingen o. J.

Dies.: Soziolinguistik. Eine Einführung. Stuttgart/Berlin/Köln/Mainz 1973.

Dies.: Linguistische Pragmatik. Stuttgart/Berlin/Köln/Mainz 1975.

Schödel, S.: ›Auskunft geben und einholen‹ – Bausteine zu einem Unterrichtsmodell. In: Linguistik und Didaktik 6/1971.

Schmidt, J. S.: Texttheorie. München 1973.

Searle, J. R.: Sprechakte – ein sprachphilosophischer Essay. Frankfurt 1971.

Seuren, P. A. M.: Operators and Nucleus. A Contribution to the Theory of Grammar. Cambridge 1969.

Shaftel/Shaftel: Rollenspiel als soziales Entscheidungstraining. München 1973.

Spanhel, D.: Die Sprache des Lehrers. Düsseldorf 1971. (Besonders Kap. 4: Die Grundformen des didaktischen Sprechens, Beschreibung, Darstellung ihrer Funktionen und ihre Einordnung in ein Kategorienschema.)

Steger, H.: Soziolinguistik. In: Althaus, H.-P. / Henne, H. / Wiegand, H. E. (Hrsg.): Lexikon der Germanistischen Linguistik. Bd. II. Tübingen 1973.

Switalla, B.: Sprachkompetenz als Handlungskompetenz. In: Linguistik und Didaktik 16/1973.

Thévenin, A.: Sur l'enseignement des cultures étrangères. In: Reboullet, A. (Hrsg.): L'enseignement de la civilisation française. Paris 1973.

Ulshöfer, R.: Kooperativer Unterricht. Bd. I: Grundzüge der Didaktik. Stuttgart 1971.

Walter, H.: Aspekte der Arbeit mit Dialogen im Französischunterricht. In: PRAXIS 3/1976.

Watzlawick, P. / Beavin, J. H. / Jackson, D. D.: Menschliche Kommunikation. Formen, Störungen, Paradoxien. Bern 1969.

Weber, H.: Pragmatische Gesichtspunkte bei der Abfassung von Lehrbuchtexten. In: Hüllen, W. (Hrsg.): Neusser Vorträge zur Fremdsprachendidaktik, Berlin 1973.

Ders.: Von der didaktischen Analyse zum Unterrichtsentwurf. In: PRAXIS 1/1969.

Wilkins, D. A.: An Investigation into the Linguistic and Situational Content of a Common Core in a Unit Credit System. Council of Europe. Strasbourg 1972 (Nr. 26 563).

Wittgenstein, L.: Schriften. Bd. I. Frankfurt/M. 1960.

Wunderlich, D.: Unterrichten als Dialog. In: Sprache im technischen Zeitalter 32/1969.

Ders.: Die Rolle der Pragmatik in der Linguistik. In: Der Deutschunterricht 22/1970.

Ders. (Hrsg.): Linguistische Pragmatik. Frankfurt/M. 1972.

Ders.: Lernziel Kommunikation. In: Diskussion Deutsch 23/1975.

Wygotski, L. S.: Das Spiel und seine Rolle für die psychische Entwicklung des Kindes. In: Ästhetik und Kommunikation 11/1973.

Ziegesar, D. von: Pragmalinguistische Überlegungen zum Dialog im Fremdsprachenunterricht. In: PRAXIS 3/1976.

Zimmermann, G.: Motivation und Fremdsprachenunterricht. In: Der fremdsprachliche Unterricht 4/1970.

Ders.: Personale Faktoren und Fremdsprachencurriculum. In: PRAXIS 1/1973.

Zentrales Fremdspracheninstitut der Ruhr-Universität Bochum (Hrsg.): Beiträge und Materialien zur Ausbildung von Fremdsprachenlehrern. 2 Bde. Bochum 1975.